公共文化服务业态发展研究

陈 雅 周 萍 著

科学出版社

北 京

内 容 简 介

公共文化服务业态的发展有利于缩小区域、城乡、群体之间公共文化服务水平的差距，促进社会公平正义。本书系统梳理了国内外公共文化服务建设的历史沿革、制度建设情况，对数字公共文化服务构建模式进行了详细分析，探讨了公共文化资源整合机制，进而提出公共文化服务共建共享保障机制，助力国家"公共文化服务高质量发展"方针的执行。本书有针对性地对公共文化服务发展业态建设的理论与实践进行了深入研究，可以为政府制定有效的公共文化服务政策提供参考。本书对公共文化服务体系建设涉及的问题进行了全面系统的论述，涵盖公共文化服务体系建设关注的理论与实践问题。

本书既可供公共文化服务政策制定者阅读，也供与信息资源管理专业的学生和图书情报从业者使用。

图书在版编目（CIP）数据

公共文化服务业态发展研究 / 陈雅，周萍著. –– 北京：科学出版社，2025.6

ISBN 978-7-03-075366-3

Ⅰ. ①公⋯　Ⅱ. ①陈⋯　②周⋯　Ⅲ. ①公共管理－文化工作－研究－中国　Ⅳ. ①G123

中国国家版本馆 CIP 数据核字（2023）第 063017 号

责任编辑：陶　璇 / 责任校对：王晓茜
责任印制：张　伟 / 封面设计：有道设计

科　学　出　版　社 出版
北京东黄城根北街 16 号
邮政编码：100717
http://www.sciencep.com

北京华宇信诺印刷有限公司印刷
科学出版社发行　各地新华书店经销

*

2025 年 6 月第 一 版　开本：720 × 1000　1/16
2025 年 6 月第一次印刷　印张：16 1/2
字数：333 000

定价：188.00 元

（如有印装质量问题，我社负责调换）

前　言

　　现代公共文化服务体系建设是中国特色社会主义文化建设的重要组成部分，是国家治理体系和治理能力现代化在文化领域中的实践，是实现我国文化高质量发展的重要途径。公共文化服务业态的发展有利于缩小区域、城乡、群体间公共文化服务水平差距，是促进社会公平正义的有效途径。

　　公共文化服务理念的产生源于以下背景。一是市场经济的发展以及市场失灵，这是公共文化服务存在的合法性依据；二是西方学者直面公共文化危机问题，探讨建构良性的公共领域；三是尊重和保障公民基本文化权利已经成为现代国家和国际社会的普遍准则；四是发达国家文化管理体制和文化政策的不断调整，为我国的公共文化服务体系建设提供了启示。公共文化服务是公共服务的重要组成部分，是现代政府的重要职责，政府职能由经济建设型向公共服务型转变，因而学界提出构建公共文化服务体系的理念，而文化体制的改革催生了公共文化政策。公共文化服务是公共服务领域的重要概念，经历了从群众文化到公共文化服务的变化，并最终成为人民群众基本文化权利与社会治理的代名词。公共文化服务概念的演变，拓宽了公共文化服务的功能和视野，公共文化服务功能呈现出从宣传教育到公民基本文化权益的获得，再到民生治理延伸转变的趋势。围绕公共文化服务的概念，不同学者进行了不同的定义，其内涵主要包括在政府主导下，以税收和财政的方式向社会整体提供文化产品及服务的过程和活动。

　　本书系统梳理国内开展公共文化服务建设的历史、分析公共文化机构的特点和存在的问题，以期为国家提出的"公共文化服务高质量发展"这一方针和政策提供行业经验。本书有针对性地对公共文化服务业态建设的理论、实践、模式、存在的问题以及建议措施等问题进行了较为全面、系统、深入的比较研究，为政府科学制定公共文化服务多元化建设政策和创新公共文化服务供给模式提供参考，同时也为在校研究生和从业者提供理论借鉴。书中对公共文化服务体系建设涉及的理论和实践问题进行了较为全面的论述，涵盖了公共文化服务体系建设涉及的多种理论和多个现实问题。在概括介绍公共服务的发展历史、概念界定、分类、建设模式及其影响的基础上，在公共管理学、公共服务学的理论框架下，本书结合发达国家经验与我国国情，围绕我国公共文化服务体系研究与建设需要，梳理我国公共文化服务制度建设政策，构建我国数字公共文化服务模式，整合公共文化资源，建立公共文化服务共建共享保障机制。本书较为全面地反映了国内外公共文化服务理论研究的进展和公共文化服务实践的尝试,在全面客观描述的基础上,将学术理论的严谨性与教学方式的通俗性和应用性相结合,深入浅出、简洁明了,适合博士研究生拓展学习。

本书的主要研究内容分为七个部分,以"建设公共文化服务高质量发展先行区"为主题,将实践与理论相结合,既关注公共文化领域的创新实践,又兼顾国家战略、国际视野,既聚焦近年来我国乃至世界公共文化服务的成就,又关注全国公共文化服务体系建设的热点,以期为促进公共文化服务高质量发展提供参考和借鉴。绪论对公共文化、公共服务、公共文化服务的概念进行了梳理,论述了公共文化服务理念产生的背景、内涵与外延,以及公共文化服务概念的沿革。第一章和第二章分析了国内与国外公共文化服务发展现状,从公共文化服务发展的理念确认到法治化进程的推进,在实证研究的基础上,探索公共文化服务的具体实践,从而总结出公共文化服务政策的时代特征,以及在公共文化服务发展进程中,国家发展公共文化服务事业所肩负的主要责任。在国外公共文化服务评述部分,本书对典型国家的公共文化服务水平进行了评价,为构建我国现代公共文化服务体系打下坚实基础。第三章论述了我国公共文化服务制度建设,以我国公共文化服务政策体系框架及其制定原则为理论支撑,从政策体系框架与制定原则、制度保障体系、产品与服务供给体系、绩效评估体系四个方面探讨我国公共文化服务制度建设。第四章以数字时代为背景,在理论分析的基础上,构建数字公共文化服务模式,创新性地提出了政府主导的数字化供给模式、社会力量多元参与协同模式、基于智慧城市的公共文化服务模式、公共文化服务融合创新模式。第五章对公共文化资源整合机制进行了分析,从资源整合元素分析、现状及对策、整合机制分析等角度构建公共文化资源整合机制。第六章总结全书,在前五章内容的基础上,分析了公共文化服务法律保障机制、经费保障机制、人才保障机制、产品保障机制、监督保障机制和绩效评估保障机制等,并且分析了我国东部、中部和西部等地区的公共文化政策。

公共文化服务业态发展是在对公共文化服务发展脉络进行梳理的基础上,对公共文化服务体系构建涉及的利益整合、区域协调、政治认同等因素进行的分析,以便推进公共文化资源高效利用,促进公民文化生活水平的提升。公共文化服务业态,是我国文化治理内在逻辑的外部表现形式。优化公共文化服务体系,有利于满足不同的社会主体对公共文化事业建设的不同诉求,建立我国公共文化服务共建共享保障机制,整合文化资源,协调各方利益与协同区域功能,实现公共文化融合价值的提升。公共文化服务体系共建共享,推进文化治理的内在机理与路径选择,将机制构建与治理效益联动,明确公共文化服务运作的逻辑和实现策略,是本书撰写的主线。目前,我国对公共文化服务的研究主要集中在建设理念、公共数字文化治理模式构建、城乡一体化发展等主题上,较少将公共文化服务作为一种业态进行全方位梳理和研究。围绕构建新时代我国公共文化服务共建共享共治的新发展格局，本书将人民群众的基本精神文化需求放在中心位置，旨在促进区域之间数字文化和传统资源的深度合作以及推动政策制度的体系建设，以深化公共文化服务体制机制改革为动力，促进区域资源互联共享，优化区域合作发展路径，打造我国具有辐射力和影响力的高质量公共文化服务示范区，引领人民群众的精神文化生活。

本书的编撰受到南京大学研究生教学改革专项项目和南京大学一流学科建设经费的双重资助，同时王丽培、袁一帆、王丹、朱雨萌博士参与了部分章节的撰写，一并表示衷心感谢！作为南京大学博士生优质课程建设成果，本书在撰写过程中注重与教学实践紧密结合、因材施教，还注意吸纳博士研究生在开展科研活动过程中与本书主题相关的成果，因此本书中选取的案例比较具有时代性。公共文化服务业态是我国"十四五"时期，乃至 2035 年愿景规划的重点建设领域，政府、高校、企业、社会管理等部门都有学习相关知识的需求，因此本书可为公共文化服务研究者、政策制定者等提供智力支持，供各类图书馆以及其他文化机构使用。

陈　雅　周　萍

2025 年 1 月于南京大学

目　　录

绪　　论

一、公共文化

"公共"（public）一词，在《现代汉语词典》（第 7 版）中，意为"属于社会的；公有公用的"。在西方，"公共"一词，主要指与公众有关的，为公众的。

有些学者将公共文化界定为：由政府主导、社会参与形成的普及文化知识、传播先进文化、提供精神食粮，满足人民群众文化需求，保障人民群众基本文化权益的各种公益性文化机构和服务的总和①。公共文化的公用属性决定了公共文化具有开放性、公共性、公益性、普惠性、体验式等特征。

公共文化服务的意识形态，可以通过培养人们的公共意识和文化价值观来建立群体对文化的认同感和对社会的归属感，从而促进社会的和谐发展和文化整合。从外延上来讲，公共文化具有群体参与性和资源共享性等特征，以文化馆等公共文化设施场所为物质载体，带动人民群众积极进行精神文明建设。

数字时代，公共数字文化是指以财政投入为主，以满足民众基本的数字文化需求为目标，以资源数字化、传播网络化、技术智能化、服务泛在化、管理实体化为表现形式，具有公益、普惠、均等、公开、透明、互动等特点的文化。此外，公共数字文化建设是全方位的，包括制度、设施、资源、服务与知识产权等方面的内容建设。

二、公共服务

考察人类政治思想史，"公共服务"的观念可以追溯到古希腊的智者柏拉图、亚里士多德等关于国家起源及其公共性问题的讨论。然而，公共服务作为一个概念被明确提出却较晚。主要原因包括以下两个：一方面，20 世纪中期，西方国家的政府管理研究经历了重要的经济学转向，公共物品理论在这一时期得到了广泛的关注和应用。公共物品具有非竞争性和非排他性，市场机制难以有效提供，因此需要政府的介入和保障。这种理论的兴起为公共服务概念的明确提出提供了理论基础，强调了政府在提供公共服务中的不可替代作用；另一方面，第

---

① 吴理财. 文化治理视域中的公共文化服务体系建设[M]. 北京：高等教育出版社，2016.

二次世界大战结束后世界各国民主政体的建立及福利国家时代的到来，使公共服务建设成为政府工作的重心。伴随着公共管理运动的兴起，"公共服务"概念逐渐形成。

较早对"公共服务"进行界定的是法国学者莱昂·狄骥[①]。1912年，他从公法的角度将公共服务定义为，任何因与社会团结的实现与促进不可分割、必须由政府来加以规范和控制的活动，因此它具有除非通过政府干预，否则便不能得到保障的特征。

李军鹏[②]教授提出，公共服务是指政府为满足社会公共需要而提供的产品与服务的总称，它是由以政府机关为主的公共部门生产的、供社会所有公民共同消费、平等享受的社会产品。他认为，理解公共服务概念需要把握两个基本点：一是满足社会公共需要；二是公民平等享受。李军鹏教授还将公共服务做了类别区分，即分为维护性公共服务、经济性公共服务、社会性公共服务三种。

"公共服务"这一概念，来源于西方新公共管理理论。"公共服务"的界定应同时关照价值维度和事实维度。在概念内涵上，应当致力于探寻公共服务的价值规范；而在概念的外延上，应当注意其现实的政策指向。因此，公共服务可以界定为：公共部门（主要是政府）为满足社会公共需要、保障公民权利而提供的公共产品或服务，它以增进人民福祉和提升社会福利为目的。

社会公共需要是国家公共服务的逻辑前提，人权保障是现代公共服务的逻辑起点，我们需要以公共需要为基础、以公民权利为内核来建构现代意义上的公共服务。公共服务是一个内涵丰富、形式多样的概念。从公共服务的逻辑前提——公共需要出发，公共服务是与主权性事务和人权性事务相联系的，它在职能空间上包括维护性公共服务、经济性公共服务和社会性公共服务。从现代公共服务逻辑起点——人权保障出发，公共服务是公民社会权利的实现形式，主要指的是社会性公共服务。需要指出的是，公共服务并不是一个静态的事项，它不仅会随着经济社会的发展而扩容，还会随着国家职能中心的转移而转化。因此，公共服务的概念界定，应该考虑时空变量和现实情境。

三、公共文化服务

公共文化服务理念产生的背景主要包括以下四个方面：一是市场经济的发展以及市场失灵是公共文化服务存在的合法性依据；二是西方学者直面公共文化危机问题，探讨如何建构良性公共服务；三是尊重和保障公民基本文化权利已经成

---

① 莱昂·狄骥.公法的变迁·法律与国家[M]. 郑戈, 冷静, 译. 沈阳：辽海出版社, 1999.
② 李军鹏. 公共服务型政府建设指南[M]. 北京：中共党史出版社, 2005.

为现代国家和国际社会的普遍准则；四是西方发达国家文化管理体制和文化政策的不断调整，为我国提供了借鉴。

公共文化服务是公共服务的一种，如同医疗卫生服务、教育服务一样，是现代政府的重要职责。公共文化体系的理论背景可追溯至20世纪80年代兴起的新公共管理运动或政府再造运动，以及后来因反思新公共管理之不足而兴起的新公共服务运动。公共文化服务的提出基于以下两点原因：一是政府职能由经济建设型向公共服务型转型；二是文化体制改革催生了公共文化政策调整。

"公共文化服务"是公共服务领域的概念，大致经历了从群众文化到公共文化服务的转变，并最终成为人民群众基本文化权利与社会治理的代名词。"公共文化服务"概念的演变，扩展了公共文化服务的功能和视野；公共文化服务功能经历了从宣传教育到公民基本文化权益获得，再到向民生治理延伸的转变。

围绕"公共文化服务"的概念和范围，不同学者给出了不同的定义。

宋先龙（2011）认为，作为公共服务的重要构成部分，公共文化服务是指为了保障公民基本的文化权益，向公众提供的文化产品和服务。公共文化服务包括为全社会提供的非竞争性、非排他性的公共文化产品和服务。

陈文权和张立强（2012）认为，公共文化服务是指以政府部门为主的公共部门提供的、以保障公民的基本文化生活权利为目的、向公民提供公共文化服务产品与服务的制度和系统的总称。

蒲油新（2014）认为，公共文化服务就是通过发展公共文化事业，为社会公众参与社会文化互动提供保障和创造条件，着力提高全体公众的文化素质和文化生活水平，为公众提供公共文化产品和精神文化享受的服务行为。

王平和李舒杨（2022）认为，公共文化服务是指各种类型的公共文化机构、公共文化空间和平台向个体提供的文化资源体验、感知、学习等服务。

公共文化服务是政府公共服务的重要内容。公共文化服务是指在政府主导下，以税收和财政的方式向社会提供文化产品及服务的过程和活动。广义的公共文化服务包括公共信息服务和文化政策服务、文化市场监管服务。简而言之，公共文化服务就是现代服务型政府应有的文化管理职能。而狭义的公共文化服务是提供文化类公共产品，如公共图书馆建设、文化信息资源共享工程建设等一些具有基础建设性质的项目。

根据《中华人民共和国公共文化服务保障法》（简称《公共文化服务保障法》）的规定，公共文化服务指"由政府主导、社会力量参与，以满足公民基本文化需求为主要目的而提供的公共文化设施、文化产品、文化活动以及其他相关服务"。

相对于文化，公共文化的辐射范围较小，一般指能为广大社会公众所接触或享用的物质或精神的产品或设施。而公共文化服务则是公共文化的实现形式。公共文化服务是公共文化与公共服务交叉相融的概念，它既是隶属于公共服务领域的文化，又是隶属于文化领域的公共服务。公共文化服务指基于社会效益，不以营利为目的，为社会提供非竞争性、非排他性的公共文化产品的资源配置活动。

我国公共文化服务可分为政策肇始、政策探索和政策深化三个阶段。"现代公共文化服务体系"是党的十八届三中全会提出的一个新概念。加上"现代"两字，突出了公共文化服务体系建设的时代性、创新性和开放性要求。现代公共文化服务是现代公共服务的重要组成部分。

参 考 文 献

陈文权，张立强. 2012. 我国农村公共文化服务研究述评[J]. 重庆社会主义学院学报，（5）：89-92.

蒲油新. 2014. 长沙市公共文化服务体系建设研究[D]. 长沙：湖南大学.

宋先龙. 2011. 我国西部地区基本公共文化服务均等化问题研究[D]. 杭州：浙江大学.

王平，李舒杨. 2022. 公共文化研究：从概念出发[J]. 图书馆论坛，42（5）：79-85.

第一章　我国公共文化服务的发展与评述

第一节　我国公共文化服务的建设进程

中华人民共和国成立后，国家财政对文化建设的支持力度不断加大，我国文化事业经费逐年增加。2019～2023 年，我国文化和旅游事业费逐年增长，从 1065.02 亿元增长到 1280.4 亿元。2023 年的文化和旅游事业费比上年增加 78.6 亿元，同比增长6.5%。从数据中可以看出，近年来我国文化事业经费投入总量稳步增长，财政对文化事业的重视和支持力度不断加大，我国致力于推动文化事业的繁荣发展[①]。

中华人民共和国成立初期，文化制度实行的是政府一手包办的为政治服务的严管模式。当时的文化艺术机构都是公有制单位，政府部门兼具"管文化"与"办文化"的职能，文化产品和服务几乎全部由文化事业单位提供，经费上由各级政府财政给予支持。1949～1977 年发布和实施的公共文化服务政策在一定程度上有利于公共图书馆、博物馆、文化馆（站）和群众艺术馆等公共事业的发展，对提高人民群众的政治水平与文化水平起到了重要作用。但是，这个时期我国实行的是计划经济体制，文化事业管理采用的是国家"一手包办"的保护模式，导致公共文化服务政策存在单一化缺陷。公共文化服务政策支持的单一性主要表现为管理方式单一、投资方式单一、参与主体单一、服务功能单一等方面。一方面，公共图书馆等机构没有决定服务内容和方式等的自主权；另一方面，群众接受什么样的文化服务也是相对被动的。这种单一的政策支持，势必会造成文化艺术工作者对文化事业单位的过度依赖，缺乏服务创新与功能拓展的动力，从而影响公共文化服务机构正常业务的开展。

公共文化服务体系是改革开放以来文化建设理论的重要创新。我国公共文化服务体系建设呈现出整体推进、重点突破、全面提升的良好发展态势，积累了许多能够较好地满足人民群众基本文化需求的特色经验。全国各地积极丰富优质公共文化产品，推动将文化惠民成果落到实处，努力提高全民文化素养。1979～2017 年，全国公共图书馆流通人次从 7787 万次增加到 7.45 亿次，文化馆（站）举办活动次数从 12.7 万次增加到 194.4 万次。文物机构参观人次从 2001 年的 1.13 亿

---

① 2023 年全国财政文化资金预算安排 3933.7 亿元[EB/OL]. http://www.ce.cn/culture/gd/202401/08/t20240108_38857824.shtml，2024-01-08.

次增加到 2017 年的 11.48 亿次[1]。另外，改革开放后，我国的文化立法工作取得突破性进展，《博物馆条例》《公共文化服务保障法》《中华人民共和国公共图书馆法》（简称《公共图书馆法》）相继颁布实施。

一、公共文化服务理念确认阶段

该阶段为 1978 年党的十一届三中全会到 1984 年党的十二届三中全会。

1978 年初，在中国文化部部长黄镇的提议下，中央在恢复和健全文化部机关司局机构时，创建了群众文化和民族文化司，这对我国群众文化事业和少数民族文化的恢复与发展起到了重要作用。

以上海为例，1979～1984 年，上海地方财政用于文化设施建设的支出共计3.42 亿元，其中用于文化、新闻、出版、广播电视事业的约 1.1 亿元。市文化局、市电影局、市新闻出版局和市广播电视局等文化单位的文化设施基本建设费达1266.6 万元，比 1950～1978 年近 30 年总和（262.69 万元）还要高，1984 年上海全市文化事业拥有固定资产总值 3.15 亿元，与 1978 年相比新增 7088 万元。（蒯大申，2019）上海的公共文化事业得到了初步恢复和发展。

以辽宁为例，改革开放后，在政府主导、社会力量积极参与下，全省公共文化服务网络初步形成，辽宁公共文化服务职能日益强化。1979～1982 年，全省文物普查工作已基本完成，共调查发现古遗址、古墓葬及革命遗址等 11 100 余处。1982 年，辽宁省已实现县县有剧团、电影院、图书馆和文化馆，社社有文化站。全省有艺术馆 13 个、文化馆 128 个、文化站 1311 个。1983 年，新建、扩建群众艺术馆、文化馆馆舍 26 个，全省公共图书馆馆舍面积达到 8 万平方米，阅览室座席达到 9973 个，全省 95 个公共图书馆共藏书 1494 万册，鞍山市在原文化站的基础上新建了鞍山市博物馆。[2]

二、完善构建阶段

该阶段为 1984～2005 年，以中共中央提出建设公共文化服务体系为标志。

1. 公共文化服务相关政策的发布

经济体制改革有力地推动了文化体制改革，对文化建设产生了深远影响。1987 年，文化部印发《文化事业单位开展有偿服务和经营活动的暂行办法》，

---

① 文化和旅游部. 文化和旅游部公开发布《中华人民共和国文化和旅游部 2017 年文化发展统计公报》[EB/OL]. https://www.gov.cn/xinwen/2018-05/31/content_5295089.htm，2023-03-23.

② 陈慰. 中国中部地区公共文化特色化发展实证研究[M]. 上海：上海社会科学院出版社，2022.

提出"文化事业单位必须坚持为人民服务、为社会主义服务的方向，正确处理好社会效益与经济效益的关系，把社会效益放在首位。同时，要改善经营管理，注意经济效益，在努力做好本职工作、保证完成国家规定的各项任务的前提下，发挥各自的特长和优势，利用现有的人力、物力，把无偿服务和有偿服务结合起来，积极开展'以文补文'的有偿服务和经营性活动。各单位开展的有偿服务和经营性活动，必须从自己的实际情况出发，因地制宜，量力而行，不得影响本职工作，弃文经商。各级文化、财政、工商、税务等部门，应加强领导、监督和扶持，使其健康发展"。

1994年，财政部、国家税务总局发布《关于继续对宣传文化单位实行财税优惠政策的规定》，指出"对因执行新税制增加税负的单位，属于本规定第三条所属范围的，采取先征税后退税的办法。具体退税办法按财政部的有关规定执行"。"纪念馆、博物馆、文化馆、美术馆、展览馆、书画院、图书馆、文物保护单位举办文化活动所售门票收入按《中华人民共和国营业税暂行条例》的规定执行，免征营业税。对专业剧团排练及舞美用房；与当地民用建筑标准相当的文化馆（站）、群艺馆、图书馆、档案馆、文物保护、图书发行网点；省级及省以上的电视台和省以上广播台及其传输转发系统；新闻、儿童、科教、美术电影制片厂；单纯设备购置，其固定资产投资方向调节税按《中华人民共和国固定资产投资方向调节税暂行条例》的规定执行，均适用零税率。"

1996年，国务院发布《关于进一步完善文化经济政策的若干规定》，明确指出，"在加大各级财政对文化事业投入力度的同时，拓宽文化事业资金投入渠道，逐步形成适应社会主义市场经济要求的筹资机制和多渠道投入体制"。

2002年，党的十六大报告明确指出"积极发展文化事业和文化产业"，"国家支持和保障文化公益事业，并鼓励它们增强自身发展活力"，"健全文化市场体系，完善文化市场管理机制，为繁荣社会主义文化创造良好的社会环境"。

2004年，党的十六届四中全会提出要坚持把社会效益放在首位，实现社会效益和经济效益的统一，把文化发展的着力点放在满足人民群众精神文化需求和促进人的全面发展上。加大了政府对文化事业的扶持力度，扩展了公共文化的内容和形式。

2004年，《文化部、国家文物局关于公共文化设施向未成年人等社会群体免费开放的通知》强调，"从2004年5月1日起，全国文化、文物系统各级博物馆、纪念馆、美术馆要对未成年人集体参观实行免票；对学生个人参观可实行半票；家长携带未成年子女参观的，对未成年子女免票。对持有相关证件的现役军人、老年人、残疾人等特殊社会群体，也要实行门票减免或优惠。被确定为爱国主义教育基地的各级各类公共文化设施要积极创造条件对全社会开放"。

2. 公共文化服务实践①

以上海为例，1986 年下半年，在市委、市政府的领导和支持下，上海举行了规模空前的文化发展战略研讨会。经过热烈讨论，上海相关领导提出了一系列与经济发展战略相配套的文化发展战略。从 20 世纪 80 年代到 90 年代，随着文化体制改革逐步深入，上海文化建设得到明显加强，并取得较快发展。1991 年 12 月，上海市委提出在"八五"期间要建成或基本建成东方明珠电视塔、上海博物馆新馆、上海图书馆新馆、上海影城、上海书城、上海大剧院等十大工程。上海文化设施建设工程从此迈上了新台阶。20 世纪 90 年代，上海十大公共文化工程相继建成，成为上海的标志性建筑。在一批市级标志性文化设施建成后，上海相关领导又提出要把文化设施建设的重点逐步转移到社区文化设施建设上来。到 2005 年底，全市初步形成了布局优化、设施先进、结构合理的社区公共文化设施网络。

以辽宁为例，1984 年，该省新建立辽阳、铁岭、复县、喀左县等 4 个县（市）博物馆，博物馆总数达到 17 个。农村集镇文化中心 420 个，业余创作组织 1180 个，业余演出组织 1802 个。1987 年，全省各级公共图书馆藏书整顿工作全部通过检查验收。全省 119 个公共图书馆藏书 1514 万册，其中古籍 111 万册。全省人均占有图书 0.41 册，高于全国平均水平。1988 年，张学良旧居面向群众开放。1989 年，义县奉国寺大殿正式对外开放。1990 年，辽宁在公共文化服务设施建设方面，完成投资 1888 万元，建成的公共文化服务设施面积达到 10 万平方米，在建面积 10 万平方米，其中，在建图书馆 5.8 万平方米，投资额 809 万元。1991 年，相关部门在全省开展了高标准文化站和群众艺术活动基地创建活动。经检查验收，高标准的乡镇文化站达到 91 个。宽甸满族自治县被文化部命名为"中国现代民间绘画画乡"，庄河县被誉为"书画之乡"，北镇市凭借国画入选 2018～2020 年度"中国民间艺术文化之乡"，1992 年阜新查海遗址博物馆、营口金牛山古人类遗址博物馆建成开放。1993 年，全省有 23 个县、区文化馆和 24 个城市街道文化站被文化部命名为国家标准文化馆。1994～2002 年，辽宁公共文化服务设施得到不断完善。截至 2002 年，全省公共文化服务机构总数为 1958 个（省直处级单位 18 个），从业人员 2 万余人。全省艺术表演团体 72 个；剧场、影剧院 71 个；公共图书馆 128 个；群众艺术馆 23 个、文化馆 102 个，文化站 1346 个；电影院 87 个；文博机构 113 个，文物商店 9 个，文物科研单位 3 个，文物管理机构 67 个。

早在 2003 年，辽宁省就已经颁布了关于推动文化建设及文化产业发展的文件，在这些文件的指导下，辽宁省相关部门开始大力发展文化产业。2004 年，辽宁歌舞团按照产业化运作模式排演新作品，探索市场营销新模式，并成立集歌舞、

---

① 该部分数据均出自：王婷. 建国 70 年来辽宁公共文化服务体系建设与发展[J]. 兰台世界，2019（4）：6-7.

民乐、杂技为一体的艺术团体——辽宁杂技团。辽宁大剧院按照自主经营为主、国家扶持为辅的经营思路，建立现代企业制度，走商业化运作道路，实行企业运作模式，建立了具有现代企业制度、能够适应市场变化的现代企业集团。

三、法治化推进阶段

2005年，十六届五中全会通过的《中共中央关于制定国民经济和社会发展第十一个五年规划的建议》首次明确提出"加大政府对文化事业的投入，逐步形成覆盖社会的比较完备的公共文化服务体系"。

2006年，第十届全国人民代表大会第四次会议的《政府工作报告》中提出，深化文化体制改革，发展文化事业和文化产业，加强文化基础设施建设尤其是农村基层文化建设，完善公共文化服务体系。

2006年，中共中央办公厅、国务院办公厅印发的《国家"十一五"时期文化发展规划纲要》明确指出"支持民办公益性文化机构的发展，……积极引导社会力量提供公共文化服务"。将"公共文化服务"置于"文化产业"之前，对公共文化服务的相关内容进行了阐释。

2007年8月，《关于加强公共文化服务体系建设的若干意见》，明确了公共文化服务体系建设的指导思想和目标任务，提出要按照结构合理、发展均衡、网络健全、运行有效、惠及全民的原则，努力建设以公共文化生产供给、设施网络、资金人才技术保障、组织支撑和运行评估为基本框架的覆盖全社会的公共文化服务体系。

2011年，党的十七届六中全会审议通过的《中共中央关于深化文化体制改革推动社会主义文化大发展大繁荣若干重大问题的决定》中明确提出了，到2020年我国文化改革发展的奋斗目标，"文化事业全面繁荣……；文化产业成为国民经济支柱性产业……；文化管理体制和文化产品生产经营机制充满活力、富有效率……"。

2015年1月，中共中央办公厅、国务院办公厅印发的《关于加快构建现代公共文化服务体系的意见》指出，"引入市场机制，激发各类社会主体参与公共文化服务的积极性，提供多样化的产品和服务，增强发展活力，积极培育和引导群众文化消费需求"。同年，国务院办公厅转发的《关于做好政府向社会力量购买公共文化服务工作意见的通知》，再次提出加快政府职能转变，推动政府向社会力量购买公共文化服务。

2017年3月，《公共文化服务保障法》正式实施，意味着公民基本文化权益和需求已从行政保护层面上升至法律保障层面。

公共文化服务实践更加丰富多样，上海积极贯彻落实2007年8月中共中央办公厅、国务院办公厅出台的《关于加强公共文化服务体系建设的若干意见》。上海以社区文化活动中心建设为抓手，连续几年把社区文化活动中心建设列为实施项目。在社区文化活动中心的建设上，上海通过体制、机制、管理模式创新，将原有社区文化馆（站）、社区图书馆、社区学校、社区青少年活动中心、社区少年科技站、社区健身苑、科普画廊等资源整合起来，使社区居民能在社区活动中心享受"一站式"服务。覆盖全市的社区文化活动中心等服务机构，以新颖独特的服务形式，深入基层、服务市民，成为上海公共文化服务的新型载体，在公共文化服务中发挥了重要作用。2015 年 1 月，中共中央办公厅、国务院办公厅发布《关于加快构建现代公共文化服务体系的意见》。上海随后印发了《上海市贯彻〈关于加快构建现代公共文化服务体系的意见〉的实施意见》。

2008 年，辽宁省人民政府办公厅印发《关于全省服务业发展任务指标及考评制度和建立完善服务业统计体系实施意见的通知》，要求加强公共文化服务体系建设，着力加强图书馆、文化馆、博物馆等基层文化设施建设，实施文化信息资源共享工程，全省 1/3 以上县图书馆、文化馆达到国家评估等级。2011 年，338 个乡镇综合文化站建设任务基本完成，辽宁省博物馆、省图书馆开工建设，建筑面积超过 10 万平方米，总投资分别为 9.6 亿元和 9 亿元。2011 年 12 月 30 日，省长办公会议通过了省直院团艺术生产和演出设施新建方案，建设 4 个剧场，总建筑面积约 4 万平方米，总投资约 9 亿元，总占地约 12 万平方米（王婷，2019）。

2012 年，辽宁省积极推动一市三馆（博物馆、图书馆、群众艺术馆）、一县两馆（图书馆、文化馆）、一乡一站（文化站）、一村一室一广场（文化活动室、文化广场）目标的实现，不断整合各级财政投入的建设资金、已有场所和文化信息资源。截止到 2012 年，全省已经建立了 2890 个社区文化室，360 个乡镇电子阅览室。5 月 18 日，沈阳铸造博物馆开馆。2013 年，辽宁省公共文化服务基础设施建设全面推进。沈阳艺术大厦和沈阳市图书馆的建设正在积极推进，大连历史博物馆和图书馆新馆等五个文化基础设施建设项目也在同步进行。此外，省内其他城市也在新建和修缮一批图书馆、博物馆和群众艺术馆等文化设施。2014 年，辽宁省完成全省博物馆年检，60 家博物馆年检合格，33 家博物馆基本合格（王婷，2019）。2015 年 7 月，辽宁省公共文化服务体系建设协调组成立。2016 年，辽宁省发布了《辽宁省文化改革发展"十三五"规划》，提出"以基本公共文化服务标准化均等化为突破口，加快构建现代公共文化服务体系"。辽宁省图书馆、省博物馆是沈阳市南部的两座标志性建筑，是全国单体面积最大的省级馆。同时，全省基本建立覆盖城乡的省、市、县、乡、村（社区）五级公共文化设施网络体系，实现了县县有公共图书馆、文化馆，乡乡有文化站，乡（镇）均建有基层综合性文化服务中心，行政村"一村一广场"目标。经过多年努力，国家级、省级公共文化服务示范区和示范项目地区的市、县、乡、村四级公共文化设施网络健全，创建了 28 个县级图书馆、文化馆示范点、100 个乡镇综合文化站示范点和 200 个村综合性文化服务中心示范点、280 个乡镇综合文化站示范点和 560 个村综合性文化服务中心示范点，乡镇（街道）、村（社区）完成了基层综合性文化服务中心整合工作[①]。

第二节　我国公共文化事业的范围界定

2002 年党的十六大第一次将"文化"分成文化事业和文化产业，明确提出要"积极发展文化事业和文化产业……深化文化体制改革"，并且从理论上提出"发展文化产业是市场经济条件下繁荣社会主义文化、满足人民群众精神文化需求的重要途径"这一科学论断，明确提出发展中国文化产业的总体要求和长远目标。

一、文化事业

中华人民共和国成立以后，我国公共文化服务以发展文化事业的名义开展。文化事业主要是由传统的事业单位实施建设、引导、调控和管理的社会公益性文化。文化事业具有公共服务性、非营利性和先进文化的导向性，其根本目标是满足全社会的公共文化需要，提高全民族的思想道德水平和科学文化素质，适应并引导人民群众公共性的和高品位的文化需求。文化事业的公共服务性特征决定了文化事业的运行并不以获取经济利益为目标，而是以精神旨趣和社会效益为目标。文化事业的本质在于非营利性，与考虑营利性活动的文化产业相对应。从这个意义上来说，非公益性质的文化服务组织（如私人博物馆），以及其他社会文化服务组织（如社会上各类文化团体）也属于文化事业的范畴。

对于文化事业，学界给出了不同的定义，具有代表性的是以下几个定义。

（1）文化事业是指为满足人们娱乐、休闲、健身、求知、审美、交际等精神需要和求知需要而组织的活动，并提供经费、场地、器材和各种服务的社会公益性工作[②]。

（2）文化事业是指以继承和弘扬优秀传统文化，吸收和同化优秀域外文化，丰富和提高人们的审美水平、思想觉悟、道德素养和才智能力，纯化和优化社会风气、生产秩序、行为规范与价值取向，给人的全面发展和社会的全面进步提供精神动力与智力支持为目的的文化建设[③]。

---

① 中国文化报.辽宁：十年跨越　今非昔比[EB/OL]. https://www.mct.gov.cn/whzx/qgwhxxlb/ln/202207/t20220725_934889.htm，2023-05-20.

② 刘京晶. 互联网时代：公共文化服务的治理变革[M]. 北京：知识产权出版社，2016.

③ 刘京晶. 互联网时代：公共文化服务的治理变革[M]. 北京：知识产权出版社，2016.

（3）文化事业包括三个层次：第一个层次是泛指整个文化；第二个层次是指与文化产业相对应的整个文化事业；第三个层次是指文化事业单位[①]。

（4）李正元（2012）认为，文化事业是指从事文化建设和提供文化服务的公益性行业。

笔者认为，从文化事业的本质属性出发，文化事业是指国家或社会资助和扶持的文化活动，在具有一定目标、规模和系统的对社会发展有影响的文化活动中，为社会主体提供公益性文化产品和公益性文化服务。

习近平同志 2020 年 9 月 22 日在教育文化卫生体育领域专家座谈会上的讲话中指出，"发展文化事业是满足人民精神文化需求、保障人民文化权益的基本途径。要坚持为人民服务、为社会主义服务的方向，坚持百花齐放、百家争鸣的方针，全面繁荣新闻出版、广播影视、文学艺术、哲学社会科学事业，着力提升公共文化服务水平，让人民享有更加充实、更为丰富、更高质量的精神文化生活"。

二、文化产业

我国对"文化产业"概念的认识主要有以下几种。

第一种：文化产业是"从事文化产品生产和提供文化服务的经营性行业。文化产业是与文化事业相对应的概念，两者都是社会主义文化建设的重要组成部分"。这是文化部于 2003 年 9 月制定的《关于支持和促进文化产业发展的若干意见》中提出的关于"文化产业"的概念。

第二种：文化产业是"为社会公众提供文化、娱乐产品和服务的活动，以及与这些活动有关联的活动的集合"。这是国家统计局于 2004 年在首次公布的《文化及相关产业分类》中提出的"文化产业"的概念。

李正元（2012）认为，文化产业是指从事文化产品生产和提供文化消费的非公益性行业。

文化事业与文化产业既有联系又有区别。文化事业和文化产业的联系体现在三个方面：一是它们同属于文化建设的范畴，都是社会文化的重要构成部分。二是它们的存在价值都体现在创造、传承和弘扬中华民族先进文化上。三是它们的终极目标都是服务社会，都重视社会效益。但是文化事业与文化产业在性质、目标追求、基本职能、运营机制和调控方式等方面也存在一定差异。

2002 年，"文化产业"一词正式出现在党的十六大报告中。党的十六大报告指出，要积极发展文化事业和文化产业，国家支持和保障文化公益事业，并鼓励它们增强自身的发展活力，完善文化产业政策，支持文化产业的发展，增

[①] 刘京晶. 互联网时代：公共文化服务的治理变革[M]. 北京：知识产权出版社，2016.

强我国文化产业的整体实力和竞争力。随后，党的十七大报告更是对文化产业进行了精辟论述。

"文化产业"的概念最早出现在《启蒙辩证法》一书中，该书于 20 世纪 40 年代出版，作者是法兰克福学派的霍克海默和阿多诺。他们把文化产业定义为：凭借现代科技手段大规模地复制、传播和消费文化产品的工业体系。它既包括传统的或前工业化时代的文化产品，如书籍和报纸，也包括工业化时代的大众文化产品，如广播和电影等。

英国著名媒体理论家尼古拉斯·加纳姆（Nicolas Garnham）从文化的商品性和服务性的角度来界定文化产业，将文化产业定义为：那些利用工业化组织和生产规模，生产和传播文化产品与文化服务的社会化机构[1]。

英国曼彻斯特大学大众文化研究所执行主任贾斯汀·奥康诺（Justin O'connor）认为，文化产业应兼顾文化价值和商业价值，后者提供了财富和就业机会，但对大多数人来说，它也是文化消费的主要场所，所以文化产业的内涵必须是开放的[2]。

法国皮埃尔-米歇尔·门格（Pierre-Michel Meng）对文化产业的定义为：一系列经济活动，这些活动把文化的概念、文化创造及其产品的特性与文化产品的制造与商业销售联系起来[3]。

联合国教科文组织对文化产业的定义为，按照工业标准，生产、储存以及分配文化产品和服务的一系列活动，以及以艺术创造表达形式、遗产古迹为基础而产生的各种活动及其产出[4]。

20 世纪 80 年代，日本学者日下公人在《新文化产业论》中提出，文化产业的目的就是创造一种文化符号，然后销售这种文化和文化符号。

芬兰学者芮佳莉娜·罗马则用金字塔模型来解释文化产业的构成，认为文化产业有着双重含义：文化产业化和产业文化化。在金字塔模型中，文化产业处于金字塔的顶端，处于塔底的是由经济、技术和艺术组成的三角，这个三角共同支撑了文化产业[5]。

美国虽然没有官方认定的关于文化产业的说法，但在 20 世纪 90 年代，美国人用"版权产业"来说明文化产业状况。版权产业分为核心版权产业、部分版权产业、分销版权产业、版权相关产业等。

---

① Garnham N.Capitalism and Communication.London：Sage，1990.

② 贾斯汀·奥康诺.艺术与创意产业.王斌，张良丛译.北京：中央编译出版社，2013.

③ 皮埃尔-米歇尔·门格.欧洲的文化政策——从国家视角到城市视角.欣汉译.国外社会科学，2012（3）：4-9.

④ 联合国教科文组织，联合国开发计划署.创意经济报告 2013（专刊）——拓展本土发展.意娜，等译.北京：社会科学文献出版社，2014.

⑤ 转引自蔡荣生，王勇.国内外发展文化创意产业的政策研究[J].中国软科学，2009（8）：77-84.

三、公共文化事业

关于公共文化，中国当前在文化领域存在两种概念，即"文化事业"与"文化产业"，并将为社会提供精神产品的非营利性活动纳入公共文化事业范畴。某种程度上，"公共文化事业"属于中国特有的术语。与传统文化事业体系"以生活为中心"的管理体制不同，公共文化服务体系是一种"以需求为中心"的管理体制。与传统文化事业体系的内向封闭型体制不同，现代公共文化服务体系是一种外向开放型体制。

中国公共文化事业战略的演进历程依次经历了萌芽、探索、快速发展和成熟四个阶段。中华人民共和国成立后至改革开放前，中国公共文化事业进入全面探索期；改革开放后，公共文化事业得到了快速发展；随着 21 世纪中国进入经济快速增长而文化供给相对不足的新阶段，公共文化事业及其战略进入了成熟期。

中华人民共和国成立后，中国逐步形成了一套具有自身特色的、相对完整的公共文化事业体系，公共图书馆、文化馆、艺术馆、博物馆、美术馆、科技馆、工人文化宫、各级文化站和文化活动中心等公益性文化事业单位作为公共文化的供给主体机构，向公众提供服务。依托这一机构机制，以政府为主导、以公益性文化机构为骨干，中国的公共文化事业从业人员快速增加，服务力量得到增强。

第五届全国人民代表大会第五次会议提出，要基本上做到"县县有文化馆，乡乡有文化站"。这是中国最早形成的公共文化事业全局性目标设定。

改革开放后，为支持经济建设，文化建设的基本方针是实现信息流通、服务经济建设，即邓小平同志所指出的"开发信息资源，服务四化建设"。随着建设有中国特色社会主义文化纲领的形成，发展民族的、科学的、大众的社会主义文化成为公共文化服务的根本任务。中国采取有效措施，即在所有县建设图书馆、文化馆，在所有乡设立文化站，这就为公共文化事业的发展打下了坚实基础。

"十一五"期间，"覆盖城乡的公共文化服务体系框架基本建立"成为中国公共文化事业的战略目标，中国提出按照结构合理、发展平衡、网络健全、运行有效、惠及全民的原则，以政府为主导、以公益性文化单位为骨干、鼓励全社会积极参与，努力建设以公共文化产品生产供给、设施网络、资金人才技术保障、组织支撑和运行评估为基本框架的覆盖全社会的公共文化服务体系，切实保障人民群众看电视、听广播、读书看报、进行公共文化鉴赏、参加大众文化活动等基本文化权益。随着时代的进步，仅凭借狭义文化事业体制内的力量，如公益性文化事业单位的力量，已无法完全满足人们日益增长的文化需求。在这样的背景下，文化事业与文化产业的融合发展就显得颇为重要。在现代公共文化事业体系建设中，政府、社会、市场共同参与并同时作为重要战略力量存在，文化事业社会化被提升到"发展动力"的高度，形成了以政府为主导、以公益性文化单位为骨干，鼓励全社会积极参与的多元化格局。

通过建立公共文化服务社会购买机制、加大文化志愿活动推广力度、完善公共文化捐助和资助活动的法律法规等相关措施，中国着力构建多元化的公共文化服务主体格局。改革开放以来，中国公共文化服务实现了文化事业和文化产业双轨发展，文化事业单位是服务主力，文化产业在其中发挥积极作用，国家对公共文化服务的经费保障、政策支持也不局限于文化事业或文化产业，在更多方面得到体现。

第三节　公共文化服务的具体实践

一、城乡基层文化站公共文化服务

四川省崇州市基层文化站建设是具有代表性的公共文化服务实践。四川省崇州市作为成都市三圈层（市）县，距成都市 22 公里，辖区面积 1090 平方公里，总人口 73 万，辖 9 个乡镇，6 个街道。2010 年，崇州市按照要求完成了乡镇文化站的建设，15 个乡镇（街道）包括 26 个综合文化站，总面积达 12 151 平方米，文化站广场面积 55 376 平方米。崇州市以向社会力量购买公共文化服务的方式解决公共文化服务效能低下的问题[①]。

崇州市通过竞标的方式以每年 250 万元的投入聘请 13 家专业化社会力量入驻乡镇文化院坝（即综合文化站），担任文化管家，以责任清单的方式对文化院坝的日常管理、业务发展等工作进行细化，并借助"文化 e 管家"平台对文化院坝工作的开展情况进行考核，还创新性推出公共文化服务包这一举措。公共文化服务包，即将政府向文化院坝提供的公共文化服务的具体内容，分为基本公共文化服务包和特色文化服务包，政府通过提供基本公共文化服务包，利用文化院坝这一平台，向大众提供特色文化服务包。

为了保证文化院坝的有效运行，崇州市出台了《崇州市文化院坝建设运行管理方案》《崇州市文化服务包考核评估暂行办法》《崇州市文化能人选拔和服务暂行办法》等一系列评估、考核及监管政策，并定期召开会议，以便对社会力量所提供的服务加以指导和监督。

崇州市采用了文旅管家新模式。文旅管家是指政府从资质良好、社会认可的艺术培训学校、公益性社会力量等购买服务，签订一定服务期限，面向乡镇（街

---

① 程东林. 崇州市基层公共文化服务体系建设问题与对策研究[D]. 雅安：四川农业大学，2022.

道）文化站、村（社区）文化活动中心等基层综合性文化服务中心或其他公共文化场所提供公共文化服务的工作机制。社会力量以文旅管家的形式入驻文化站。首先，崇州市社会力量数量多，具备了集体生产的条件。截止到 2021 年底，崇州市拥有 2500 名注册文化志愿者，26 名乡镇文化站在编站长，13 家社会力量入驻乡镇基层文化站点，75 名乡镇级文化管家，253 名村（社区）文化哨兵，300 多支基层群众文化队伍[①]。

崇州市通过购买服务来激活和繁荣基层文化。以 2019 年为例，崇州被托管的 15 个乡镇（街道）的 26 个文化站，举办 200 人次以上的文体活动达到 300 场次，此外还举办书法、朗诵、舞蹈、太极培训等课程共计 500 场次（观众 20 人以上），书刊借阅、电子阅读达 5 万余人次，远远超过往年同期水平，在较大程度上丰富了群众的公共文化生活。全市 253 个村（社群）培育了群众文艺队伍共计 341 支，涉及舞蹈、腰鼓、太极、乐器、朗诵、书法等多个领域[②]。

（1）文旅管家的专业性嵌入保障服务质量。专业性嵌入是指文旅管家以政府购买公共文化服务为契机，社会力量通过其专业化的优势来承接公共文化服务项目，从而逐步形成与政府合作供给的公共文化服务样态。比如，崇州市新兴艺术教育中心，2016 年入驻羊马镇综合文化站，在工作开展中以舞蹈为主导，平时会组织一些广场舞、瑜伽的培训，同时还会开设一些针对儿童、中年人、老年人的课程，并针对不擅长器乐的人进行培训，该中心还会要求其他文化站或专业机构的人员开展培训，以实现人才及资源的互换。

（2）文旅管家服务性嵌入提升群众参与度。服务性嵌入是指社会力量及其活动在特定地理和文化环境中所体现的融入程度，以及人民群众对该地域文化的认同。为了提高文化站基础设施的利用率以及群众参与率，文旅管家积极主动深入群众，通过各种渠道并结合多样态的文化活动，使群众由了解文化站到主动走入文化站，最后积极参与文化站的活动。比如，崇州市体育舞蹈协会入驻了崇阳街道文化活动中心，第一年开展活动时较为困难，群众对其认可程度低。于是他们从开展大型活动入手，让群众通过观看演出来了解社会力量，并且积极与每一个文艺队伍的领队去沟通交流，对群众进行免费指导，且提供场地支持，群众抱着试一试的态度参与其中。在学习的过程中，群众的广场舞技能得到了大幅度提升，在市级舞蹈比赛中名列前茅，群众逐步接受了社会力量，并且积极参与到文化站所举办的各项活动中。

作为文化治理的关键环节，乡镇文化站服务活动的高质量开展是基层公共文

---

① 李少惠，邢磊. 社会组织嵌入：农村基层公共文化服务效能提升路径研究[J]. 图书馆学研究，2021（10）：32-38.

② 李少惠，邢磊. 社会组织嵌入：农村基层公共文化服务效能提升路径研究[J]. 图书馆学研究，2021（10）：32-38.

化服务建设的核心内容。基于崇州市公共文化服务效能提升的实践，我们采取文化治理策略时应注意将社会力量通过制度、服务、专业、技术等层面嵌入政府。崇州市社会力量的具体实践可以为其他地区提供可资借鉴的经验。

二、公共图书馆、文化馆、美术馆、博物馆公共文化服务实践

我国在公共文化服务领域的财力和人力支出等方面与发达国家存在较大差距，现阶段我国公共文化服务资源相对充足与人民大众的文化需求形成了矛盾。为了消除这一矛盾，作为公共文化服务体系的重要组成部分的公共档案馆、公共图书馆等就要实现数字化融合，充分发挥公共服务的作用，增强自身文化服务能力。

（一）江苏省博物馆

"十一五"以来，江苏省博物馆在公共文化服务体系建设方面进行了多方面的探索。比如，全国首家真正意义上的实体数字博物馆——南京博物馆于 2013 年 11 月正式建成并对公众开放。它将实体展馆与虚拟展馆融为一体，向公众多维度展示了实体展馆的收藏功能。除此之外，苏州碑刻博物馆、常熟博物馆等借助百度百科数字博物馆，充实丰富了数字博物馆的内容。全球第一座专门为视障人士设计的博物馆展厅——"博爱馆"2014 年 5 月在南京博物馆正式开放，这是当时国内唯一向特殊人群提供服务的数字体验区。

（二）广东省佛山顺德三馆联动

以广东省佛山市为例，该市成立了以市长为主要负责人的创建国家公共文化服务体系示范区领导小组，副组长由分管副市长担任，成员包括 5 个区的区长和市直 25 个相关单位主要领导，从地方政府的层面进行了宏观规划和统筹协调，实现了公共文化示范区建设工作跨部门、跨行业的全面开展。在领导小组的指导下，佛山市图书馆、佛山市档案馆、佛山市博物馆等单位共同成立了佛山市公共文化设施联盟，带动同类型优质公办和民间机构、社会力量，在机制、场馆、信息、品牌、人才等方面实现了互联互通。

佛山市顺德图书馆承担收集和保存地方文献并提供公共书目检索的职责；顺德博物馆负责提供数字化导览，展示馆藏文物；顺德档案馆则负责将珍贵的历史文献数字化并长期保存。顺德图书馆和顺德档案馆在 2017 年尝试进行数字资源合作，签

订协议，将双方的电子文献资源进行了交换，具体包括古籍影印本、地方文献等，数量总计约 5000 册、光盘约 100 套①，促进了顺德地方文献资源的共建共享。

（三）北京史家胡同博物馆

史家胡同博物馆是北京首家胡同博物馆，它坐落于北京东城区朝阳门街道史家胡同的 24 号院，2013 年 10 月 19 日正式对外开放。该社区博物馆的文化服务功能涵盖了文化建设服务、社教服务、场馆服务、公共教育服务四大类型。

史家胡同博物馆讲座活动在发挥博物馆的文化服务功能中占有重要地位，其活动的发起者通常为史家胡同博物馆的工作人员和社区居民。多数讲座活动由居民志愿者组织，并进行免费讲解。讲座内容主要围绕史家胡同古老的历史文化、北京城的历史发展、城市的变迁、有名的旧人旧事、胡同的保护等展开，充分体现了北京的历史渊源和胡同文化。

史家胡同博物馆也面向全城举办青少年城市阅读会——"名城青苗"城市阅读活动。该活动自 2019 年开展以来，旨在通过阅读、探访、手工制作等多种形式，培养青少年对城市规划和名城保护的兴趣与责任感，旨在为各博物馆、展览馆、图书馆、社区服务中心提供公益阅读服务，开展领读、探访等公益活动。由史家胡同博物馆组织的"城市阅读活动"以多种形式开展，使学生对胡同的历史有了深刻的认同感。这种寓教于乐的学习方式对于挖掘历史文化、胡同记忆发挥了不可替代的作用，使学生能充分吸收文化精髓。

三、文旅融合公共文化服务实践

新疆生产建设兵团第六师五家渠市着力打造了"兵团文化"品牌，西藏自治区拉萨市举办"藏戏演出季"、中国拉萨雪顿节、藏族音乐研讨会等活动，云南省昆明市举办"民族节庆网上游"等活动。这些具有特色的公共文化活动不仅满足了居民对美好生活的新期待和新向往，更是在文旅融合背景下宣传了本地区的特色文化，提升了地区知名度，推动了城市转型与发展。

在文旅与公共文化服务实践中，浙江省走在全国前列。浙江省各地在文旅融合的具体实践过程中，以民宿书屋的形式将文化与旅游融合，如台州图书馆、桐庐图书馆、丽水莲都区图书馆、丽水云和县图书馆、丽水青田县图书馆、丽水松阳县图书馆、丽水景宁县图书馆等都采取了"图书馆+民宿"的文旅融合实践模式。其中，云和县"漫享书屋"的建设较为典型。

---

① 蔺梦华，甘子超. 公共文化服务体系下县域图书馆、博物馆、档案馆合作发展模式探析——以佛山市顺德区为例[J]. 图书馆理论与实践，2019（9）：72-75.

云和县图书馆是浙江省内较早探索"图书馆+民宿"模式的公共图书馆，2014 年就在石浦船帮驿站设立了图书流通点（后统称"漫享书屋"），不仅提供船帮文化相关图书，还常年提供旅游、散文、美食、生活、哲学等兼顾大众读者的图书。2015 年开始，云和县图书馆通过推广"你点书我买单"的模式，在云谷山房、云上五天、牧云居、浮云一盏、一双人、归野研阅等多家民宿设立了漫享书屋，书籍涵盖了政治、历史、文学、艺术、儿童读物、云和地方文献等内容。这不仅满足了游客读者的阅读需求，也在很大程度上宣传了云和本土文化，提升了民宿和其他旅游产品的文化附加值。通过在民宿设立漫享书屋，云和县图书馆探索出一条以阅读推动文旅融合的道路。

云和县以制度规范图书馆运营。云和县图书馆制定了一些细则和管理办法，如《漫享书屋准入制度》《漫享书屋管理制度》等。2016 年版和 2019 年版的《漫享书屋准入制度》均明确提出，申请设立漫享书屋的民宿必须要在人流量较大的特色区域或 AAA 级以上景区内；需提供一个不少于 20 平方米的阅读区，配备书架、桌椅等阅读基础硬件设施，且阅览座位不少于 10 个；每周开放时间不少于48 小时，应为当地村民提供无差别借阅服务；负责日常的图书馆接待等管理工作，每年组织开展 4 次以上读书活动。民宿书屋图书资料的采购和配送主要由云和县图书馆负责，对藏书达 1000 册的民宿书屋，图书馆工作人员会提供阅读指导。2020 年版的《漫享书屋准入制度》新增和优化了一些内容，如对被评为优质的民宿，给予优先创建漫享书屋的机会；提供一个面积不少于 35 平方米的舒适阅读区且阅览座位不少于 15 个；每年组织开展 6 次以上读书活动。《漫享书屋准入制度》将民宿书屋建设纳入了云和县图书馆管理服务范围，使分布广泛、数量众多的民宿发展成为公共阅读空间，在满足游客需求的同时凸显了云和文化特色，还可以满足村民的借阅需求。

云和县漫享书屋构建了村民与游客共享的文化空间。漫享书屋"牧云居"坐落在具有 800 多年历史的坑根石寨，书屋面积 130 平方米，开辟出成人阅读区、儿童阅读区、书画阅读区等功能空间。漫享书屋加速了公共图书馆的图书在云和近郊和偏远村落的流通，实现了阅读的"进村入户"，在距离、时间、内容和借阅方式等方面为村民和游客借阅图书提供便利，开拓了基层公共文化服务的新思路，推进了文旅融合。

调查发现①，漫享书屋除提供全国性的旅游书籍和杂志外，还重点投放了多种与云和本土文化与旅游相关的图书，如《云和抗战研究》《处州银冶》《世外桃源浮云来——云和梯田传说故事》《童话云和》《玩具之乡 诗画云和》《云和摄影作品集》

---

① 何义珠，叶伟萍，潘丽敏，等. 基于文旅融合的"图书馆＋民宿"实践与建议——以云和县"漫享书屋"为例[J]. 国家图书馆学刊，2022，31（2）：42-47.

《畲族饮食文化》《浮云记忆》，以及云和旅游线路图、云和美食介绍手册等资料。这些图书资料让游客体验到阅读的乐趣，并从中认识、发现和了解云和，一定程度上增强了游客的再宿意愿，无形中提高了民宿经济价值。漫享书屋通过举办各种阅读和亲子研学活动，实现了云和地方特色文化向文化产品和文化服务的转化。

文旅融合为公共图书馆的发展注入了新动能，推动了公共图书馆的产品创造与服务创新。未来，"图书馆+民宿"的发展要建立可持续发展的规范制度，让政策与实践相适应；挖掘地方特色文化，促进文化与经济融合；借助数字化赋能，让文化与科技融合。

四、建设书香社会的公共文化服务实践

陈前进①认为，要利用新媒体加强新闻出版公共文化服务体系建设。充分利用移动互联网，构建统一的全民阅读和服务平台。深入开展全民阅读活动，打造基于移动互联网的国家级全民阅读公共服务平台，实现全民阅读线上线下的协同推进。通过全民阅读移动互联网公共服务平台，利用大数据和云计算等新兴技术，可以更加精准地将出版社的优秀出版物信息投放给目标用户，培育和促进文化消费。平台的建立和完善也是对"农家书屋"工作的有效补充，通过增加"菜单式""订单式"的服务，有利于促进出版社与读者的有效沟通。这种网络双向互动功能，也将为各级新闻出版单位实现便民服务提供窗口和平台。

合肥市建设的城市阅读空间是集阅读、活动、展示、休闲等多元功能于一体的新型文化综合体。在功能上，城市阅读空间可划分为基本服务区和非基本服务区，基本服务区提供图书馆借阅、举办读者阅读活动等公益性服务，非基本服务区提供图书销售、简餐售卖、文创产品销售等经营性服务。

城市阅读空间统一使用合肥市图书馆业务管理系统，自助借还机、自助办证机与合肥市图书馆业务管理系统对接，读者办证数据、图书借还数据可以在大数据展示屏实时显示，并通过后台上传到合肥市图书馆业务管理系统中，城市阅读空间与合肥市图书馆则可以及时掌握最新的业务情况。

合肥市新华书店推出了"智慧书房"APP，民众下载登录后可以借阅合肥市图书馆的图书，若加入会员还能够享受购书打折的优惠服务。安徽知本文化传播有限公司开发了"安徽美邻社"小程序，将社区文化场馆、城市阅读空间纳入服务体系，社区居民可以享受到课程、购物、互动等一站式、多元化的信息文化服务。华博胜讯推出了读联体·数字资源共享服务平台，联合多家数字资源供应商，为读者提供电子书、有声书、视频等数字资源。

---

① 陈前进. 利用新媒体加强新闻出版公共文化服务体系建设[J]. 紫光阁，2015（12）：52.

第四节　我国公共文化服务政策发展历程及其时代特征

一、公共文化服务政策发展历程

2004 年，国家发改委发布《关于 2004 年经济体制改革的意见》，该文件中第一次出现"公共文化服务体系"。

2005 年 10 月，党的十六届五中全会通过的《中共中央关于制定国民经济和社会发展第十一个五年规划的建议》正式提出"公共文化服务"。该建议要求："加大政府对文化事业的投入，逐步形成覆盖全社会的比较完备的公共文化服务体系。"

2006 年发布的《国家"十一五"时期文化发展规划纲要》提出，完善公共文化服务网络、创新公共文化服务方式、健全公共文化服务组织体制和运行机制，以及维护少数民族等特殊群体的基本文化权益的问题。

2007 年发布的《关于加强公共文化服务体系建设的若干意见》提出，"以公共文化产品生产供给、设施网络、资金人才技术保障、组织支撑和运行评估为基本框架"。

2011 年，党的十七届六中全会提出到 2020 年，"努力实现基本公共文化服务均等化"目标。2011 年 12 月，文化部、财政部正式提出了"公共数字文化建设"的概念，并明确"公共数字文化建设包括数字化平台、数字化资源、数字化服务等基本内容，以制度体系、网络体系、资源体系、管理体系和服务体系建设为着力点，构建海量分级分布式公共数字文化资源库群，……为广大群众提供丰富便捷的数字文化服务，切实保障信息技术环境下公共文化服务的公益性、基本性、均等性、便利性"。

2012 年，党的十八大提出，完善公共文化服务体系，提高服务效能。

2012 年，国务院正式印发了《国家基本公共服务体系"十二五"规划》，"基本公共服务"指建立在一定社会共识基础上，由政府主导提供的，与经济社会发展水平和阶段相适应，旨在保障全体公民生存和发展基本需求的公共服务。享有基本公共服务属于公民的权利，提供基本公共服务是政府的职责。

2013 年，党的十八届三中全会通过的《中共中央关于全面深化改革若干重大问题的决定》提出要建立健全现代公共文化服务体系。

2015 年 1 月 14 日，中共中央办公厅、国务院办公厅印发了《关于加快构建现代公共文化服务体系的意见》，要求"加快推进公共文化服务数字化建设"，"结合'宽带中国''智慧城市'等国家重大信息工程建设，加快推进公共文化机构数字化建设"。同年，发布了《"十三五"时期贫困地区公共文化服务体系建设规划纲要》。

2016 年通过的《公共文化服务保障法》规定，公共文化服务指由政府主导、社会力量参与，以满足公民基本文化需求为主要目的而提供的公共文化设施、文化产品、文化活动以及其他相关服务。

2017 年，文化部印发《文化部"十三五"时期公共数字文化建设规划》，明确了"十三五"时期公共数字文化建设的六项重点任务。

2021 年，文化和旅游部、国家发展改革委、财政部联合印发《关于推动公共文化服务高质量发展的意见》，其中指出推动公共文化服务高质量发展，是进一步深化文化体制改革、发展社会主义先进文化的重要任务。同年，文化和旅游部公布的《"十四五"公共文化服务体系建设规划》，将推进城乡公共文化服务体系一体建设、增强公共文化服务时效性、推进公共文化服务区域均衡发展作为主要任务。

2023 年，中共中央、国务院印发《数字中国建设整体布局规划》，提出数字中国建设的整体框架，要求提升数字文化服务能力，打造若干综合性数字文化展示平台，加快发展新型文化企业、文化业态、文化消费模式。

二、公共文化服务的时代特征

我国公共服务的供给方式主要经历了三个阶段：其一，传统公共行政理论影响下的、权威政治主导的政府全权供给阶段；其二，新公共管理理论影响下、关注效率、引入竞争、第三方参与的供给阶段；其三，新公共服务理论影响下的，以人为本、重视保障公民权益，以法治和文化建设为主导的多元供给探索阶段。这个过程，体现了供给理念，从对物的关注转向对人的关注，公共文化服务供给的价值目标也越来越关注人的需求和权益。

现代公共文化服务体系是中国在全面深化改革的时代背景下对中国公共文化服务发展目标提出的新定位，体现了新时期中国公共文化服务发展的新方向，具有目标的先进性、体制的改革性、途径的统筹性、发展的规范性、服务的创新性五个方面的时代特征。

（1）目标的先进性。中国现代公共文化服务体系的先进性，就在于顺应了当今国内外政治、经济和社会发展大势，与时俱进地提出了中国当代公共文化服务建设发展的使命、目标与任务，使中国公共文化服务体系建设的目标与视野由偏重国内逐步转向国内、国际兼顾。

（2）体制的改革性。构建当代公共文化服务体系说到底是一种制度建制。现代公共文化服务体系的提出，是中国深入推进文化体制改革，促进社会主义文化大发展、大繁荣的开拓之举和创新之策，具有鲜明的体制改革性。

（3）途径的统筹性。统筹性主要体现在四个维度：建设主体的统筹、行业之间的统筹、城乡之间的统筹、管理体制机制的统筹。

（4）发展的规范性。中国现代公共文化服务体系建设标准化、均等化目标的明确提出以及相关建设标准、规范的陆续出台充分表明，注重发展的规范性、坚持以规范性不断提升发展水平与效益，已经成为中国现代公共文化服务体系建设的新方向。

（5）服务的创新性。更新服务理念、创新服务模式、拓展服务领域，是现代公共文化服务体系建设的主旨和目标所在。

在数字时代，公共文化服务数字化建设包括以下几条基本路径。一是要构筑多元主体共生治理的制度框架，即政府型供给框架、商业型供给框架、志愿型供给框架。二是要构筑多层次的公共文化人才体系：合理的人才结构和专门从事社会文化公益事业的群众性队伍。区、县文化馆和社区文化中心，特别是在乡镇和农村基层文化组织内，要不断壮大公益文化志愿队伍。三是要建立有效的公民参与机制。

胡税根和陶铸钧（2018）认为，基于理论与实践相结合的视角，中国公共文化服务的发展逻辑可以从公共性、文化性、服务性及技术性等四个层面进行检视。公共性决定了公共文化服务的价值逻辑，政府是公共文化服务的供给主体，并通过均等化手段来推动公共文化服务公平性的实现；文化性明确了公共文化服务的内容，文化是社会精神活动及其产品，文化治理强调将公共文化作为国家文化政策的中心任务；服务性刻画了公共文化服务的行动逻辑，强调公共文化服务在推动公民文化权实现的同时，应重视政府与市场、社会共同的协作；技术性影响了公共文化服务的创新逻辑，数字化服务模式创新推动公共文化服务的共建共享，科学的绩效评估是提升公共文化服务获得感的重要保障。

第五节　我国公共文化服务的国家责任

一、我国公共文化服务事业的主要任务

公共文化服务体系是现代政府公共服务体系的重要组成部分，将文化建设与人民群众的基本权益紧密结合，体现了文化发展以人为本的特征，凸显了政府执政为民的本质。

《中华人民共和国宪法》第二十二条规定，"国家发展为人民服务、为社会主义服务的文学艺术事业、新闻广播电视事业、出版发行事业、图书馆博物馆文化馆和其他文化事业，开展群众性的文化活动"。我国公共文化事业发展有五项主要任务。

（1）促进公共文化服务标准化、均等化。公共文化服务以全体人民为服务对象，均等化是最核心的理念、最显著的特点。公共文化服务均等化是指，政府为

社会公众提供基本的、与经济社会发展水平和群众需求相适应的、大致均等的公共文化产品和服务。

（2）推动公共文化服务社会化。鼓励社会力量参与，是我国公共文化服务体系建设一贯的方针政策。第一，进一步引导和鼓励社会力量、社会资本参与公共文化服务体系建设。第二，培育文化非营利组织。第三，引入竞争机制，加大政府购买公共文化服务的力度。

（3）加快公共数字文化服务体系建设。公共数字文化服务体系包括数字化平台、数字化资源、数字化服务等基本要素，主要由制度体系、网络体系、资源体系、管理体系和服务体系构成。公共文化服务机构具有数字资源提供能力和远程服务能力，这是对公共数字文化服务体系建设的基本要求。

（4）搭建文化事业单位法人治理结构。文化事业单位法人治理结构的核心要素：一是决策层建立理事会制度；二是管理层实行行政领导负责制；三是管理和运行实现"章程化"。

（5）建立公共文化服务体系建设协调机制。建立公共文化服务体系建设协调机制，从本质上说是对现有公共文化管理体制的改革，重点解决相关部门职能交叉、多头管理、重复建设、资源利用率和服务效能不高的问题，目标是形成公共文化服务的全社会共享机制。

二、公共文化服务评价体系构建的基本原则

考核公共文化服务的绩效，要看公共文化服务是否有利于促进文化成果的持续增长，是否有利于增强社会文化供给的能力，是否有利于提供更加丰富的社会文化活动，是否有利于帮助公民获得更多的文化享受的机会，从而得到更加充分的文化参与的权利。考核公共文化服务的绩效，还要看公共文化服务是否有利于对个人进行文化艺术创造所产生的精神上和物质上的成果进行保护，是否有利于造就具有文化创造力和想象力的现代公民群体，是否有利于提高公民的文化素养、塑造公民的人格，从而促进社会全面进步，提升国家可持续发展的竞争力。考核公共文化服务的绩效，还要看公共文化服务是否有助于中华民族在全球化的进程中保持民族的主体性和独立性，是否有助于中国文化保持优秀的民族传统和民族特色，从而在全球化的浪潮中走出一条独立自主、开放兼容的道路，实现中华民族伟大复兴，增强中华民族的凝聚力。

提高政府提供公共文化服务的水平和质量应该遵循以下几个原则：一是要尊重公众的主体地位；二是要注重实效；三是要坚持多维视角；四是要坚持动态原则；五是要实现规范化、制度化。

公共文化服务的绩效评估中主要考查以下几个方面：公共服务目标包括标准

的确定；不同工作方案的设计与对比；对照服务目标和标准作结果预测；根据结果预测选择最佳方案；服务计划的执行和落实；根据监督和反馈对结果实施奖惩管理。

三、公共文化服务差异化评价方法评析

构建公共文化机构绩效评估指标体系应遵循四大原则：一是科学性与操作性相结合；二是整体性与层次性相结合；三是过程性与结果性相结合；四是定性与定量相结合。

在强化政府的公共文化服务职责时，基本服务评价更要通过定性与定量的方式评价公共文化服务供给效率，确立合理的均等化、标准化指标。基本服务评价不仅包含总量的评价，还要注意均量指标评价、相对发展指标评价，也可引入公共文化服务指数进行测定。

具体到公共文化服务领域，主要表现在公共文化服务的各类指标，如政府对公共文化服务的投入、公共文化服务机构、服务质量、效率等往往缺乏量化标准；绩效评估往往仅限于个别的文化节庆和活动，而没有普遍应用于政府投资举办的所有文化节庆、建设的公共文化场馆等。

胡守勇[①]从分析公共文化服务评价指标体系的基本原则入手，认为制定公共文化服务评价指标体系应遵循善治理念、功能导向、整体思维和包容精神等重要原则。进而，他以公共文化服务体系的功能为基本评价维度，从基本文化需求、文化产业发展、社会生活风尚和精神家园四个方面，构建了一个由三层次、16 个指标组成的公共文化服务效能评价指标框架。

段绪柱[②]教授则提出，应当从三个方面着力构建科学的公共文化服务评价指标体系，即确保公共文化服务价值、制度与具体服务的内在一致性，公共文化服务评价指标的建构与权重的确定，公共文化服务指标及其应用的普遍性与特殊性相结合。《公共数字文化评价指标体系构建研究》一文中，胡唐明等采用目前评价指标体系中较为常见的平衡计分卡理论构建了公共数字文化建设的评价指标。该指标包括 7 个一级指标和 26 个二级指标，并以国家三大公共数字文化工程为评价对象进行了测评。

公共文化机构绩效的实现及评估是一个多环节有机联系的动态系统。首先，规划、建设、管理及服务是绩效实现的路径，也为绩效评估奠定了现实基础。其次，组织属性、运营能力、管理效益、社会效益构成公共文化机构绩效评估体系的轴心框架。最后，组织属性、运营能力、管理效益、社会效益对应的核心属性

① 胡守勇. 公共文化服务效能评价指标体系初探[J]. 中共福建省委党校学报，2014（2）：45-51.
② 段绪柱. 乡村社会治理中的国家法与民间法[J]. 黑龙江社会科学，2012（2）：39-41.

及价值目标对绩效实现及评估起到引领和制约作用。此外，我国可以构建一个公共文化机构绩效评估信息库，并完善绩效评估的责任机制、申诉机制、监督机制、信息公开机制以及奖惩机制等。

（一）区域性公共文化服务评价方法

制定公共文化服务的绩效评价方法要坚持以下原则，即要坚持客观性、价值性、系统性，具有可度量性、可比性、可行性。同时，公共文化服务的绩效评价要按照"三个结合"的思路构建：一是定量与定性相结合；二是政府和群众相结合；三是目标与现实相结合。

以下我们以宁波市鄞州区为参照系，概括了"鄞州模式"的六大特征。①文化环境开放包容。文化环境开放包容是指公共文化设施、公共文化服务活动准入条件的无差别性。②文化格局多元一体。文化格局多元一体是指公共文化投入的多元性、公共文化活动类别的多样性。③文化设施完备便利。文化设施完备便利是指文化设施规模大、覆盖率和使用率高等，体现出公共文化服务水平高。④文化生态良性循环。文化生态良性循环是指现代文化与历史文化遗产共存情况、中华文化与地域文化共存情况较好。⑤文化自觉。文化自觉是指民间文化展馆和民间文化艺术团体的规模较大、影响力较强、满意度较高。⑥文化软实力强，文化软实力强是指获得较多的荣誉称号，形成了一定的影响力。此外，宁波市鄞州区还构建了"公共文化投入""公共文化机构""公共文化产品""公共文化活动""公共文化队伍""公共文化享受"六个绩效评价维度。

北京2007年构建了公共文化服务绩效评价体系，其中设置了公共文化产品与服务的内容指标、社会需求指标、文化资源数量和状态指标、管理操作运营者的职业素质指标、服务功能和服务载体的文化科技含量指标、管理操作运营者的职业素质指标、社会满意度和成本运行状态指标、行为流程规范性指标及资金运用指标等[①]。

深圳2006年初步构建了公共文化服务绩效评价体系，该体系主要包括三个指标：一是发展规模指标；二是政府投入指标；三是社会参与度指标。

2010年，浙江研究制定了《浙江省农村公共文化服务评估指标体系》。公共文化服务绩效评价主要包括以下两个方面内容：一是公共文化服务的有效供给；二是公共文化服务保障。公共文化服务绩效评价具有明显的外部性，因而在评价方式上，应该更加注重对其社会效益的考查，包括公众参与、舆情引导、文化传播等社会效益层面的绩效表现，而不再仅考查其既定目标的完成效率。

因此，公共文化服务绩效评价要以需求为导向，其实现路径有两条。路径一：

---

① 张耘. 北京公共服务发展报告（2007—2008）[M]. 北京：社会科学文献出版社，2008.

通过大数据发现大众对公共文化服务的需求，且绩效评价目标的设置须真正做到以需求为导向。路径二：在政务公开、消除信息不对称的基础上创新评价方式，促使公众作为主体深入参与公共文化服务绩效评价工作。

（二）机构性公共文化服务评价方法

1. 城乡基层文化站公共文化服务评价方法评析

为了对文化站公共文化服务效能进行有效测评，唐宣[1]提出了包含四个层次的评估体系。第一层为文化站公共文化服务效能；第二层为服务内容、服务过程和服务效果三个一级指标；第三层为10个二级指标，包括活动次数、活动感受、信息获取、特色活动、人才队伍、运营管理、其他保障、知晓度、参与度和满意度等指标；第四层为包括群众参与文化站活动的次数等在内的13个三级指标。

其中，第二个层次中的三个一级指标，具体包括以下内容。

服务内容是文化站公共文化服务效能测评的基本构成要素。"服务内容"这一维度以文化活动为主，分为活动次数、活动感受、信息获取和特色活动等二级指标，包括群众参与文化站活动的次数、群众参与文化站活动的感受、群众获取文化站活动信息情况和文化站举办特色活动情况等三级指标。

服务过程是文化站公共文化服务效能测评的重要影响要素。服务过程包括人才队伍、运营管理和其他保障等指标。其中，人才队伍包括文化站长素质和工作人员专业素质两个指标；运营管理包括文化站各项规章制度落实程度和文化站为提升公共文化服务效能实施的配套措施情况两个指标；其他保障包括文化站档案情况和文化站与公众沟通协调机制两个指标。

服务效果是文化站公共文化服务效能测评的核心组成部分。所谓服务效果是指与既定的评价标准对比，文化站开展公共文化服务的实际影响力。文化站服务效果有赖于人民群众来评价，是因为文化权利是公民享有的一项基本权利，即不分种族、年龄学历等，每个公民都有机会均等地使用公共文化设施、享受公共文化服务。相关研究[2]认为，应当将公共文化服务作为一个整体，人民群众对其知晓度、参与度和满意度能充分反映文化站公共文化服务的效果。服务效果则包括群众对文化站开展的各种活动的了解程度、群众的活动参与程度和群众对文化站的满意程度三个指标。

研究者[3]根据专家征询表的结果，赋予各项指标不同的权重，使得文化站公共文化服务效能测评体系更加合理。一级指标中，服务内容（A1）、服务过程（A2）

① 唐宣. 乡镇综合文化站公共文化服务效能提升策略研究[D]. 湘潭：湘潭大学，2020.
② 戴艳清，胡逸夫. 公共数字文化服务可及性要素研究[J]. 图书情报工作，2022，66（16）：57-68.
③ 唐宣. 乡镇综合文化站公共文化服务效能提升策略研究[D]. 湘潭：湘潭大学，2020.

和服务效果（A3）的权重分别为 0.43、0.30、0.27。服务内容这一指标在整体的文化站公共文化服务效能测评中处于重要位置。其次是服务过程，这表明文化站公共文化服务效能评测要重视过程的规范与人性化服务相结合，向广大乡镇居民敞开大门。服务效果权重排在最后，在一定程度说明要提高乡镇居民的知晓度、参与度和满意度，必须先从服务内容和服务过程入手。在服务内容所属的二级指标中，权重最高的是特色活动，说明文化站应当对举办特色活动给予足够重视；在服务过程所属二级指标中，最重要的是运营管理，说明文化站公共文化服务效能的提升有赖于日常工作高效合规的完成；在服务效果所属二级指标中，居重要位置的是满意度，说明文化站公共文化服务效能的评价应当重视乡镇居民的满意程度。

2. 公共图书馆、文化馆、美术馆、博物馆公共文化服务评价方法评析

谢雨婷[①]提出，应从公众感知的视角对博物馆的公共文化服务进行评价。该评价体系由三个由表及里的内部维度——可获得性、可接近性、可接受性和一个反映动态变化水平的"可适应性"维度构成，其结果反映了公众对博物馆服务接受难易程度的心理评价。可获得性指博物馆公共文化服务的数量、类型与公众现实需求的数量、类型之间的匹配度，即公众对博物馆公共文化服务数量、类型和覆盖率的满意程度。可接近性主要衡量不同类型公众在接受博物馆公共文化服务时遇到障碍的大小。可接受性进一步考量博物馆公共文化服务与公众的特点、需求等之间的匹配度，可通过观众参观效果调查、观众满意度调查等方式进行测评。可适应性是对博物馆公共文化服务与公众之间匹配度的动态测评，反映的是博物馆捕捉公众需求、特点、认知方式与参观习惯等方面变化的敏锐程度、与公众双向互动的有效程度，以及博物馆在服务公众时与时俱进的程度、灵活调整的能力。

可获得性、可接近性与可接受性三个维度由表及里，共同构成可及性评价体系中的基础维度。可接近性与可接受性是可获得性的核心，前者反映观众在接受博物馆服务时遇到的障碍大小；后者反映观众对博物馆服务的满意程度，是可获得性中的最高层次。可适应性是整个体系中的动态维度，渗透在其他三个维度中，持续影响着其他三个维度。

我国公共文化服务评价体系建设经历了从"增加数量供给"到"寻求质量突破"的发展转型期，将科技型理论引入对博物馆公共文化服务的评价与发展指导，不仅有利于优化当前以供给方为主体的相对单一的评价体系，建立健全"有公众参与的博物馆公共文化服务考核评价制度"，还有助于更精准、更充分地把握当前建设中存在的不足，从而有针对性地提升服务质量。

---

① 谢雨婷. 可及性：公众感知视角下的博物馆公共文化服务评价体系[J]. 东南文化，2021（2）：165-171.

3. 出版公共文化服务评价方法评析

只有构建合理的评价体系才能够正确评估我国出版公共文化服务发展水平，为出版机构提高公共文化服务水平提供指导。

尹章池和王雷（2011）在参照中国社会科学院的公共文化服务指数、台湾文化指标和深圳公共文化服务体系建设指标的基础上，经过选择、归纳和提炼，将公益性出版机构的出版公共文化服务评估维度分为服务规模与水平、运作机制、图书产品与服务创新、品牌力与影响力、社会满意度等五个指标。在理论构想的基础上，出版公共文化服务评价指标的要素、标准分值和权重还需要在实践过程中进行调整，以保证评估的准确性和有效性。

4. 全民阅读公共文化服务评价方法评析

全民阅读绩效评价能力体现了完善全民阅读决策与管理、改进主管机构的管理政策、提升政府问责的能力，即促使全民阅读效能不断提升的能力。因此，全民阅读的绩效评价应视为一种制度或机制，而不仅仅是评估技术，它与全民阅读的战略规划、预算、管理过程等因素相结合，共同形成全民阅读的绩效管理制度。全民阅读绩效评价能力建设要考虑评价的导向性、激励性和测量性。全民阅读需要建立起质量目标管理评价制度，对全民阅读的绩效进行科学有效的评估，促进全民阅读公共文化服务体系的整体提升。绩效评价实际上是一个迭代上升的过程，它需要构建基于各种阅读大数据的评估模型，运用大数据技术对相关数据进行分析并进行可视化展现，从而更好地呈现并解释评估结果。

中国新闻出版研究院"书香社会指标体系"课题组提出要构建"书香社会指标体系"，该指标体系重点关注全民阅读水平和阅读公共服务水平。关注全民阅读，不能只关注居民读了几本书，还要关注社会是否为公民提供了相应的高质量的阅读基础设施。在阅读公共文化服务达到一定的普及度的基础上，居民的阅读水平才有望最大限度地提高。就像柳斌杰所说"首先要保证全民有书可读"[1]。

刘琼[2]构建了青少年阅读能力监测指标体系。刘琼认为，"单纯从阅读面、阅读量这些指标，很难确定全民阅读对青少年阅读能力提升作用的现实效果"。这一指标体系也可扩展到对各个年龄段的阅读水平的监测。阅读不是最终的目标，人们通过阅读提升自身能力，实现每个人自由全面的发展才是全民阅读的重要目的。对全民阅读公共文化服务效果的评估既要关注人们阅读数量的增长，也要关注人们阅读能力的提升。

---

① 柳斌杰. 中国新闻出版业改革创新 40 年[J]. 中国出版，2018（20）：3-11.
② 刘琼. 面向全民阅读的青少年阅读能力监测体系研究[J]. 中国出版，2021（10）：56-59.

徐升国和汤雪梅①提出，"对全民阅读活动、全民阅读设施、全民阅读服务、公共图书馆运营等，全面加强监管评估，建立以提高读者满意度为目标、以服务效果为核心的考核机制，形成全民阅读服务评价标准。建立全民阅读服务动态监测和效果评价体系，作为改进全民阅读活动效果的科学依据，不断优化全民阅读服务效能"，建立一个动态监测体系。全民阅读战略的实施是一个长期的过程，评估的目的是促进全民阅读战略的实施。

（三）书香社会的公共文化服务评价方法

1. 分层评估加动态评估

分层评估是指就不同年龄段、不同地区，根据其实际情况采用不同的标准。全民阅读的推广要和当地的经济发展水平相协调，一线城市和经济落后地区应采取不同的评价标准，同时也要坚持动态评估，只有这样才能保持数据的连续性。我们可以根据全民阅读推广情况，及时调整相关政策和服务。

2. 阅读量和阅读能力双指标评估

全民阅读既是目的也是手段，最终的目标是要让人们在阅读中有所收获，提升个人能力，从而提升国民素质。评价全民阅读公共文化服务水平，单一的阅读量指标是不全面的。

3. 阅读率和阅读服务设施配置率相结合评估

因为在阅读公共服务设施不完备的地区，其阅读率往往偏低，不一定是因为人们没有阅读意识，而是因为人们没有办法获得图书资源或者相关电子设备。

4. 指标的可比性

在确定评估指标后，短期内不要有过大调整，否则很难准确评估前后两年或者几年间全民阅读战略的真实实施情况。

公共文化服务绩效评价要规范程序并加强调查；科学界定公共文化服务的考核指标；对于由政府提供经费的机构实施严格的年度审核报告制度，鼓励开展多种形式的公共文化服务绩效评估，培养文化部门工作人员良好的职业道德。

参 考 文 献

曹爱军. 2019. 当代中国公共服务的话语逻辑与概念阐释[J]. 吉首大学学报（社会科学版），40（2）：55-62.

---

① 徐升国，汤雪梅. 全民阅读走向体系化新时代——"十四五"时期全民阅读发展思考[J]. 科技与出版，2021（5）：6-11.

陈昊琳.2015. 基本公共文化服务：概念演变与协同[J]. 国家图书馆学刊, 24（2）：4-9.

陈会谦, 任左菲, 冯皓莉.2017. 现代公共文化服务体系基本特征探析[J]. 农业图书情报学刊, 29（9）：154-156.

陈威.2006. 公共文化服务体系研究[M]. 深圳：深圳报业集团出版社.

陈文权, 张立强.2012. 我国农村公共文化服务研究述评[J]. 重庆社会主义学院学报, （5）：89-92.

陈瑶.2012. 公共文化服务：制度与模式[M]. 杭州：浙江大学出版社.

樊兴菊.2016. 基于满意度的公共文化服务设施供给决策体系研究[D]. 天津：天津大学.

高瑜.2019. 新媒体环境下民族地区公共文化产品供给创新研究[D]. 呼和浩特：内蒙古大学.

郝潞霞, 韩建新.2011. 新中国成立以来文化建设的基本经验[J]. 理论探索, （5）：44-47.

何沁濂.2019. 农村民族地区公共文化服务供给的政府行为研究[D]. 长沙：湖南大学.

何义珠.2021. 改革开放前我国公共文化服务建设政策研究[J]. 图书馆理论与实践, （2）：1-5, 40.

何义珠, 叶伟萍, 潘丽敏, 等. 2022. 基于文旅融合的"图书馆+民宿"实践与建议——以云和县"漫享书屋"为例[J]. 国家图书馆学刊, 31（2）：42-47.

何义珠, 祝黎丽.2022. 公共文化服务概念、功能演化：从"福利"到"治理"[J]. 图书馆, （3）：22-27.

胡税根, 李倩.2015. 我国公共文化服务政策发展研究[J]. 华中师范大学学报（人文社会科学版）, 54（2）：43-53.

胡税根, 陶铸钧.2018. 中国公共文化服务的发展逻辑研究[J]. 华中师范大学学报（人文社会科学版）, 57（5）：80-87.

胡唐明, 魏大威, 郑建明.2014. 公共数字文化评价指标体系构建研究[J]. 图书馆论坛, 34（12）：20-24.

黄意武.2014. 我国文化事业内涵、特征及发展方向探究[J]. 中国出版, （20）：37-40.

姜艳, 苏同林.2015. 博物馆公共文化服务体系建设探析——基于江苏省博物馆的调查与思考[J]. 艺术百家, 31（S1）：10-15, 29.

经渊, 刘茜, 陈雅, 等.2020. 中国公共文化事业战略的历史、现实与展望[J]. 浙江理工大学学报（社会科学版）, 44（1）：59-65.

孔伟.2014. 社会教育视域下的公共文化服务研究[M]. 济南：山东人民出版社.

蒯大申. 2019. 现代公共文化服务体系建设的上海实践[EB/OL]. https://wenhui.whb.cn/third/baidu/201909/12/289098.html, 2019-09-12.

莱昂·狄骥.1999. 公法的变迁·法律与国家[M]. 郑戈, 冷静, 译. 沈阳：辽海出版社.

李景源, 陈威.2009. 文化蓝皮书：中国公共文化服务发展报告[M]. 北京：社会科学文献出版社.

李军鹏.2005. 公共服务型政府建设指南[M]. 北京：中共党史出版社.

李克亮. 2017. 《中华人民共和国公共文化服务保障法》出台：人民群众基本文化权益获法律保障[J]. 文化月刊, （Z1）：27-37.

李少惠, 邢磊.2021. 社会组织嵌入：农村基层公共文化服务效能提升路径研究[J]. 图书馆学研究, （10）：32-38.

李正元.2012. 文化事业与文化产业的区别与联系——兼论期刊事业与期刊产业[J]. 出版科学, 20（6）：12-16.

蔺梦华, 甘子超.2019. 公共文化服务体系下县域图书馆、博物馆、档案馆合作发展模式探析——以佛山市顺德区为例[J]. 图书馆理论与实践, （9）：72-75.

刘京晶.2016. 互联网时代：公共文化服务的治理变革[M]. 北京：知识产权出版社.

刘琼.2021. 面向全民阅读的青少年阅读能力监测体系研究[J]. 中国出版, （10）：56-59.

刘晓东.2021. 打造公共文化服务创新实践的示范样板——国家公共文化服务体系示范区创建的成效、经验与创新意义[J]. 图书馆论坛, 41（7）：18-24.

刘新宇.2022. 社区博物馆公共文化服务功能探究——以史家胡同博物馆为例[J]. 文物鉴定与鉴赏, （7）：57-60.

鲁静.2017. 公共文化服务供给有效性的空间评价与空间机制研究——以上海市为例[D]. 上海：华东师范大学.

陆和建, 姜丰伟, 王蕾蕾.2020. "互联网+"背景下的基层公共文化服务研究——基于合肥城市阅读空间的社会化管理实践[J]. 新世纪图书馆, （9）：34-37, 49.

彭益民. 2017. 农村公共文化服务体系建设与评估[M]. 长沙：湖南大学出版社.

蒲油新. 2014. 长沙市公共文化服务体系建设研究[D]. 长沙：湖南大学.

宋先龙. 2011. 我国西部地区基本公共文化服务均等化问题研究[D]. 杭州：浙江大学.

唐宣. 2019. 乡镇综合文化站公共文化服务效能提升策略研究[D]. 湘潭：湘潭大学.

田稷，杨柳. 2018. 公共文化服务视角下全民阅读科技服务能力模型及内容体系构建[J]. 图书馆，（8）：32-35.

万林艳. 2006. 公共文化及其在当代中国的发展[J]. 中国人民大学学报，（1）：98-103.

王平，李舒杨. 2022. 公共文化研究：从概念出发[J]. 图书馆论坛，42（5）：79-85.

王婷. 2019. 建国70年来辽宁公共文化服务体系建设与发展[J]. 兰台世界，（4）：6-7.

王为. 2015. 公共文化视角下档案、图书及出版的数字化融合[J]. 出版广角，（8）：26-27.

韦楠华. 2019. 公共文化机构管理现状、问题及对策研究[J]. 图书馆理论与实践，（8）：61-69.

谢雨婷. 2021. 可及性：公众感知视角下的博物馆公共文化服务评价体系[J]. 东南文化，（2）：165-171.

徐升国，汤雪梅. 2021. 全民阅读走向体系化新时代——"十四五"时期全民阅读发展思考[J]. 科技与出版，（5）：6-11.

尹章池，王雷. 2011. 公共出版服务绩效评价指标体系：比较、模式和模型[J]. 科技与出版，（4）：80-83.

岳红记，高广元. 2003. 正确理解发展文化事业和文化产业的内涵[N]. 陕西日报，2003-04-30（5）.

曾娟兰. 2014. 试论我国公共政策公共性偏离及其矫治[J]. 中共山西省直机关党校学报，（4）：46-47.

张玮玲，崔娜. 2014. 公共文化服务理论与实务[M]. 银川：宁夏人民出版社.

张妍. 2015. 文化体制改革视域下现代公共文化服务体系建设研究[M]. 沈阳：东北大学出版社.

张永新. 2014. 构建现代公共文化服务体系的重点任务[J]. 行政管理改革，（4）：38-43.

中国新闻出版研究院"书香社会指标体系"课题组. 2019. 书香社会阅读评估指标体系建设[J]. 科技与出版，（8）：6-9.

《将军、外交家、艺术家黄镇传》编委会. 2007. 将军、外交家、艺术家黄镇传（上）[M]. 北京：中央文献出版社.

《上海百年文化史》编纂委员会. 2002. 上海百年文化史[M]. 上海：上海科学技术文献出版社.

第二章 国外公共文化服务的发展与评述

公共文化服务是当代西方国家在推进福利型社会建设中关注的重要课题。国外在公共文化服务领域的相关研究起步较早，且理论体系较为完备，如以 Christopher Hood、David Osborne、Michael Barzelay 为代表提出了新公共管理理论，Janet V. Denhardt 与 Robert B. Denhardt 提出了新公共服务理论，James Mc Gill Buchanan Jr 创立了公共选择理论，这些都为西方公共文化服务研究奠定了坚实的理论基础。然而，目前"公共文化服务"还没有直接对应的英文翻译，国外理论研究中也没有"公共文化服务体系"的说法，且国外学者尚未对其进行单独理论研究，但在实践领域成果颇丰。当我们把中国公共文化服务的理念思想、方针政策、主要内容放到国际视野下去审视，就会发现"公共文化""公共文化服务""公共文化服务体系"等一系列概念具有鲜明的中国特色。在国外的理论研究和实践中，没有与中国意义上的"公共文化""公共文化服务""公共文化服务体系"内涵和外延完全对应的概念。国外使用的术语多是"文化服务""文化政策""文化自由""文化公平""公民文化权利"等。

第一节 国外公共文化服务的发展历程

一、缘起

资本主义生产关系到 20 世纪 30 年代初期才初步确立，虽然从总体上讲，资本主义经济的发展趋势是由自由竞争走向垄断，但就政府管理而言，这一时期基本上属于放任状态。很长一段时期之内，政府被当成必要的"祸害"，政府所奉行的原则也基本上是"管得最少的政府就是最好的政府"。1929 年，西方国家发生了空前规模的经济危机，为了使资本主义社会能够继续向前发展，以"罗斯福新政"为标志，政府职能开始了大规模的扩张。这种扩张主要体现在经济职能和社会职能两个方面。经济职能的扩张表现为政府对市场和经济生活的大规模干预，其主要标志是凯恩斯主义宏观经济政策的盛行和随后的微观经济管理活动（如市场管制、保护产业的规制等）。社会职能扩张在美国经历了 20 世纪 30 年代和 60 年代两次高峰，在欧洲表现为 20 世纪 40 年代后期开始建立"人民社会主义"和"福利国家"的努力。与政府职能扩张相伴随的是，政府规模的急剧膨胀。到了 20 世纪 70 年代，情况发生了变化。多数西方国家在收入持续减少的同时，其职能却在不断扩张，这种扩张既表现在新的管理领域上，又表现在新的服务职能上。简言之，政府职能和责任在增加，但财力资源却有限，又没有吸取新资源的良策，从而陷入财政危机之中。与财政危机相伴随的是，管理危机和信任危机。政府规模过于庞大导致管理失控、官僚主义和效率低下，其结果是民众对政府越来越不信任，政府形象受损，普遍存在信任危机，甚至演化为所谓的合法性危机。在这样的背景下，多数西方国家开始了改革。政府摆脱困境的迫切期望无疑是这次改革的内在动力，而工商企业等私人部门革新的成就给政府带来更大的压力和更强的示范效应，成为促使政府改革的外部动因。西方公共管理的前沿理论，正是伴随着这次改革而产生和兴起的。

在西方国家，"公共文化服务"的相关概念是伴随着国家文化管理体制的形成和发展而逐步出现的。第二次世界大战之前，多数国家的文化处于自发式发展状态，没有制定专门的文化政策以及建立专门的管理部门。1959 年，法国政府成立了文化部，标志着文化管理开始被纳入现代政府的行政管理范畴。作为法国历史上第一个国家文化管理机关，其逐步孕育出了西方社会特有的公共文化管理政策制度和组织机构。20 世纪 70～80 年代，西方国家政府内部出现管理危机，财政困难、政府机构日趋膨胀、官僚主义盛行、行政效率低下以及公共服务质量下降等问题使公民对政府逐渐失去信心并滋生出不满情绪。20 世纪 80 年代，为适应西方"新公共管理""服务型政府建设""政府再造"等思潮及满足文化在公众生活和国际竞争中地位不断上升的形势下产生的现实需求，西方国家开始进行文化管理体制的改革，公共文化管理逐步向强调服务理念的公共文化服务转型。

公共文化是以国家福利性配置机制和"第三部门"志愿性配置机制为核心，并通过公益性文化营销的路径，由代表国家、社会或社团的法人或其他组织，向公共领域提供文化产品和文化服务的一种方式。公共文化作为西方文化必不可少的组成部分，已经进入了公民的日常文化生活。公共文化作为国家提供的公共产品的一部分，其范式也随着西方国家行政管理范式的发展而发展。1982 年，联合国教科文组织"世界文化政策大会"在墨西哥城召开。会议把推动文化发展作为各国政府在 21 世纪需要完成的任务，并把人文-文化发展纳入全球经济、政治和社会的一体化进程。

二、发展阶段

（一）草莽阶段

19 世纪初到第二次世界大战前属于自由放任阶段。其实，在西方社会，其传统观念认为文化艺术活动是私人事务，国家和政府不应干预。第二次世界大战前，多数西方国家没有将公共文化服务纳入政府职责范围。但是第二次世界大战之前，在一些历史悠久、文化底蕴深厚的城市，已经开始陆续出现剧场、博物馆、音乐厅等，如出现了巴黎歌剧院、维也纳音乐厅、罗浮宫博物馆等，在美国则出现了百老汇商业性戏曲娱乐中心，参观博物馆、观看戏剧及聆听音乐成为市民的一项娱乐活动。"公共文化服务"概念的提出可追溯到19世纪后半叶，德国社会政策学派代表人物——A. Wagner 主张应发挥财政的导向性作用，政府应拓展服务职能，强化政府在社会文化和公共福利方面的责任。19世纪以来，法国一些较大的城镇理事会就开始管理并资助当地的图书馆、博物馆、剧院、音乐学校和文化协会等文化机构。在基层公共文化服务方面，19世纪就开始尝试阅读推广活动的美国已经积累了上百年经验，开展的阅读推广活动有"美国国家图书节""一书一城""共同阅读计划""阅读挑战计划"等。20世纪60年代以后，一些规模较小的城市也发布了各自的文化政策。从价值理念上看，当时的人们普遍感到，逐步发育成熟的早期自由市场经济完全可以通过把控市场、价格和供求三要素实现市场的良性运转和资源的优化配置。因此，古典自由主义奉行"管得最少的政府就是最好的政府"的原则，在这种理念引导下，社会处于自由放任时期。这一阶段基本上没有专门的文化管理部门和文化政策，公共文化发展处于自发状态。

（二）模式构建阶段

20世纪50年代至80年代中期是西方公共文化服务的模式构建阶段。第二次世界大战结束以后，随着现代民族国家的崛起，平民在文化生活中的地位不断提升，现代公共文化服务制度逐步确立，公共文化福利观念逐渐建立并深入人心，文学的公共文化属性不断得到现代公共文化服务制度的机制性确认。随着福利国家的现代治国理念的确立，西方发达国家相继进入了国家福利时期，并以国家艺术理事会的方式构建国家公共文化服务制度。在对自由主义展开分析和批判的基础上，一直受冷落的凯恩斯"国家干预主义"理论风行一时，受到西方政府的青睐，"福利国家"范式由此产生，与"小政府"价值定位截然相反的"福利国家"范式在西方国家不同程度地建立起来，其特征是"从摇篮到坟墓，包办了人的一切"。在公共文化领域，1959年法国文化部成立，这是法国历史上第一个中央文化管理机关，也是文化管理被纳入现代政府行政管理范畴的标志。为了适应社会发展的需要，西方各种公共文化管理的模式、制度或政策纷纷出台，相关的组织、机构也纷纷建立，且至今大部分仍然在实行。第二次世界大战结束以后，国外公共文化设施迎来建设高潮。以法国巴黎的文化设施为例，巴黎的图书馆、博物馆、剧院等文化设施最开始都是王室私人所有，法国大革命之后，随着教育的普及，这些文化设施才逐渐向公众开放。第二次世界大战爆发前，公共文化设施在如今的城市中心地带已经有了相当规模。第二次世界大战结束后，在巴黎，公共文化设施散布在城市的各个角落。20 世纪五六十年代的公共选择理论，更是提倡关注政府与社会之间的关系，打破政府对公共文化的垄断，放权给市场和社会。

（三）时代转型阶段

20 世纪 70 年代末起，许多西方国家走上了从无限政府转变为有限政府的变革道路。20 世纪 80 年代至今是文化管理与服务的调整、改革阶段，公民权利的重要性得到重视，政府也更多地从管制型向公共文化服务模式转变，各国也根据本国的情况对文化服务体制进行了相应的改革和调整。

20 世纪 80 年代末至今是西方公共文化服务的转型阶段，主要是指从新公共管理理论向新公共服务理论的转型。在这一时期，一方面，新公共服务范式兴起。所谓"新公共服务"，是指关于公共行政在以公民为中心的治理系统中所扮演角色的一套理念。它以社会本位和恢复公民参与热情为前提，以有机整合各种社会资源为渠道，以动员志愿团体、公益组织等第三部门、公民和私人部门共同参与治理为手段，政府与民间目标共定、利益协商、共同生产，通过公共服务来兑现公共利益。另一方面，从国际环境来看，人们对文化价值的判断发生了根本性的变化，从"文化从属"发展为"文化立国"。在当代，影响国家发展进步的一个重要因素便是人的素质，要提高公民素质，抓好公共文化建设是必不可少的。此外，公共文化需求随着经济社会高速发展而日益旺盛，一个国家的文化环境状况还在很大程度上影响着国家经济和社会的发展。在这一国际背景下，西方各个国家纷纷出台新的文化政策，根据自身特点发展起各种适应时代的实践操作范式。在这一阶段，西方各国公共文化体系的明显特征是不同程度地进行文化管理体制的改革，包括部门、机构的设置，以及政策、法规等的调整等。公共文化管理逐渐向强调服务理念的公共文化服务转型，政府以满足公民文化权利为出发点和最终目的，以提供公共文化服务为主要职责。新公共服务理论超越了新公共管理理论，为服务型政府建设奠定了理论基础。新公共服务的核心理念包括以下几个方面。

（1）服务于大众，而不是服务于顾客。公共利益就是共同利益进行对话的结果，而不是个人利益的聚焦。因此，公务员不能仅仅关注用户的需求，而且要着重注意全体公民利益，并且与公民建立信任和合作关系。

（2）驱动公共利益。公共行政官员必须建立一种集体的、共同的公共利益观念。这个目标不是找到由个人选择驱动的快速解决问题的方案，更确切地说，是要追求公共利益和共同承担责任。

（3）重视公民权胜过重视企业家精神。致力于为社会作出有益贡献的公务员和公民要比具有企业家精神的管理者能够更好地促进公共利益的实现，因为后者的行为似乎表明公共资金就是他们自己的财产。

（4）战略性思考，行动要具有民主性。满足公共需要的政策和项目可以通过集体努力和合作过程最有效并且最负责地得到实施。

（5）承认责任。公务员应该关注的不仅仅是市场，他们还应该关注法令和宪法、社区价值观、政治规范、职业标准以及公民利益。

（6）重视人，而不只是重视生产率。如果公共组织及其参与者基于对所有人的尊重而通过合作和共同领导的方式开展工作，从长远来看，它们就更有可能取得成功。

公共文化服务，提倡"掌舵"与"划桨"要分开。之后出现的公共服务理论正确区分了"服务"和"掌舵"二者的差别，认为政府应该改变"掌舵"和"政府本位"的现状，提高"服务"和"公民本位"的意识。这些理论的出现充分说明国外对"公共服务"内涵的研究越来越成为公共文化服务均等化研究的重点，促使政府不断地提高公民权利的实现程度、公民的参与度和政府的服务意识。

西方国家公共部门管理改革进程中出现的新公共管理潮流，不仅使西方国家掀起了所谓"政府再造"的热潮，而且也使西方国家的公共文化制度发生了重大转型。"新公共管理"运动从1979年的英国发起，在美国、新西兰、澳大利亚和欧洲各国广为传播，其基本特征在于，注重商业管理技术，引入竞争机制，采取商业化、公司化和私人化等措施，使公共部门较为全面地融入市场经济。与此同时，西方国家的公共文化部门的制度也在所有权与经营权分离的基础上呈现出多元化的倾向。几乎所有的公共部门在改革措施上的共同特点是，试图在公共部门中构建新的治理机制，从而超越传统的官僚制度，并在公共文化的国家治理中引入市场机制。在新公共服务理论的基础上，西方国家纷纷开展各种改革实践活动，试图最大限度地为广大人民群众提供最均等的公共文化服务。各国在推动公共文化服务均等化进程中采取了多种不同的模式。20世纪80年代以来，西方国家在公共行政和公共服务改革过程中出现的新潮流，不仅促使西方国家掀起了一场政府改革的热潮，而且也波及西方国家的文化领域，从文物遗址、博物馆、档案馆等国家文化遗产到歌剧、芭蕾舞、戏剧等民族艺术遗产，乃至公共广播电视等公共文化传播媒体和国家艺术文化中心等公共文化活动场所，西方国家的各类公益性文化服务部门都不同程度地被卷入其中。但由于各国在发展历史、具体国情、政治制度和管理哲学等方面存在差异，各国在公共文化发展中形成了各具特点的模式。

三、服务模式的种类

由于西方国家存在语言差异、文化差异、传统差异、管理体制差异等，因此它们采用了不同的公共文化供给模式。①西方国家出现过以法国、日本为典型代表的政府主导模式。政府主导是指政府从中央到地方均设有文化行政管理部门，这些部门对文艺团体进行有限的资助，并提供相应的公共文化服务。②以美国、加拿大、瑞士为典型代表的民间主导模式。该模式是指政府不设置正规文化行政管理部门，主要以政策法规营造良好的文化生态环境，鼓励各类文化团体或机构参与市场竞争，自负盈亏、自我生存，依靠中介机构、民间文化团体和各种基金会等社会力量推动文化事业的发展。③以英国、澳大利亚为典型代表的政府与社会共同治理模式。政府与社会共同治理模式是指政府集"集权、分权"于一体，以"一臂之距"的方式与社会力量建立伙伴关系，进行文化资源的分配、文化事务的管理和文化服务的提供。整体来说，可分为以上三种公共文化服务管理体制与模式。不同的公共文化服务模式表现出不同的治理特点，但它们都可以被纳入现代公共管理学意义上的共同治理模式。

（一）政府主导模式

政府主导模式就是政府主导公共文化服务的生产与供给，强调政府的主导地位。采取此模式的多为集权型国家或全能型政府，管理公共文化的行政部门分布在中央、地方和社区等各个层级。这种模式中，从中央到地方政府均设有文化行政管理部门，分为垂直领导关系和非垂直领导关系，各级政府文化部门对文艺团体进行有限的资助并提供相应的公共文化服务。此种模式以法国和日本为典型代表。1959 年，法国历史上第一个中央文化管理机关——法国文化部的成立，被视为文化管理纳入现代政府行政管理范畴的标志。这在欧洲属首创。至此，法国逐步确立并完善了以其为代表的政府主导的公共文化供给体系。法国是政府主导模式的典型代表。法国政府在文化发展中发挥着组织和促进作用。法国设有政府文化主管行政机构——文化与通信部，政府通过该部对文化艺术事业进行管理和指导。该部向地方派驻代表，以签订文化协定的形式直接管理和指导全国文化事务的发展。法国还兴建了国家图书馆、罗浮宫博物馆等大型公共文化设施；在文化政策实践中，法国逐渐建立了文化基金机制。政府直接拨付资金给文化服务机构，并通过税收减免等政策措施引导社会力量对公共文化事业进行捐助。集权、分权、放权的交叉和并存是法国文化发展模式的重要特征。

实行政府主导公共文化供给体系的国家还有巴西、俄罗斯、日本、西班牙、意大利及阿根廷等。政府主导公共文化供给体系的优点在于，能够充分发挥政府对公共文化服务理念和立场的直接引导作用，从而体现出其在文化资源配置及文化生活安排上的主导优势。同时，高效的决策方式及广泛的民众参与，既能保证公共文化供给体系的顺畅运行，又能促进创意创新要素在公共文化服务体系内流动。

（二）民间主导模式

民间主导模式就是政府没有正规的文化行政主管部门，主要以政策法规营造良好的文化生态环境，鼓励各类文化团体或机构自我生存。政府财政对文化的投入主要通过各类准行政机构进行分配，这种机构通常被称为"国家艺术理事会"。市场或私人企业主导公共文化服务（产品）的生产与供给，强调市场的基础性作用。采用该模式的国家大多有着比较成熟的市场经济体制，遵循政府干预得越少越好的原则，并且属于拥有比较发达的社会力量的有限政府，公共文化服务多由非政府机构或非营利组织等第三部门来开展。以美国为代表的一些国家或地区多采用该种模式。美国对文化的发展一般采取不直接干涉的方式，地方政府承担了更多的公共文化服务责任。在美国，公共文化服务的运行模式表现为：如果社会能自发地形成需求并通过市场加以满足，国家就不干预；不能自发地形成需求而需要进行干预的，由国家委托专业团队操作，而国家并不直接介入。其主要特征是政府动用部分财政满足最基本的文化服务需求，同时发挥配置市场资源的作用，以社会资源为主要力量、政府组织协调为辅助力量，两者相辅相成建设美国公共文化服务体系。政府通过制定文化政策营造良好的文化氛围，从而鼓励社会团体及个人相对独立地提供公共文化产品和服务，使政府脱身于繁杂的、具体的公共文化事务，有更多的精力实现文化建设的宏观管理。

这种相对自由、开放的模式，从中央到地方政府不设文化主管部门，政府利用宽松的外部环境、严格的法律，以确保公共文化服务能在市场机制下健康有效运转的同时，通过多种融资手段和优惠的财税政策，广泛地将社会资本引入公共文化产业建设中来，鼓励提供多样化供给渠道来提供公共文化服务。群众参与是提升基层公共文化服务效能的关键所在，以美国为主的民间主导模式的实践经验表明，群众参与基层公共文化服务建设是切实可行并有利于公共文化服务效能发挥的。

（三）政府与社会共同治理模式

政府与社会共同治理模式就是政府、企业、社会团体及个人等共同承担公共文化服务（产品）的生产与供给职责，强调供给主体的多元化。政府与社会力量建立合作伙伴关系，共同构建公共文化服务的相互合作模式，政府保持"不能不管，也不能多管"的态度。以英国为代表的一些国家或地区，采用的就是这种政府与社会力量共同参与治理模式。

作为最先提出创意产业理念的国家，英国已形成较为成熟的文化产业体系。英国在全球范围内属于文化产业强国。而在公共文化服务供给体系选择及政策安排方面，英国采取政府与社会共同治理模式，即贯彻以公共文化的分权管理为核心的"一臂之距"原则。"一臂之距"这一概念用到公共文化政策上多是指政府对公共文化拨款采取间接管理的模式，它要求政府对公共文化采取一种分权化的管理体制，"一臂之距"原则的基本要义便是从集中管理发展为分权管理。政府按照"一臂之距"原则与社会力量合作，将文化资源进行分配，并共同管理文化事务、提供文化服务，此种模式以英国为典型代表。文化、媒体和体育部作为英国政府的文化行政主管部门，主要负责文化政策的制定及财政拨款事宜。以上充分体现出英国政府与文化机构间保持了"一臂之距"的关系，加强了社会力量对公共文化服务的参与及管理。政府与社会共同治理模式的特点之一是，在政府与文化艺术团体或文化事业机构之间设置非政府公共文化机构作为中介，在两者间保持"一臂之距"的关系，实施"纵、横"间接管理。

实行政府与社会共同治理模式的国家还有芬兰、荷兰、瑞典及瑞士等。这种体系的核心优势在于不仅能够大幅度提高政府的工作效率，而且在较大程度上降低了发生腐败的可能性，同时还能有效避免党派政治倾向对文化拨款政策的不良影响。更为重要的是，非政府公共文化机构的设置避免了来自政府的行政干预，增强了文化发展的延续性。

事实上，随着公民对公共文化的需求不断增多，大多数国家公共文化服务的责任主体都逐渐变得更加多元。

四、模式共同特点

（一）政府重视文化资金投入，保证文化财政预算

国外政府对文化发展高度重视并提供资金保障。法国政府始终认为，如果不能保障文化部门的财政预算，即使把文化权利写入宪法，也只是一纸空文，因此法国历届政府坚持为文化发展提供充足的资金。政府对一些国家文化机构、团体以及与国家有合同关系的文化团体，每年给予固定补贴，金额逐年增长。法国政府对文化的资金投入比例较高，这在西方国家是不多见的。法国政府的文化财政投入力度之大超乎想象。2012~2014 年，法国的文化总预算在国家总开支中所占比例分别为 2.7%、2.3%和 2.4%，而且近年来法国相关政府部门在文化方面的支出占文化总预算的比例已经达到了 50%左右[①]。即使在法国经济发展较为缓慢的时期，政府对文化领域的投入也并没有减少。法国政府没有把文化视为简单的消

---

① 黄玉蓉，车达. 法国文化资助制度运作特点及其对中国的启示[J]. 深圳大学学报（人文社会科学版），2015，32（5）：110-115.

费和娱乐领域，而是把它作为促进经济发展的有效途径。文化投资的绝对数额在逐年增加，在国家经费预算中所占比例也在逐年提高。这些都得益于法国高度重视文化发展的传统，该国文化部不仅为文化组织等量身制定了一系列税收减免政策，同时还对各类文化事业协会等给予补贴，在较大程度上促进了公共文化服务体系的完善及文化事业的发展。除此之外，法国还积极建立各类非营利性文化基金，并制定优惠政策鼓励社会企业及个人出资捐助文化事业。

（二）公共文化服务涵盖范围广阔、服务形式丰富

国外公共文化服务发达，公共文化服务起步早、基础较好。国外一些发达国家依靠自身强大的经济、政治和社会背景，在公共文化服务发展的道路上走得早、走得快，在长期的探索和创新中积累了不少经验，走出了一条符合本国发展特点的公共文化服务道路。同时，在标准化的实践中，这些国家建立了良好的法律保障、市场化运作、资金支持和专业的人才培养体系，既满足了群众的一般公共文化需要，又为满足多样化、丰富化的高层次文化需求提供了支持。

构建公共文化服务体系是评估政府社会建设的重要影响因素，公共文化服务的质量是衡量政府职能履行情况的重要标准，政府文化部门履行供应组织公共文化产品和服务的职责。美国学者戴维·奥斯本和特德·盖布勒提出，"政府的职责并不是提供服务，政府的职责是确保服务提供目标的实现"[①]。换句话说，他们主张提供文化产品并不是政府的主要职能，其主要工作在于创造能够保障生产服务产品和提供相应服务的良好的社会环境。克里斯托弗·胡德（Christopher Hood）在其提出的新公共管理理论中指出，要拓宽公共服务供给渠道及丰富公共文化服务形式[②]。

20世纪后半期，新公共管理与新公共行政等思潮引发了大规模的政府改革活动，同时也"波及西方国家的公共文化领域，从文物遗址、博物馆、档案馆等国家文化遗产到歌剧、芭蕾舞、戏剧等民族艺术遗产，乃至公共广播电视等公共文化传播媒体和国家艺术文化中心等公共文化活动场所，西方国家的各类公益性文化服务部门都不同程度地被卷入其中"[③]。

美国在公共文化服务建设中，充分体现了以下一些特点：种类丰富、形式多样。美国除了建设有数量众多的公共图书馆、艺术画廊、游乐场所、歌剧院、博物馆以及公园设施等，还经常组织演唱会与文艺会演等活动。根据常规的划分标

① 戴维·奥斯本，特德·盖布勒.改革政府[M]. 周敦仁，等译. 上海：上海译文出版社，2006.

② 转引自朱思灿. 新公共管理的概念及特点[J]. 现代营销（下旬刊），2016（6）：56.

③ 方晓彤. 西方公共文化发展的理论视界与实践模式[J]. 重庆工商大学学报（社会科学版），2014，31（1）：67-73.

准，公共文化活动包括艺术类、娱乐类、教育类、运动类、社交类等常见类型。艺术类活动旨在培养大众审美情趣、提升大众艺术修养，包括舞蹈、戏剧、魔术、演唱、音乐会、气球秀、鼓乐、露天电影、涂鸦、绘画、插花、摄影等形式的演出和创作活动。娱乐类活动旨在促进民众身心的愉悦、舒适，包括故事会、桌游、棋牌、手工、烹调、车展等以体验式为主的休闲活动。教育类活动旨在促进民众终身学习，包括动植物的户外观察、博物馆的模拟实验、3D 打印、生态农庄、写作培训、育儿讲座、心理辅导、英语培训、圣经宣讲、天文观测、亲子阅读、阅读俱乐部、保健义诊等知识普及活动。运动类活动旨在提升民众体能和健康水平，包括瑜伽、垂钓、体操、球赛、游泳、划船、赛车、丛林探险等室内和户外项目。社交类活动旨在增进民众的人际交流和强化社区文化建设，包括旧物募捐、校园义卖、鸡尾酒会、文化集市、啤酒节、素食会、野餐会等社交聚会。公众都能从这些丰富多样的活动中，选择适合自己的文化产品和服务。

文化服务创新对提高公共文化服务水平、增强公共文化服务建设能力、丰富公共文化服务形式都有重要意义。因此，提供公共文化服务是政府的公共管理职能之一，能否满足公共文化需求是衡量政府管理能力和水平的重要指标。

（三）建立了较为完善的政策体系与文化管理机制

通过立法来确立绩效评价的权威性和绩效评价执行机构的独立性，是政府公共文化服务绩效管理可持续发展的根本保障，也是绩效评价得到有序、有效落实的基本条件。国外虽然没有"公共文化服务政策"这个概念，但是国外学者对文化政策的研究给我国的公共文化服务政策研究提供了经验借鉴。在发达国家的文化领域内，文化法治发挥着独特的作用，甚至在某种程度上已经成为当代发达国家进行法治改革的重要指引方向。也就是说，文化法治不仅是当代发达国家文化管理的重要途径之一，同时也是发达国家法治进程中的重要话题。多数发达国家认为，保障公民的公共文化权利才是公共文化服务改革的重点所在，最终目标是要确保公民能够平等地享受公共文化服务。而国外政府文化职能的影响力也主要体现在其文化政策和战略的制定上。由于各国的文化管理体制是建立在本国的宪法和法律基础之上的，因而其与各个国家的政治体制之间有着密不可分的关联。文化政策是公共政策的重要组成部分，因而也可称为"公共文化政策"。20 世纪80 年代以后，西方国家的文化管理界和学术界开始关注文化政策研究。在法国，1982 年版和 1983 年版的《权力下放法案》肯定了地方政府的作用，并鼓励其积极参与和推行文化权力分散政策。公共文化服务体系中，各项指标详细而规范。国外的指标制定的专业性、规范性值得肯定，指标的详细程度也非同一般，这些对于我们来说都具有重要的借鉴意义。

（四）建立了高效的绩效评估体系

公共文化服务绩效评估是政府绩效评估的重要组成部分，多数发达国家在进行政府绩效评估的同时开展了这项工作。基本服务评价旨在强化政府的公共文化服务职责时，更要通过定性与定量的方式评价公共文化服务供给效率，确立合理的均等化、标准化指标。

由于政府公共文化服务绩效评价体系的建立受到多种因素的影响，因而呈现出多样化的特点。笔者对英国、美国、日本、澳大利亚和瑞典等国的公共文化服务绩效评估体系进行研究后发现，它们具有以下一些相同之处。

（1）立法先行。国外一些国家均通过国家层面的立法活动明确界定了政府绩效评价的目的、内容、程序及其应用原则、方式与方法，并通过法律形式规定了绩效评价的主管机构，设置了独立于各部门之外的政府绩效评价机构。

（2）理论指导。以与绩效评价体系相适应的理论作为开展绩效评价的支撑，使公共文化服务绩效评价具有科学性和可行性。指导公共文化服务绩效评价的理论主要涉及新公共管理理论、3E[①]理论、目标管理理论、"顾客"服务论、公共委托-代理论、结果-导向管理论、循环周期理论等。

（3）在改革中不断完善。任何一种成熟的绩效评估制度都不是一蹴而就的。发达国家在推行政府公共文化服务绩效评估的过程中，均通过修订法律政策、转变评价导向、创新评价方式等措施来不断适应经济社会发展的需要，并积极解决在绩效评估实践中存在的问题。以下将具体进行说明。英国将建立绩效评价体系视作推动政府承担相应责任的有效机制。英国的公共文化服务绩效评估最早始于1968年，其公共文化服务绩效评估经历了由以经济、效率为中心向以质量、结果为中心的转变。英国是最早实施政府绩效评估的国家。英国公共文化管理体制采用政府与社会共同治理模式，政府虽然设立了专门的文化管理部门，但也借助社会力量对各类公共文化机构进行管理。在"一臂之距"原则指导下，英国采用的是三级文化管理体制。英国将公民参与作为政府公共文化服务绩效评价设计的最基本原则，设置了有利于满足公民文化需要和提高公众满意度的绩效评估指标，提高了公民参与政府公共文化服务绩效评估的积极性。

美国侧重于对公共文化项目进行评价，对每个项目的年度实际绩效情况与绩效规划目标进行比较，形成以结果为导向的绩效评价，以此提高政府工作效率。美国对公共文化的管理是松散的。政府在进行文化管理时，不设立专门的政府部

---

① 3E 是指产出（efficacy），衡量自身的产出；效率（efficiency），体现系统对资源的利用情况；效果（effectiveness），体现该系统产出对其上级系统的作用。

门，而是由市场来调节，更多地依靠非政府组织、机构或者公民自治进行管理。政府的公共文化管理责任具体体现在立法及政策制定上。由国家艺术基金会（National Endowment for the Arts，NEA）、国家人文基金会（National Endowment for the Humanities，NFA）以及后来成立的博物馆与图书馆服务署（Institute of Museum and Library Services）三个联邦行政机构为文化事业提供经费投入，而非直接管辖。在地方层面，各州和地方通常由州和地方层面的文化或艺术/人文委员会对文化事业进行组织管理，委员会监管的触角一直纵向延伸至社区，鼓励成立社区委员会，并协助社区实行艺术家驻地计划等。1993 年《政府绩效与结果法》通过，美国成为世界上最早以立法的形式确立政府绩效管理制度的国家。2010 年，美国又颁布了《政府绩效与结果修正法案》，成为之后许多国家进行服务绩效立法的重要参考文本。

日本将尽职尽责向国民报告各项政府活动作为政府绩效评估的重要方式。日本对公共文化的管理实行的是一种政府主导下的管理体制，从中央到地方都设有专门负责管理的文化行政主管部门。文部科学省（以下简称"文部省"）是日本中央政府主管教育、科技、学术、文化的行政机关。面向公众的公共文化服务，由日本文部省分属综合教育政策局和文化厅主管。日本各级地方政府负责本区域内的公共文化事业，并设有与文部省相对应的地方行政主管部门。

在行政管理体制方面，澳大利亚和英国的情况较为类似，均采取了政府与社会共同治理模式，即在中央政府的文化行政管理部门之外，成立一个独立的机构，由该机构负责落实国家的公共文化政策。1994 年，澳大利亚成立了政府公共服务评价筹划指导委员会，专门负责指导和监督政府公共文化服务绩效评估工作，具体工作的实施由各类评价工作小组完成。评价工作小组通常由各地的权力机关或部门的长官组成。由于澳大利亚的政府服务绩效评估是分领域进行的，各领域的指标划分得都非常细致，所以每个领域都有自己的评价工作小组，各类评价工作小组负责根据筹划指导委员会发布的绩效评价指标框架设置本类服务的具体绩效评价指标，并与统计部门、相关机构及专家联系，收集相关信息，随后将其上报给筹划指导委员会，委员会形成报告后再反馈给评价工作小组。

瑞典实行自下而上与纵横交错的政府绩效评估机制。瑞典的绩效评估动力并非来自中央政府，而是基于自上而下的不同层级（如中央、地方、区域等）推动。瑞典地方当局与地区协会在这方面发挥了主导作用。瑞典在进行绩效评估时以公民需求为导向，在全国各地建立了具有本地特色的绩效评估机制，可以被视为"自下而上"开展政府绩效评估的典型，其绩效评估结果具有较强的公平性与较高的透明度。瑞典的绩效评估主要通过绩效审计来完成。1998 年，瑞典《关于国家审计署的相关法律条例》出台，从法律层面明确了绩效审计的主要内容；2003 年，瑞典国家审计体制发生重大变革，新的国家审计署，即瑞典国家审计署（The

Swedish National Audit Office，SNAO）建立，将原来分设的国家审计署和议会审计局进行合并。新的国家审计署受宪法保障，拥有独立的地位，并向议会负责及报告工作，成为议会的所属机构。其主要职责是完成议会控制税收使用任务，有效地利用资源和公共管理。随着《瑞典国家审计署法》以及《绩效审计准则》的出台，审计目标逐步明确、工作指导手册逐步完善、审计考核指标逐步细化。至此，瑞典政府完成了绩效评估由行政模式向立法模式的过渡。

第二节　国外公共文化服务研究特征

一、公共文化服务概念的提出

李国新与张皓钰等在编著的《国外公共文化服务概览》中提到：当我们把中国公共文化服务的理念与思想、方针政策、主要内容放到国际视野下去审视，就会发现"公共文化""公共文化服务""公共文化服务体系"等一系列概念具有鲜明的中国特色。在国外的研究与实践中，虽然有"公共文化"的说法，其中也具有和我们所说的"公共文化"相同的服务理念和内容，但没有与国内的这些术语内涵与外延完全对应的概念。因此在术语这方面，本部分将主要讨论"文化""公共服务"的概念及国外对公共服务中文化内容的认知。

（一）"文化"的定义

陈鸣在《西方文化管理概论》中，认为公共文化是当代西方国家在推动福利型社会建设进程中的基本课题。据英国文化史学者雷蒙德·威廉姆斯（Raymond Williams）考证，从18世纪末开始，西方语言中的"culture"一词的词义和用法发生了重大变化。比如，《文化与社会：1780—1950》一书中写道："在此之前，这个词基本上是指'对自然生长的扶持'，此后类推为人类的训导过程。这后一种用法，过去通常意为针对某个对象的教化，到了19世纪，却转义为一种自在之物——'文化'。在这个时期它的第一个意思是'心灵的普遍状态或习惯'，与'人类完美'的观念有密切联系；第二个意思是'整个社会智性发展（intellectual development）的普遍状态'；第三个意思是'艺术的整体状况'；到了19世纪末产生了第四个意思：'包括物质、智性、精神等各个层面的整体生活方式'。"

（二）公共文化相关概念

所谓公共文化，是指一种由代表国家、社会或社团的法人或其他组织，向公共领域提供文化产品和文化服务的公益性文化组织形态。也就是说，公共文化部门是因公共文化物品（包括文化产品与文化服务）的供给而建立的。作为公共物品之一，"公共文化物品"是与"私人文化物品"相对应的概念。1954 年，美国经济学家萨缪尔森从经济消费的角度提出，公共物品是指不论何人消费该种物品都不会导致他人对该物品消费的减少。也就是说，公共物品是这样一种消费品，它能够供多数人享用，而消费人数规模的变化不会影响该物品的生产成本与消费效果。这通常被认为是公共物品在消费上所表现出的非竞争性和非排他性的特点。从这个意义上讲，公共文化物品也具有消费上的非竞争性和非排他性。一方面，公共文化物品的非排他性在于，它不会成为私人独占的文化消费品，个人对公共文化物品的消费，并不影响或妨碍相关个人同时消费该物品；另一方面，公共文化物品的非竞争性表明，它是一种国家或社团的文化福利，相关个人无须通过出价竞争购买就能获得该文化物品。

（三）公共服务的定义

公共服务是实现公共当局承诺向个人、企业或其他公共当局提供一些旨在满足其需求的所有活动的汇总。《核心公共服务词汇应用概况》（*Core Public Service Vocabulary Application Profile*）认为，"公共服务是由公共组织或代表公共组织实施或能够实施的一系列强制性或酌处性行为。服务可能是为了个人、企业或其他公共机构或其中任何一个团体的利益。无论是否使用，行动能力都存在，'利益'一词可能适用于能够履行义务的意义上"[①]。可以看出国外的公共服务具有三个特征：第一，执行主体是公共组织或代表公共组织的群体；第二，服务对象是所有公众，包括个人、企业、其他公共机构或其中任何一个团体；第三，目的是满足服务对象的需要。

二、公共文化服务的理论与实践研究述评

朱本军在《全球视野下的公共文化学术信息源及其利用研究》一文中认为，从事公共文化研究或国际比较研究的学者可以通过三条途径来辨别和查找文献。

（1）英文中的"public culture"（公共文化）类文献已经包含中国本土的公共文化的含义。随着我国政府对公共文化投入的增加，社会实践和我国学术界的研究越来越多，我国学者每年有相当数量与公共文化相关的学术论文直接发表在国

---

① Core Public Service Vocabulary Application Profile | Interoperable Europe Portal[EB/OL]. https://interoperable-europe.ec.europa.eu/collection/semic-support-centre/solution/core-public-service-vocabulary-application-profile.

外学术期刊，还有部分中文期刊的英文摘要和关键词被国外数据库收录。如前所述，由于西方话语体系下目前尚未有完全与汉语"公共文化"匹配的词汇，为方便表述，我国学者便直接以汉语直译的"public culture"直接作为英文关键词。这导致了英文"public culture"项下既有西方话语体系下"作为文化现象"出现的文献，又有中国话语体系下"为国民提供文化消费或文化消费便利条件"的文献。学者在做统计分析、文本分析时需要区别对待。

（2）将中国话语体系中指意明确的对等英文词汇作为关键词。汉语体系下的"公共文化服务"既包括独具中国特色的内容，如农家书屋、老年人活动中心，又包括中西话语体系下对等且指意明确的内容，如公共图书馆、博物馆、美术馆等。对于中西话语体系下对等且指意明确的内容，学者可以直接从数据库等信息源中进行检索，如"public library"（公共图书馆）、"museum"（博物馆）、"archive"（档案馆）、"public parks and gardens"（公共停车场）等。

（3）对于不能完全与汉语对等，但内容和含义上相近，或者有包含（被包含）关系的名词，可以通过以下关键词进行组配检索①。①"culture identity"（文化认同）。2017年，美国学者Kevin V. Mulcahy出版了一部名为《公共文化、文化认同与文化政策：比较的视角》的著作，将公共文化、文化认同与文化政策进行比较。其中，文化认同是身份构成的过程，构成身份的元素就是文化符号，如地方、性别、种族、历史、国籍、宗教信仰和族群。而文化认同最直接和受潜移默化影响的源头就是公共文化。因此，通过"culture identity"可以找到与公共文化相关的内容。②"culture"（文化）、"cultural service"（文化服务）、"religion"（宗教）等。在西方语境下，公共文化是"文化"概念下的一个子概念，且文化（culture）和艺术（art）、宗教（religion）具有强关联性。因此，可以将culture、religion纳入研究对象的相关关键词范畴。

本节即参考上述检索路径，对国外公共文化服务理论与实践研究进行回顾。

（一）公共文化服务研究的相关理论研究

国外公共服务理论的发展有助于其对公共文化进行管理，此处将文化要素纳入理论研究之中。Ritz和Brewer①探讨了健康的社会文化作为激发个体参与公共服务动机的前提都包括哪些内容。在组织理论领域，文化被认为是解释组织行为的基本因素。但Ritz和Brewer对文献的回顾表明，文化尚未完全融入公共服务动机理论。Ritz和Brewer通过社会认同理论来分析瑞士的日耳曼和拉丁文化，这

---

① Ritz A，Brewer G A. Does societal culture affect public service motivation? Evidence of sub-national differences in Switzerland[J]. International Public Management Journal，2013，16（2）：224-251.

些文化是通过公职人员的母语和区域位置来衡量的，从而影响他们的公共服务水平与动机。结果发现，在瑞士，公务员总体上的公共服务积极性明显较高，而法国人公务员的总体水平则明显较低。

Tshiteem 和 Everest-Phillips[1]进行了关于不丹公务员态度的详细研究。从2015 年国民幸福总值调查收集的数据中，他们得出了公共服务幸福指数，提出自2010 年以来的变化，男女官员之间、农村和城市地区的官员之间的公共服务幸福感存在显著差异，认为政府应该重视公共服务幸福指数。这个话题在 2016 年之前一直被忽视，公共服务幸福指数有利于衡量公共服务态度，因为西方文化的偏见，政府会优先考虑个人生产力而不是集体效率。用公共服务幸福指数来衡量公务人员的工作态度，从而为非西方环境中的公共服务绩效提供更合适的方法。

Cluley 等[2]探讨了公共服务与公共价值的关系，认为公共服务和公共价值共同创造了代表公共服务设计、提供和管理的流行方法。公共价值可以被看作一系列可变因素的总和，如物体、动物、人类、环境、情感、社会经济、文化信仰等。

（二）公共文化服务实践研究

1. 文化政策与文化认同

种族带来的文化多样性已在多数国家有所体现。欧洲国家已经初步认识到了这一变化。在承认新的族裔和文化社区之后，政策影响在与新来者"融合"直接有关的领域，即劳工政策、教育政策、社会政策和住房政策方面体现得较为明显。有趣的是，许多国家的文化政策直到最近才适应不断变化的（多元文化）环境。为尊重各国及各地区文化的多样性，欧盟委员会还制定了其他一系列有关文化活动的条约、倡议和决议，如《欧洲保护考古遗产条约》、1985 年欧洲委员会欧洲文化部长会议所通过的《柏林宣言》，1990 年欧盟委员会通过的《欧洲纲领》，都属于此类[3]。若干个案研究表明，西方国家文化政策日益重视族裔和文化多样性。

在大都市中，为新少数群体和由新少数群体开展的文化活动仍然很少，而且关于这些群体和社区的文化政策也很少。在某些情况下，文化政策与文化多样性之间的接触点不再仅仅以政治修辞的形式存在，而且还获得了一些实质性的形式，多元文化主义和跨文化主义也逐渐受到地方与国家文化政策制定者的关注。比如，Saukkonen 和 Pyykkönen（2008）探讨了芬兰文化多样性、移民政策和文化政策之

---

① Tshiteem K，Everest-Phillips M.2016. Public service happiness and morale in the context of development: The case of Bhutan[J]. Asia Pacific Journal of Public Administration，38（3）：168-185.

② Cluley V，Parker S，Radnor Z. 2021. New development: Expanding public service value to include dis/value[J]. Public Money & Management，41（8）：656-659.

③ 陈春常. 欧洲一体化进程中的文化多样性[J]. 国际观察，2003（1）：44-49.

间的关系。其首都赫尔辛基受到关注，相关政策文件、体制安排，以及 Saukkonen 等与主要行动者的访谈结果表明，官方意图与实际解决办法之间存在差异，将多样性纳入传统的少数群体政策是必要的。此外，如果没有认识到某些风险，为多元文化事务建立特定机构可能会导致该领域内部形势紧张，并影响公共政策中对多元文化和艺术的最佳利用。

Barnett[①]批判性地评估了 20 世纪 90 年代欧盟关于文化政策的倡议，侧重于 1992 年《欧洲联盟条约》（通称《马斯特里赫特条约》，简称《马约》）赋予欧盟文化领域的新权力后欧盟采取的一系列"文化行动"，探讨了文化因素的介入如何促进欧洲一体化的发展，并阐述促进文化合作的政策演变体现出欧盟层面文化逐步"政府化"。Barnett 认为，对欧盟文化政策的批判性评估的重点应该是公民参与新兴网络的实践。文化行动议程的制定是欧盟所采取的独特的公民实践形式。公民身份实践在这里被理解为有助于维护公民权利、增强公民的获得权和归属感。作者在文章中分析了过去 10 年在欧盟文化政策辩论中所发起的公民参与的三个方面。首先，文化与公民身份之间的关系在政策制定中被话语性地构建。其次，作者追踪了促进文化合作政策制定的方式，这些方式取决于协商、参与新形式的制度化。在这方面，文化合作领域的政策制定呈现出一种大的发展趋势，即"参与伦理"被引入到欧盟决策中来。最后，Barnett 将"文化"界定为不同领土范围（从次国家到国家一级再到超国家一级）的行动者进行政策干预的不同方式。

Ashmore 等[②]研究了跨不同民族文化的多种传播方式的象征性内涵。他们虽然提到了有争议的理论问题，但研究重点仍然是在公共交通背景下的不同种族文化的应用政策，对于文化中的某些群体来说，文化障碍可能会阻止国家之间可持续性交通运输政策的变革。

此外，国外学者还提出了文化能力战略，旨在使具有不同文化背景的公众更容易获得卫生服务。该战略侧重于特定群体，特别是澳大利亚土著人，在这些群体中，服务未能减少健康方面的巨大差异。文化能力战略的局限性主要体现为以下三个方面，即文化概念在医学中的应用不明确，对"医学文化"的认识不足，以及缺乏基于结果的研究，这些研究提供了文化能力战略有效性的证据。狭隘的文化概念往往将文化与种族和族裔混为一谈，未能抓住群体内部的多样性这一特点，从而削弱了文化能力战略实施的有效性。这也妨碍了寻找将某种文化能力与缩小健康差距联系起来的证据。关注文化的复杂性、不平等性这些因素和卫生保健环境中的权利差异，不仅增强了公众的文化能力，还深化了公众对文化在临

① Barnett C. Culture, policy, and subsidiarity in the European Union: From symbolic identity to the governmentalisation of culture[J]. Political Geography, 2001, 20（4）: 405-426.

② Ashmore D P, Pojani D, Thoreau R, et al. Gauging differences in public transport symbolism across national cultures: Implications for policy development and transfer[J]. Journal of Transport Geography, 2019（77）: 26-38.

床中细致入微的作用的理解，而且可能有助于确定文化能力战略对减小健康差异的贡献。许多国家都为精神卫生从业人员和初级保健临床医生提供文化咨询服务，以改善在主流环境中为包括移民、难民在内的文化多样化的城市人口提供的精神卫生服务。

2. 艺术与公共文化服务

国外对于艺术与公共文化服务的研究主要集中于社区文化中心或项目如何为公民提供公共文化服务上，国外通常也将公共文化服务与社区文化中心连接起来。比如，Miranda 等[1]探讨了文化中介在增强观众多样性与包容性方面的作用，这一探讨反映出艺术服务组织在连接和支持创意/文化工作者以及促进与不同受众和社区互动方面的作用。根据 Moayerian 等[2]的说法，艺术是共享的。它允许人以一种有意义、丰富、富有成效的方式与他人相遇。然而，由于艺术和人口的不可预测性，基于社区的项目（几乎所有开发工作都是如此）通常以非线性方式展开，因此许多结果可以作为集体艺术实践的方式呈现。社区文化发展实践可以提高有关文化/遗产等方面的旅游频率并使其多样化，丰富游客的经验（例如，通过讲故事），以多种方式促进旅游业的可持续性发展。在过去的几十年里，全球化和劳动机械化在较大程度上改变了以单一工业为主的城镇面临的经济和社会状况。在世界各地，许多此类社区正在主动采取行动，突出其自然和文化资产，努力发展旅游业，以便使其衰退的经济走向复苏。鉴于这种情况，当前的主流环境可以为这些社区的旅游业提供一个机会，使其重新成为社会经济发展的更公平的途径。此前的研究人员建议，为了避免旅游业仅仅成为另一个"采掘业"，人口必须具有参与和制定与旅游有关的决策的能力。然而，没有多少研究去探索社区实现这些目标的实践和理论方法。Moayerian 等深入探讨了将基于社区的文化实践作为一种机制和方法论流程的概念及其重要性，这种机制旨在促进个体及社群的能力提升，从而推动旅游业的可持续发展。我们所构建的模型借鉴了 Chaskin 的能力建设框架，用以评估社区文化活动如何增强当地居民的主动性和参与度，进而为社区决策者提供了实施相关政策时的一种实用选项。即我们可以借鉴并推广那些根植于共同身份认同与相互理解的叙述方式，以此抵御新自由主义所带来的局限性，特别是它过度强调个人私利这一倾向。然而，在这项研究里，我们探讨了"社区能力"（指在地化文化旅游业中常被忽视的关键要素）与地方特色"文化活动"之间

---

① Miranda C，Calla E，Lucy W. Strategies for social engagement：Arts-service organizations as organizational intermediaries[J]. Poetics，2022，92：1-12.

② Moayerian N，McGehee N G，Stephenson Jr M O. Community cultural development：Exploring the connections between collective art making，capacity building and sustainable community-based tourism[J]. Annals of Tourism Research，2022，93：1-15.

的互动关联，旨在查明个人及社区组织是否具备相应实力，以及如何通过深入剖析特定成功案例，促进旅游业可持续发展，并将其视为乡村振兴的有效路径之一。

衡量地方政府实现文化目标的尺度变得更加复杂，同时也变得越来越普遍。本书整合了两方面的内容：一是对公共服务效能评估进行动态的批判性研究，二是关于社区艺术参与的文献。这些研究揭示了向社区艺术参与标准化评估体系的转变的新趋势，并通过分析澳大利亚地方政府执行的文化政策，探讨了社区艺术参与定义的演变以及市议会如何衡量这种参与。研究发现，社区艺术参与的定义因不同地方政府的特性而呈现出显著差异。对于参与意义的共识和衡量体系的标准化可能会削弱地方政府满足社区特定需求的能力。

Hoe[1]特别关注了新加坡的艺术住房政策，其中"艺术之家计划"（arts housing scheme，AHS）于1985年正式推出，作为艺术家援助计划，为艺术家和艺术团体提供补贴。多年来，该政策已发展成为有望实现城市复兴目标的城市文化政策。他的研究追溯了艺术住房政策的发展历程，从最初的艺术家支持计划，到其逐渐转变为城市文化政策的一部分。这一转变背后的政府结构和组织过程揭示了艺术住房空间面临的挑战，这些挑战源于政策议程的不匹配、假设的冲突以及愿望的制度化障碍。通过对政策制定过程中的官僚体制和机制进行深入的微观分析，可以更精确地把握新加坡当地艺术家的需求与城市文化政策目标之间的紧张关系和不协调现象。Chan 等[2]考察了被联合国教科文组织列为世界遗产的马来西亚乔治市乔治城艺术街区的作用。街区的运营，增进了地方文化部门、国际艺术演员、社区和游客之间的联系。乔治城将一个废弃的公共汽车站改造成为艺术家和当地社区服务的艺术空间。该艺术街区因其创新性而获得了国际赞誉。但这是一个"同时"的空间，即由于受到土地开发的威胁，它的性质不稳定，因为它位于旧城中心的边缘。它还面临着来自财务可持续性方面的挑战。为此，对其商业模式进行创新是必要的，特别是在收入模式和与公共部门和旅游业建立伙伴关系方面需要加大创新力度。这条艺术街区成为微型创业生态的一部分，是国际与本土艺术社群交汇的核心。它依靠探索创新方法来维持生存，愿意承担一定风险以获取资源，吸引和培养人才，同时积极与社区建立联系。该研究有助于更好地了解创新型社会企业在全球文化和创意领域面临的潜在挑战。

McKeown 等[3]考察了在伦敦一家大型艺术画廊参加艺术项目的经历，指出艺

① Hoe S F. Laden with great expectations: (Re) mapping the arts housing policy as urban cultural policy in Singapore[J]. City, Culture and Society, 2020, 21: 100339.

② Chan J, Chen S Y, Piterou A, et al. An innovative social enterprise: Roles of and challenges faced by an arts hub in a World Heritage Site in Malaysia[J]. City Culture and Society, 2021, 12 (3), 245-263.

③ McKeown E, Weir H, Berridge E J, et al. Art engagement and mental health: Experiences of service users of a community-based arts programme at Tate Modern, London[J]. Public Health, 2016, 130: 29-35.

术画廊正逐渐被认可为一种用于普及心理健康知识的教育工具。此外，这项研究增加了越来越多的证据，这些证据与心理健康服务用户针对他们的艺术相关计划有关。研究结果表明，强调用户体验画廊的节目可能有助于他们对艺术与心理健康之间的关系有更细致的理解。社区文化发展，目的是让民众参与进来，增强他们的认同感，并确定他们内部的共同价值观。正如 Pontious（2014）所指出的那样，社区文化发展不仅可以加快民主化进程，即通过该过程，参与者可以解决彼此相关的大部分问题，还可以为艺术家和社区成员提供获得批判性和创造性灵感、接受开放思想的机会，这是旅游业中东道国与客人关系的关键属性。

3. 图书馆、博物馆、档案馆与公共文化服务

1）图书馆与公共文化服务

（1）图书馆的社会定位与功能

国外对于图书馆与公共文化服务的研究主要包括图书馆的社会定位与为公民提供的文化服务等。图书馆常被视为构筑公共空间的重要基石，扮演着支持并促进可持续公共领域发展的关键角色，是知识和文化表现形式的提供者，可以培养开明和知情的公民代理人，并成为公众讨论问题的场所。公共图书馆作为重要的社交和社区空间，可以让社区成员相互交流，除了作为信息中心的功能外，还具有社会和文化价值；图书馆在促进和加快建立信任进程方面发挥着重要作用，可以使公民尽快融入社会。简言之，它们正在成为智慧城市的重要组成部分。

随着技术的提高和整个社会的快速发展，图书馆的角色也在发生变化。图书馆正置身于由 3D 打印、文化遗产数字化等革新科技引领的时代浪潮之中，这些技术的迅猛崛起正不断激发新兴的管理策略与法律规范的诞生。图书馆需适应当前的发展潮流。如 Gorham 和 Bertot[①]强调，图书馆不仅是个人和社区变革的关键接触点，而且在健康保健、经济和教育发展等核心领域扮演着重要角色。此外，图书馆在创新生态体系中扮演着双重角色：一方面，是信息资源的集散地；另一方面，是激发智慧和促进知识创新的积极力量，有利于激发整个社会的创新活力。Suchá 试图找出哪些因素能够促进公共图书馆的创新，并提出了社会创新的障碍和刺激因素的四层模型，其中包括结构、地区、组织和人员。该模型有助于图书馆内部人员、利益相关者和政府了解图书馆服务创新和未来公共图书馆社会定位相关的各种障碍和刺激因素。

Ugwoke 和 Omekwu（2014）的研究体现了 1994 年《联合国教科文组织公共图书馆宣言》中阐述的公共图书馆的文化使命，展示了文化在推动社会发展中所

---

① Gorham U，Bertot J C. Social innovation in public libraries：Solving community challenges[J]. The Library Quarterly，2018，88（3）：203-207.

起的作用，还分析了尼日利亚不同族裔群体的文化所受到的负面影响，以及哪些因素阻碍了该国公共图书馆履行文化职能。文中强调，公共图书馆应该得到充分的支持，以便通过他们珍视的文化活动来维护和展示尼日利亚人的良好形象。

（2）图书馆提供的公共文化服务

公共图书馆为公民提供信息服务，尤其是有针对性地提供参考咨询服务。Seleb 和 Kolo（2017）总结了美国橡树园图书馆主动为社区居民提供服务的成果和经验。Mehra 等（2017a）以美国田纳西州公共图书馆为例，介绍了图书馆通过提供财政、保险、税收等方面的信息及开展技能培训助力中小企业发展，为当地经济建设做出贡献的情况，并据此研究了公共图书馆为农村小型企业服务的范式。Gichohi（2017）通过调研发现，肯尼亚中小企业工作人员的信息素养及信息技术能力存在欠缺，提出公共图书馆应招聘经验丰富、知识渊博的图书馆馆员，并应为这些人员提供培训。Pankl[1]研究了公共图书馆如何利用自身资源优势为中小企业创业提供服务。Kelley 等（2017）通过案例的方式展示了乡村图书馆向大学生提供社会实践工作的成功经验。Howlett（2017）等研究了澳大利亚公共图书馆为大学生提供知识服务的可行性，认为公共图书馆在特定领域大有可为，如可以为移民提供信息咨询、文化普及等服务，使其尽快融入当地生活。Khoir 等（2017）介绍了南澳大利亚洲立图书馆在为亚洲移民融入当地社会文化方面提供的服务和帮助。Tanacković 等（2016）对欧盟成员国公共图书馆用户对欧盟信息的需求情况进行调研，认为向用户提供欧盟信息服务对于欧盟成员国图书馆来说大有可为。此外，其他特色信息服务包括：波士顿公共图书馆利用非营利性组织——诺曼·莱文塔尔地图与教育中心（Norman B.Leventhal Map & Education Center）为相关领域专业人员提供数字地图馆藏参考咨询服务。肯尼亚、尼日利亚、乌干达和津巴布韦等非洲国家的公共图书馆还提供健康信息服务。

（3）图书馆为特殊群体提供公共文化服务

Ghuloum 和 Alyacoub（2016）探讨了公共图书馆为孤独症患者服务的可行性。Goulding 和 Crump[2]研究了新西兰公共图书馆为0～2岁婴幼儿提供服务的情况，认为不应对其采取正式的教学方式，而要鼓励他们享受阅读。Muir[3]调研了澳大利亚公共图书馆为残疾人服务的情况。

随着日本人口老龄化和痴呆症问题的加剧，图书馆将老年人服务作为重点项

① Pankl R R. Using the resources of the public library in market planning in starting a business：A hypothetical case[J]. Journal of Business & Finance Librarianship，2017，22（1）：1-6.

② Goulding A，Crump A. Developing inquiring minds：Public library programming for babies in aotearoa New Zealand[J]. Public Library Quarterly，2017，36（1）：26-42.

③ Muir B.But what to change？：Moving forward in public library information service provision for people with an invisible disability[J]. Journal of the Australian Library and Information Association，2017，66（2）：176-177.

目，特别是 2007 年引入国际图联《国际图联数字参考咨询指南》，标志着老年痴呆症群体将成为日本图书馆的重点服务对象，这推动了学术界对图书馆老年痴呆服务指南、老年痴呆友好图书馆等领域的研究。2011 年，《长期介护保险法》规定，政府有责任推进以地域为依托的老年护理预防服务体系，如"地域综合照护网络"（简称"地域网络"）的构建，即社区公共机构、企业等社会力量合作建构的服务网。2012 年，日本政府提出以"早期介入、早期帮助"为核心的"痴呆症友好社区计划"（简称"橙色计划"），2015 年又提出针对患者及其家属的帮扶计划（"新橙色计划"），文部省是这些计划的联合发布单位，其辖下文化机构（如图书馆）要参与地域网络的建设，推动图书馆探索老年痴呆服务。2015 年，《护理保险法》细化了地域网络建设的实施细则，提出 2025 年完成地域综合公共服务体系的建设，该体系涵盖医院、图书馆、银行、警察局等。图书馆界加大了对如何建立合作关系、老年痴呆服务内容、痴呆症友好图书馆等方面的研究。2017 年10 月，日本超高龄社会与图书馆研究会发布《痴呆症友好图书馆服务指南》，这一事件标志着日本图书馆老年痴呆服务进入新的发展阶段，推动日本图书馆探索"单体参与模式"和"组团参与模式"，开展各种痴呆症特色服务项目。

（4）图书馆为无家可归者提供服务

在世界不同角落，无家可归者的数量正在增加。2017 年，国际图书馆协会联合会发布的《无家可归者图书馆服务指南》证实了这一点。Bunić 讨论了"外展计划"[①]，如在社区设置图书角，以对无家可归者提供图书馆馆藏或计算机扫盲计划方面的帮助。这项研究的一个主要结论是无家可归者在使用图书馆服务时会遇到障碍。这些障碍包括对机构的不信任，以及因需要一个永久居住地址才有资格获得身份证，所以无法通过图书馆卡获得服务。对此，作者讨论了如何向社区推广以解决此问题。Hersberger、Giesler[②]等探讨了无家可归者与图书馆相关的需求以及满足这些需求面临的挑战。这些论文拓展了为无家可归者提供广泛的图书馆服务的研究思路，并且提出对于许多无家可归者来说，图书馆不仅仅是一个睡觉的地方的观点。Markwei 和 Rasmussen 参考 Savolainen 提出的日常生活信息搜寻（everyday life information seeking，ELIS）模型，调查了阿克拉无家可归青年的日常生活需求、信息需求。他们发现，信息来源主要是人际关系，基于社交网络的信息需求很常见。研究人员指出，图书馆对调查对象的日常生活信息搜寻没有发挥作用，因此，图书馆需要外展活动来解决这个问题。信息行为可能受到社会环境的影响，这是影响公共图书馆利用率的重要因素。对此，Markwei 和

① Bunić S. Libraries and the homeless：Experiences，challenges and opportunities–socio-economic background of homelessness in Croatia[J]. Library Review，2013，62（1）：34-42.

② Markwei E，Rasmussen E. Everyday life information-seeking behavior of marginalized youth: A qualitative study of urban homeless youth in Ghana[J]. The International Information & Library Review，2015，47（1-2）：11-29.

Rasmussen[1]断言,需要在欧洲/北美之外进行国际研究,以便能够进一步探索可能影响信息搜寻行为的不同的社会状况和文化价值观。

Mansour[2]调查了埃及乞丐在思想、观念、动机、态度、习惯和偏好方面搜寻信息的行为,以及乞丐获取和利用信息的阻碍。这项研究中令人感兴趣的是文盲对信息寻求行为的需求。Mansour 观察到,由于面临教育有限等一些困难,大量(93.9%)的埃及乞丐没有使用任何类型的图书馆。

Dowdell 和 Liew[3]对公共图书馆的政策、实践和服务如何支持无家可归者的信息需求使用定性现象学设计进行了调查。数据通过对来自新西兰特定地区 4 个公共图书馆网络的 4 名无家可归者参与者和 7 名图书馆内部成员进行半结构化面对面访谈收集。调查结果显示,虽然参与调查的图书馆都没有针对无家可归者的政策或服务,但这些图书馆提供的服务在很大程度上满足了无家可归读者的信息需求,当然这些服务也存在需要改进之处。图书馆可提供有助于增强文化特性的服务,政策和服务应考虑相关社会文化背景。调查结果为公共图书馆的政策和做法提供参考,以便公共图书馆发展和改进信息服务,使无家可归者能够公平有效地利用图书馆资源而无须隔离这一用户群体。

2)博物馆与公共文化服务

国际博物馆理事会将博物馆定义为:一个为社会及其发展服务的非营利性常设机构,用于教育、学习和享受,向公众开放,获取、保存、研究、传播和展示人类及其环境的有形和无形遗产[4]。

博物馆最早出现时是为了收藏私人所拥有的人类文化珍品,当时它还作为专业研究机构发挥功能。现代意义上的博物馆出现于 19 世纪后期,公益性成为其首要职责。1974 年 6 月,国际博物馆协会将博物馆定义为一个不追求盈利,为社会和社会发展服务的公开的永久机构。它把收集、保存、研究有关人类及其环境见证物当作自己的基本职责,以便展出、公之于众,提供学习、教育、欣赏的机会。之后,博物馆的定义便随着社会的发展和公众的需求不断调整和完善。2007 年 8 月 24 日,国际博物馆协会通过了经修改的《国际博物馆协会章程》,该章程对"博物馆"的定义进行了修订,将博物馆定义为"一个为社会及其发展服务的、向公众开放的非营利性常设机构,以教育、研究、欣赏为目的征集、保护、研究、传

① Markwei E,Rasmussen E. Everyday life information-seeking behavior of marginalized youth: A qualitative study of urban homeless youth in Ghana[J]. The International Information & Library Review,2015,47(1-2):11-29.

② Mansour E. An explanatory study into the information seeking-behaviour of Egyptian beggars[J]. Journal of Librarianship and Information Science,2016,49(1):91-106.

③ Dowdell L,Liew C L. More than a shelter: Public libraries and the information needs of people experiencing homelessness[J]. Library & Information Science Research,2019,41(4):100984.

④ 博物馆发展论坛组委会. 博物馆发展论丛(2013 年)[M]. 北京:北京燕山出版社,2014.

播并展出人类及人类环境的物质及非物质遗产"。这次调整，将博物馆的"教育"功能调整到博物馆业务目的首位，改变了多年来将"研究"置于首位的认识。不仅如此，"教育"还作为"征集、保护、研究、传播、展出"等博物馆基本业务的共同目的，也就是说，博物馆各项业务活动都应贯彻教育的目的。这反映了近年来国际博物馆界对博物馆社会责任的强调，对博物馆社会效益的关注，同时也是当前社会增长的文化需求在博物馆领域的体现。

Hiled 等在 1992 年出版过一部专著《博物馆与社区：公共文化的政治》，研究并阐述了博物馆、节日、旅游和历史保护项目以及它们所代表和服务的社区之间的斗争和合作。内容包括博物馆在社会中的作用、非裔美国人藏品的历史等。

2006 年，Karp 等又撰写了《博物馆摩擦力：公共文化/全球化转型》（*Museum Frictions*：*Public Cultures/Global Transformations*）一书，书中建议将博物馆视为一个场所、一个机构，以及一个互动领域。书中全面梳理了全球化对非传统及传统世界展览综合体和公共博物馆所代表的公共文化领域的研究脉络。尽管该书没有提供关于公共博物馆发展的全部答案，但它确实提出了发人深省的内容，这些内容将为公共图书馆可持续发展提供借鉴。书中的各种观点，可在国际旅游方面为公共博物馆提供参考，使该书成为研究以公共博物馆为代表的公共文化的有用资源。

21 世纪人们对健康背景下的文化活动越来越感兴趣。审美体验引起的积极情绪刺激内啡肽的释放，这将对情绪产生影响，并对生活体验、学习和健康产生有益影响。一般来说，从事文化活动的人的寿命可能会更长。在这些爱好中，认知运动和审美体验有利于刺激创造力和建立社会纽带，这是非常激励人的。此外，立即兑现完成任务的奖励机制将促进形成有益的效果。这些文化活动可以更好地被纳入健康管理范围内，促进人的身心健康。与博物馆合作可能是共同促进文化遗产保护和身心健康的绝佳方式，因为博物馆的资源丰富且环境美观。它涉及整体学习的各种运动和认知，对作品的观察促使与情绪过程和奖励相关的激活颧骨肌肉和皮层活动增加，促进人的个体身体与情绪的两方面发展。博物馆是一个不受歧视的地方，它促进了沟通，因为它不会被污名化，并且很容易让你与亲人分享活动。

博物馆现在的运营市场与过去截然不同。罗滕贝格[①]指出，20 世纪后期博物馆的两大趋势是"强调创收重要性的新市场导向的意识形态盛行"和"新技术的引入不仅影响了博物馆行业，也影响了世界的发展"。这些变化产生的主要影响是将博物馆改造成带有娱乐体验的环境场所，而不是教育性的地方。随着博物馆变得更加娱乐化，博物馆发展面临的主要难题是：将失去长期以来被认为是"完整性"的东西，从而偏离了它们最初保护遗产和教育的使命。在未来，博物馆似乎不可避免地会成为"混合场所，将娱乐和学习相结合，让游客从漫步画廊和观看

---

① 转引自《博物馆学概论》编写组. 博物馆学概论[M]. 北京：高等教育出版社，2019.

众多藏品的强烈刺激中转移注意力"。博物馆不必害怕娱乐化，反而可以将其作为学习的工具，从而有可能吸引更广泛、多样化的公众。

Mauro[1]介绍了北日德兰半岛模式的发展情况，该模式将博物馆作为文化知识和社会资本的中介与枢纽，在中心和外围之间以及中小企业和大学之间架起桥梁。

3）档案馆与公共文化服务

（1）档案馆的保存与教育功能

档案馆具有为子孙后代存储和保存数据的功能，可以唤醒和培养国家的记忆；同时档案馆作为知识的宝库和文件的保管地，可以用来记录一个国家和民族的历史。由于档案被保存下来供后代使用，档案馆有两个任务，一个是长期任务——保存，另一个是短期任务——按需为各种目的（研究、教育和娱乐）提供服务，尽管这可能会导致保存的物品被毁坏。利用不同的方法开发档案资源，涉及多个机构，如博物馆、剧院、图书馆等。

世界各地已经开发了几个项目（参见欧盟的 E-ARK 项目，即欧洲档案记录与知识存储项目），以利用数字技术制定共同的国际标准，该国际标准能够提高档案馆藏的利用率，且不会危及其保存，有助于提升其价值。然而，只要记录的数字内容尚未完成，保存和使用（或增值）之间的矛盾就仍然存在，并且必然会影响所实施的政策。例如，意大利公共历史档案馆因其丰富而脆弱的遗产，凸显了将保存贵重物品与按需使用和更广泛的价值相结合以造福公众的必要性。政策的制定，特别是那些在文化机构的活动和职能范围内分配资源的政策，面临着保存和利用之间的权衡。由于这两种功能至少部分地服务于不同的利益，所以一个关键的政策问题是文化机构在履行这两项职能方面的实际表现符合一套相关的社会偏好。档案馆有义务根据具体的处置程序接受选定记录和文件并保存。Guccio[2]等以多种方式为增加关于文化机构效率的实证文献做出了贡献。

档案是教育的工具，档案信息的访问策略影响着在其空间中的教育活动。自 20 世纪 50 年代法国国家档案馆开展公众教育活动以来，档案馆开展公众教育服务已经成为不少欧美发达国家的趋势，这种服务在学校、社区都拥有很高的知名度，被称为教育的"第二课堂"。随着信息时代的到来，档案网站逐渐承担起了档案馆的教育功能，纷纷开设线上空间教育模块，该模块不仅促进了公众教育服务途径的多样化，还使档案教育资源更加便捷地面向公众。在 20 世纪 90 年代，英国制定的国家课程标准中特别强调在中小学历史教学中要运用国家及地方档案馆馆藏的一手资料，这表明英国将档案作为教育资源的历史由来已久。

① 转引自《博物馆学概论》编写组. 博物馆学概论[M]. 北京：高等教育出版社，2019.

② Guccio C，Martorana M，Mazza I，et al. An assessment of the performance of Italian public historical archives：Preservation vs utilisation[J]. Journal of Policy Modeling，2020，42（6）：1270-1286.

（2）参与式档案

以前的文献已经从用户的角度探讨了档案的使用，具体来说，是与在阅览室中寻找信息有关的使用，但很少有例子从参与者的角度探索参与性举措。虽然文化遗产机构越来越多地利用参与性活动来吸引新的观众，但参与者对于参加这些活动的动机知之甚少。文化遗产机构对参加 1916 年爱尔兰三个鼓舞人心的公共收藏日之一的 29 个人进行了二十次半结构化访谈，以探索参与者参加活动的动机和感知到的好处。作为一项参与性的档案活动——收集日，邀请公众以数字方式呈现相关财产并记录他们的故事。随后，这些故事和物品在纪念 1916 年复活节起义 100 周年的爱尔兰都柏林的网站上展示。

"参与式档案"一词被用来描述档案工作重点从注重保存转向注重使用。档案馆采取多种形式的参与性举措，这些举措具有不同的标签，包括以参与者为中心、网络和社区归档等。参与性项目有几个早期的例子。比如，Krause 和 Yakel[1]开发了一种在线查找辅助工具，该工具可以为用户提供信息服务。该领域的其他工作侧重于模型开发、以众包开发等参与性技术为对象的案例研究，以及这些技术对档案行业的影响。虽然用户在参与式和社区档案馆中都处于中心地位，但Eveleigh[2]认为，那些参与式档案馆中的人更有动力与公众分享，而不是与紧密团结的团体分享。

Caswell[3]向美国南亚数字档案馆的用户询问了数字档案馆的收集优先级。Caswell 将实证研究植根于社区档案，这种收集传统被认为会导致"档案收藏与社区需求之间建立更直接的关系"。作者对 70 个回复进行了内容分析，询问用户过去的故事，从参加 2014 年南亚意识网络会议的观众那里收集了回复。虽然结果与美国南亚数字档案馆的情况一致，但这项工作意义重大，因为它作为有限的实证研究，试图从经验上探索与参与性项目相关的用户观点。虽然存在从用户那里收集反馈以告知档案实践的例子，但除了历史学家和家谱学家的传统用户群体之外，关于用户参与档案的动机的信息却较少。Eveleigh[4]认为在线参与有助于个性化档案体验，但许多其他个性化访问和使用档案馆藏的尝试都转向移动技术的使用，移动技术通常为不同类型的用户提供更个性化的体验，而不是开发适合所有用户的单一界面或政策。研究发现，个性化可以提高对收藏品的满意度、提升收藏品

---

[1] Krause M, Yakel E. Interaction in Virtual Archives: The Polar Bear Expedition Digital Collections Next Generation Finding Aid[J]. The American Archivist, 2007, 70（2）: 282-314.

[2] Eveleigh A. Crowding out the Archivist? Implications of online user participation for archival theory and practice[D]. London: University College London, 2015.

[3] Caswell M. Community-centered collecting: Finding out what communities want from community archives[J]. Proceedings of the American Society for Information Science and Technology, 2015, 51（1）: 1-9.

[4] Eveleigh A. Crowding out the archivist? Implications of online user participation for archival theory and practice[D]. London: University College London, 2015.

的感知价值，以及改善对历史事件的理解。图书馆、博物馆、档案馆的融合记忆机构激发了政策制定者的想象力，图书馆、档案馆和博物馆所扮演的社会角色是有力的隐喻。记忆机构负责提供和塑造共享的文化遗产，有时被描述为仓库，一个用于从教育到娱乐等许多不同目的的仓库。基于满足所有人在任何地方都能获得所有信息的愿望，综合文化网络的愿景被描绘成一股强大的力量，潜藏着未被发掘的知识潜力。21 世纪的政策制定者在将这些机构组合在一起时强调的是，它们作为公众支持的非正式教育结构的一部分，且无论是作为公共机构还是具有公共使命的非营利机构，其共同治理具有相似作用。虽然这些共性在历史上并非图书馆、博物馆和档案馆自我表征的主要特征，但对它们的可持续发展却越来越重要。

传统上，图书馆、档案馆和博物馆在我们的社会和信息空间中占据着不同的位置。各类文化机构与用户互动所采取的策略，以及对其馆藏的组织和解释，在每种环境中都有所不同，这些因素塑造了"教育"的定义。这些机构的意义和访问方法建立在收集、组织、保存和展示的传统之上，这些传统随着时间的推移在机构中发挥作用，并体现在不同的历史身份和独特的企业文化之中。随着三种类型的机构越来越多地在线提供馆藏的访问功能，以传统服务方式提供信息服务成为这些文化机构在信息时代面临的挑战。在新闻学院内对三类机构的专业人员进行协调教育，有助于这些传统服务方式的动态整合，也有助于加强目前为每个单独学科提供的专业培训。但协调并不意味着相同，因为这些机构不同用户行为的差异在网络世界中仍然存在。

Hoeven 和 Brandellero 通过对荷兰档案保管员、收藏家和策展人的深入采访，探讨了全球文化的保存和展示形式，从而对档案信息进行开发和利用。由于流行音乐文化合法性日益得到加强以及粉丝和当地社区越来越多地参与遗产实践，Hoeven 分析了荷兰私人和公共遗产倡议，以探索流行音乐的当地历史和生活经历如何在更广泛的全球文化发展框架内产生影响。这项研究的结果表明，博物馆和档案馆通过三个相互关联的过程赋予地方意义：展示当地的社会文化历史、培养归属感和文化自豪感以及试图记录地方的艺术遗产。此外，研究发现，尽管流行音乐具有很大的跨国维度，但所研究的遗产实践与当地和国家文化特征共鸣强烈，因为流行音乐和遗产的矛盾是由当地文化"守门人"调解的。

4. 文化生态系统与公共文化服务

"生态系统服务"的概念是在 20 世纪 70 年代初被引入的，最初是根据自然对人类和社会的"有用性"来构建的。这一框架在 20 世纪 90 年代被修改，当时生态系统服务被重新定义为维持人类生命的自然支持系统，随后被编入 2005 年的千年生态系统评估。生态系统服务通常分为四类：供应、监管、支持和文化服务。

后一类（文化服务）被认为是最难应用的，它概括了环境为人类和社会提供的各种无形利益和非货币利益等。所以，文化生态系统服务经常被排除在生态系统评估之外。

21 世纪，人们的注意力已经转向文化生态系统服务，其对人类福祉的影响得到了更深入的研究。文化生态系统服务可以被定义为人们从自然中获得的非物质利益，包括精神、美学、教育和娱乐价值，人们将文化生态系统服务看作评估人与自然互动其他方面的重要工具。

由于缺乏充分的关于文化生态系统服务的数据和分析，因此很难在决策和管理做法中将其加以考虑。对此，研究需要对文化生态系统服务在人类福祉中可能发挥的重要作用以及环境和气候变化如何影响不同社区，特别是弱势群体，如土著社区的居民、老年人和残疾人进行更多探究。土著社区特别脆弱，因为他们的生活与自然环境密切相关，自然环境的快速变化正在影响他们的生活质量。例如，土著社区可能受到强迫搬迁（由于气候变化或土地利用变化）的影响而丧失其领土，甚至会改变其生活方式、传统文化和个人身份。残疾人口可能受到诸如娱乐、灵感、精神实践等方面可及性变化的影响。如果这些残疾人正好属于土著社区，他们可能面临交叉脆弱性（即传统文化或个人/社区身份的丧失），这可能会对他们的福祉产生深远影响。以前的各种研究一定程度上综合了有关文化生态系统服务的现有知识。还有一些研究直接将文化生态系统纳入评估。例如，Vieira 等（2021）进一步拓展了 Retka 等的理论，评估了整个巴西海岸的文化生态系统服务的价值，有关文化生态系统服务（culture ecosystem service，CES）条款的信息可用于支持巴西对保护区文化的利用，因为该国正在经历环境政策受威胁、保护融资面临政治不稳定和经济衰退的多重状况。新冠疫情大流行加剧了政治不确定性，因此有必要扩大 CES 信息的使用范围以加强环境管理。Schaich 等（2010）和 Scholte 等（2015）将生态系统服务与文化景观研究联系起来，将社会文化的观点纳入生态系统服务评估，并且文化景观研究方法已被证明在评估不同的非物质景观价值和文化服务方面很有价值。

三、特征评析

纵观国外关于公共文化服务的研究，我们可以发现，由于没有形成一致的"公共文化服务"的概念，研究相对比较分散，研究的主题主要集中在文化认同、文化基础设施（图书馆、博物馆、档案馆、艺术中心）、文化生态系统服务等方面，其中还有一个非常重要的参与主体——社区。国外的研究体现了其均等化思想，可以看到多项研究都着眼于对特殊人群与民族的文化认同，即都是为了推动更广泛的文化服务的发展。

从文化认同角度来看，国外的研究主要集中于如何促进民族融合与减少服务差异化，以维护文化多样性，因此多涉及关于影响因素与政策评估的研究。从公共文化基础设施角度来看，国外非常重视对各种文化机构功能的研究，也非常重视用户的参与，以及联合服务，尤其是图书馆、博物馆与档案馆的合作服务等方面的研究。另外，国外的研究着重于文化遗产对文化认同感的影响，这在对基础设施的研究上也可以体现出来。国外研究的热点之一是将文化纳入生态系统服务的衡量指标中以提高生态系统服务的文化价值。通过梳理相关研究，我们发现，国内外关于公共文化服务的研究尽管差异相对较大，但也存在共同点，即对公共文化基础设施的相关研究以及均等化理念的关注。本小节可能存在对既有研究综述不足的情况，但这并不影响对国外公共文化服务的宏观把握，因此可为后续研究提供一定的借鉴。

第三节　典型国家的公共文化服务评价

一、国家层面的公共文化服务政策与法规

本节探讨的公共文化服务政策选择了英国、欧盟、美国、日本政府和准政府机构（如志愿性组织）制定和公布的各项公共服务政策中与文化有关的政策与法规。

1. 英国的公共文化服务政策与法规

1）英国的公共文化服务政策

英国的文化政策由政府和准政府机构共同制定。准政府机构与国家所形成的这种协作关系，可看作进一步推动国家和社会合作、提高民主参与水平的重要手段。各种准政府文化机构，如各地区文化行业协会、社会中介机构和文化经纪人、彩票发行机构，以及各文化产业（或称创意产业）集团等，它们与各级政府通力合作，共同推动公共文化建设。李国新、张皓钰在《国外公共文化服务概览》中提出，英国关于公共文化服务的政策大致包括以下四个方面。

A. 创意文化政策

英国长期以来，没有制定成文的国家文化政策，文化政策体现在各级文化管理部门和机构的职能条文中。直到 1990 年初，英国文化委员会委托大不列颠艺术委员会，会同英国电影协会、手工艺委员会和地区艺术联合会等部门，共同制定一份跨世纪的国家文化艺术发展战略。1991 年夏，大不列颠艺术委员会就公众对艺术的态度问题在英格兰地区进行了大规模的调查，44 份调查报告于当年秋发布。大不列颠艺术委员会 1991 年 10 月至 1992 年 1 月，举办了 60 余次战略研讨

会，参加人数超过 3000 名[①]。与此同时，各地的艺术组织、地区艺术理事会和地方政府还举办了无数次讨论会。在此基础上，于 1992 年 5 月形成了国家文化艺术发展战略的讨论稿。1993 年，经国家文化遗产部审阅和修改后，正式题为《创造性的未来》战略发展报告。它实际上是英国中央政府发表的一份政策声明，全面阐述了英国文化艺术的发展方向及各项政策原则和具体措施。这是英国有史以来首次以官方文件的形式颁布国家文化政策，对于英国文化艺术的发展具有重要的纲领性指导意义，表明推进文化发展成为英国自觉的国家意识，由此引导社会创新也就成为英国公共文化服务体系的重要内容。这份文件包含着许多重要的公共政策思想，但其核心主题思想是：以文化艺术来培育、涵养社会的创造性，以这种创造性来开创英国的未来。

英国政府还在其网站上推出了国际营销活动，旨在向世界展示最好的英国。英国贸易投资总署在 2014 年发布的报告中，提出英国创意产业的国际发展战略，政府和产业合作面临各种挑战，英国创意产业的发展也需要进行相应调整。

B. 文化教育政策

英国政府非常重视开展文化教育（含艺术与设计、舞蹈、戏剧、电影制作、音乐等），尤其是中小学生文化教育的普及，让所有人成为文化和艺术的终身参与者，同时为创意和文化产业发展奠定基础。

英国数字、文化、媒体和体育部与英国儿童、学校和家庭事业部是文化教育推广的两个主要部门。由政府出资，两部门合作，创办了一系列让儿童和青少年提升文化体验的项目，统称为"发现你的才能"（Find Your Talent）。这些项目的目的就是丰富孩子们的艺术实践活动，让他们在成长过程中获得发展艺术才能的机会。尽管项目于 2010 年被取消了，但是英国在文化教育方面投入了许多资金，如 2013 年 3 月至 2015 年 3 月，教育部和数字、文化、媒体和体育部投入 2.9 亿英镑用于文化教育活动，如将大部分资金投入到博物馆、美术馆、图书馆等文化部门，以便为儿童和青少年提供参观、学习的机会。为了加强与博物馆、图书馆等文化机构的联系，2012 年，英格兰艺术委员会组建了一个由 10 个中间机构组成的合作网络。此外，英国还与青少年音乐、舞蹈机构和国家青年剧院等为儿童和青少年提供艺术表演的国家机构合作。其中，"艺术标记"和"青少年艺术奖"是两个著名的学校艺术教育项目。

C. 文化传播政策

为将英国打造成为国际性文化和艺术中心，英国政府非常重视对本国文化的宣传与推广。他们将未来 10 年的发展重点放在能够吸引国内外游客的产业上，如主题公园、博物馆、水族馆、水上游乐园和家庭娱乐中心等。2016 年 2 月，英国

---

① 范中汇. 英国文化[M]. 北京：文化艺术出版社，2003.

推出了"艺术英国"（Art UK）项目，在互联网平台上传英国的油画作品，以供世界各地的人们浏览、欣赏。

D. 文化价值评估政策

早在 20 世纪 80 年代，英国中央政府艺术资助经费出现缩减，文化部门的价值成为引人关注的话题，对于如何使用科学方法对文化价值进行评估的后续讨论一直在持续。英国有两种衡量文化价值的通行方法，分别来自约翰·霍尔顿和戴维·思罗斯比。约翰·霍尔顿将文化价值理解为工具价值、制度价值和内在价值；戴维·思罗斯比把文化的经济价值和内在价值联系在一起，将文化价值解构为审美、精神、社会、历史、抽象和真实价值等方面，他认为文化价值能够与经济价值分离，通过人们对价格和意愿接受的偏好来表述。

2）公共文化服务法规建设

英国的公共文化服务法规主要来自相关法律对于文化与文化服务的规定，以及创意文化产业服务中的某一部分的专门法律。

A. 相关法律对于公共文化的规定

a.《地方政府法》

英国是一个有地方自治传统的单一制国家，它的地方政府制度具有悠久的历史，在中世纪就已经建立郡一级的地方机构，地方政府努力发展文化事业。

b.《国家彩票法》

1993 年，英国颁布《国家彩票法》，确立了国家彩票发行的合法性，并于 1994 年 11 月 19 日首次发行国家彩票。英国政府对文化事业的支持不是大包大揽，而是鼓励文化机构自己创收、争取社会赞助，一般政府资助不超过其收入的 30%，其余部分需自筹解决。在英国，国家彩票基金是英格兰艺术委员会的主要资金来源，另一个来源为政府补贴。为了鼓励私人机构和个人对文化、艺术事业的捐助，英国出台了税收减免政策。2000 年 4 月起，英国政府实行"不列颠赏赐"政府计划，之后又出台了《慈善税收法》，做出鼓励私人捐赠、增加慈善机构税收优惠的决定[①]。这个政策在一定程度上增加了政府在艺术、博物馆、文化遗产方面的资金投入。

伴随着 2006 年《金融法案》的通过，电影业获得最新的税收优惠。一部电影符合下列条件，就能获得税收优惠：由英国电影制片公司制作；计划公映；符合已经修订的电影法案，接受英国电影协会管理；至少 1/4 的消费预算在英国完成。此外，影片成本小于或等于 2 亿英镑的电影将享受额外的税收减免。但是电影业的税收优惠减免政策只适用于在英国制作和消费的电影。

1947 年《接受替代法》实施，个人可通过捐赠文物、艺术品、建筑物等方式替代遗产税、资本转让税。据统计，仅 2006～2007 年，在该税收优惠政策鼓舞下，

---

① 何妮. 英国慈善法律制度概述[J]. 中国民政，2019，（5）：53-54.

英国获得了价值 2530 万英镑的文物①。在图书出版领域，英国对于一些艺术家的作品实行零税率的优惠。2002 年，欧洲法院做出了对剧院、博物馆、文化遗产和其他文化组织的入场费税收豁免的决定。此外，税务局对以从事创作为生的人，如诗人、作曲家和剧作家等也有税收上的优惠，如果他们能证明自己收入波动较大，因创作周期较长而创作期间收入较低，可以在一定时期内免税。

1989 年通过的《援助法案》规定，非营利组织从事文化遗产的维护工作可申请税收减免，其每 1 英镑的相关支出可享受 28 便士（即 28%）的税收优惠。该法案主要用以优化审核流程，减轻了行政负担。

B. 文化部门立法

a. 历史文化遗产保护法

英国是文化遗产大国。在英国，受保护的文化遗产主要指古代建筑、历史街区、纪念物、遗址遗迹、文物及美术工艺品等，无形的文化遗产及民俗文化遗产不在法律保护之列。

早在 1882 年，根据《古迹保护法》，英国在政府内部专设了“古迹巡防员办公室”，这是英国以政府名义设立的第一个文化遗产保护机构。1970 年，文化遗产保护工作由环境部负责，具体负责历史文化遗产保护工作的单位是“古代遗址与历史建筑理事会”，环境部派出的各地方办公室则主要负责当地文化遗产的保护。当国家遗产部成立后，国家遗产部成为英国文化遗产保护工作的主管单位。1997 年，国家遗产部取消，另设置文化、媒体和体育部，仍负责本国文化遗产的保护。在该部下分设 8 个顾问委员会，分别为政府的文化遗产保护工作提供技术咨询服务。除此之外，还有专门的社团组织对英国文化遗产进行保护，这些组织分为两类：一类负责文化遗产的维护，如英国慈善机构国民信托、苏格兰国民信托、建筑遗产基金等；另一类负责有关文化遗产环境变更、遗址维护，以及文物、古代建筑购入等方面的咨询工作，如英国考古评议会、古代遗址学会、古代建筑保护学会等。

b. 图书馆与博物馆法

英国的图书馆事业起步早、发展快，法律体系较完善，从第一部图书馆法颁布至今已有 300 多年的历史。1708 年颁布的《英国教区图书馆的更好保存法》，是英国最古老的一部图书馆法，它规范了英国教区图书馆的建设，这部法律至今有效。1850 年，英国议会通过了《公共图书馆法（1850）》，这是世界上第一部全国性公共图书馆法。为了改善图书馆的服务质量，英国于 1947 年制定了《公共图书馆法（1947）》，这是一部具有过渡性质的图书馆法，吸取了过去图书馆法的精髓，又新增了时代发展的内容。1857 年，在坎贝尔勋爵的推动下，英国议会通过

---

① 尹姐，陶宇. 英国艺术品市场政策法规评述[J]. 美术观察，2022，（10）：73-74.

了《淫秽出版物法》，该法案禁止销售淫秽出版物，并规定了对此类物品的查收和销毁方式。1964 年的《公共图书馆与博物馆法》是一部崭新的图书馆法，它不仅强调图书馆的服务功能，还鼓励加强公共图书馆之间的合作。1972 年，《大英图书馆法案》施行，这部法律的最大贡献就是设立了大英图书馆。1979 年，《公共借阅权法案》通过，该法案给予英国作者因公共图书馆免费出借他们的作品而获得报酬的法定权利。1992 年，《公共图书馆调查程序法则》公布，这是针对图书馆调查而制定的一部专门法律。2003 年，英国议会通过了专门的出版物缴存法《法定缴存图书馆法》，这是英国首部关于图书馆出版物法定缴存的专门法律，不仅对传统印刷出版物的缴存进行了规定，还对电子出版物的缴存做了一些原则性的规定。除了上述国家层面的法律外，英国的四个地区，即英格兰、苏格兰、威尔士和北爱尔兰也出台了地区性图书馆法。

英国是博物馆的发祥地，是世界上博物馆最发达的国家之一。1753 年，《议会法案》就批准建立了英国国家博物馆——大英博物馆。1759 年，大英博物馆正式对外开放。1845 年英国议会通过《博物馆法案》，该法规定在人口超过 1 万人的城镇建立博物馆，并且可以通过增加不超过半便士的房产税来支持博物馆的运营和管理。在此法案的推动下，英国博物馆的数量不断增加。1963 年，议会通过女王签署的《大英博物馆法》，规定大英博物馆理事会为大英博物馆的法人团体，拥有大英博物馆的管理权和控制权。1983 年，《国家遗产法案》通过，规定英国遗产部为英国文化遗产保护机构，并将四个地区的重要建筑及历史遗迹按照一定的重要等级依次列出。

c. 电影、电视与电信法

英国对电影、电视等视听产品实行分级审查的历史可以追溯到 1909 年的《电影法》，负责分级审查的机构是英国电影分级委员会。从 1909 年开始，英国的地方政府就依据《电影法》对公映电影实行许可证制度。此后颁布的其他法律都强调了电影审查的重要性。此外，在英国，关于电影的经费资助也有相关法律规定。

英国是欧洲最早引入电信竞争机制的国家，也是世界上最早实现电信自由化的国家之一。为顺应欧盟新的规制框架的要求和电信业技术变革、业务融合的发展趋势，英国议会于 2003 年批准并通过新的《通信法》，取代 1984 年的《电信法》，成为英国电信规制的基本法律。

d. 表演艺术与音乐法

早期的基督教对戏剧演出是百般指责的，特别是星期日的演出，因为这削减了人们对宗教礼拜的热忱。为了给表演艺术提供更广阔的空间，英国出台了一系列星期日法案，如《星期日庆祝法》《星期日娱乐法》《星期日剧院法》等。1932 年出台的《星期日娱乐法》，放松了对星期日放映电影的限制，允许电影院在星期日营业，但规定电影在放映前需地方当局许可，并附加其"认为适当"的条件。

1968 年《剧院法》出台，废止了宫务大臣和戏剧脚本审查制度，禁止淫秽及色情演出。如果剧本中的言辞或举动涉及淫秽、种族仇恨、挑衅或破坏和平等因素，相关责任人将受到民事局的处罚。

《2003 年许可法》颁布，这是一部对酒精、娱乐和夜间提神物品进行规范的法律，2005 年 11 月开始在英格兰和威尔士生效，标志着英国许可制度的现代化和简化。这一法律综合了六种许可制度来规范娱乐活动，监管酒精及夜间提神物品的使用。在新的法律体系下，不再单独对每一项公共娱乐项目进行审查，而是转由一个专门的机构对酒精和现场音乐表演、戏剧、舞蹈、电影放映等常规性娱乐活动进行审查。

2. 欧盟的公共文化服务政策与法规

1）欧盟的公共文化服务政策

作为由 27 个成员国组成的国家联合体，欧盟层面各机构的行动要严格依照成员国共同签订的条约展开。欧盟的管理体制和民族国家有很大的不同，欧洲一体化事业就是在超国家机构与民族国家权力斗争和妥协中不断向前推进的。而文化主权一直是民族国家权力的重要组成部分，因此，欧盟在文化领域的行动能力一直是一个敏感的问题。在遵守辅助性原则的前提下，欧盟各机构长久以来都在谨慎而积极地推进欧洲文化的繁荣发展。这也就形成了欧盟文化管理中的四个主要层面，即欧盟层面、成员国层面、地区层面和地方层面，这四个层面都在欧盟的文化管理中扮演着重要的角色。由于欧盟有别于主权国家的特性，其对文化事务的参与和管理也是与主权国家有着很大差异的，这也直接导致其文化政策的特殊性。

按照《马约》的要求，欧盟一直在致力于将文化因素融入其他各个政策领域内，教育、青年、科研、旅游等领域的项目都涉及对文化领域人员及产品的投入。

a. 《世界全球化中的欧洲文化议程》

欧盟专门针对文化领域的支持项目有两个：一个是支持视听产业发展的媒体计划，另一个是欧盟委员会实施的 2014～2020 年的框架性战略计划——"创意欧洲"。2007 年，欧盟委员会发布《世界全球化中的欧洲文化议程》（下文简称《欧洲文化议程》）表示，欧盟在形成经济共同体之前，首先是一个文化共同体，正是因为文化的沟通和交流，才促成了欧盟的形成。《欧洲文化议程》标志着欧盟的文化战略框架正式形成。此外，欧盟对其他所有文化领域的支持都是在《欧洲文化议程》框架下进行的，该议程可以说是欧盟第三代文化项目。经过 6 年的实施，文化 2000 计划（culture 2000 programme）到 2006 年顺利结束。第一代和第二代文化项目的实施为欧盟在文化领域开展相关活动积累了宝贵的经验。通过对这些文化项目的评估和公众咨询，欧盟不断地在文化合作领域提出各种决议和报告，不断补充和完善其文化领域的相关政策。为了使联盟层面的文化政策更具有连贯性，欧盟于 2006 年 12 月通过决议，在文化 2000 计划结束后，由《欧洲文化议程》接替。其实从文化 2000 计划开始执行时，欧盟就已经开始探讨未来第三代文化项目的走向问题。一方面，这是因为从之前经验来看，文化领域的合作及沟通是一项非常耗时的工作；另一方面，欧盟即将在 2004 年迎来历史上最大规模的扩大，需要提前为完成扩大后面临的更严峻的挑战做好准备。随着欧盟第六次扩大的完成，27 个成员国的融合是文化项目面临的一项重要调整。

《欧洲文化议程》的实施有三个具体的目的：推进文化部门从业人员的跨国流动；支持文化及艺术作品和产品的跨国流通；推进跨文化对话。与文化 2000 计划相比较，《欧洲文化议程》的时间跨度有所扩大、资金额度有所增加，这使得文化各领域合作的质量有了提高。其资助对象是文化领域内拥有法人地位的公共及私人机构。参与机构的核心部门必须在欧盟 27 个成员国或欧洲经济区国家境内。入盟候选国和西巴尔干国家在与欧盟达成备忘录的前提下可以参与该项目。

b. 欧洲结构和投资基金

在文化领域的专门资助性项目出现之前，欧洲结构和投资基金（简称"结构基金"）于 1989 年就开始对文化领域活动进行资助了。在欧洲的许多城市中，具有标志性意义的文化建筑的维护和大型文化活动的开展很大程度上都依赖于结构基金的支持。上海市商务委员会官网显示，欧委会的一份报告中曾对 1992～1993 年欧洲共同体对文化的投入情况进行分析，结构基金的投入占共同体整体对文化投入的 82.7%，而当时专门针对文化部门的项目仅占总投入的 7.7%[①]。在结构基金支持下的文化项目，著名的有希腊雅典卫城山的修复、英国谢菲尔德老工业基地的复兴并转型为文化创意产业中心、意大利卡塔尼亚和莱切的古老建筑改造成博物馆等等。结构基金主要是资助欧盟最贫困的地区，以缩小其与相对富裕地区之间的差距，同时也希望借此提升联盟的竞争力、就业率和社会凝聚力。2000～2006 年，在结构基金的支持下，文化对地区经济社会发展做出了重要贡献。加之，在 2007～2013 年，项目目标融入了里斯本战略中增长和就业的要求，为文化部门获取资金支持提供了条件。文化的贡献开始向更广阔的范围扩展，尤其是文化能够增强地区吸引力，有利于吸引外资，进而对信息技术的发展产生促进作用。2007～2013 年，结构基金由四部分构成：欧洲社会基金、欧洲地区发展基金、欧洲农村发展农业基金以及欧洲海事和渔业基金。欧洲社会基金主要提供职业培训和就业帮助，以解决青年和妇女的就业问题；欧洲地区发展基金是四个基金中

---

① 上海市商务委员会. "上海文化企业"千帆出海国别政策指引[EB/OL]. https://www.sh.gov.cn/cmsres/ba/ba398bf97e964e6cbe8e8d962f660654/b93eed1e30287b9cf296bd77204a064c.pdf.

最大的，约占整个结构基金的一半。该基金的主要目的是支持落后地区中小企业的发展、促进投资和改善基础设施；欧洲农村发展农业基金主要是为农村地区采用农业新技术、改进农业产业结构和发展非农产业提供资金支持；欧洲海事和渔业基金是为帮助沿海地区受渔业生产萎缩影响的渔民而设立的。

c. 未来发展："创意欧洲"项目

为了更好地应对文化部门所面临的部门松散化、数据短缺、缺少投资等诸多问题，系统地管理欧盟层面的文化项目，2011 年，欧盟委员会向欧洲议会和理事会提出设立"创意欧洲"项目的倡议。欧盟认识到文化对经济发展、社会融合的重要作用，提出需要进一步加大对文化领域的投入。倡议指出，"创意欧洲"项目的执行期是 2014 年 1 月 1 日至 2020 年 12 月 31 日，总预算为 18 亿欧元。其具体目标包括：为欧洲文化及创意部门的跨国行为提供支持；促进文化创意作品的跨国发行，使其扩大受众面；增强文化及创意部门（尤其是中小企业和机构）获取资金的能力；支持跨国合作，以有利于创新、观众培养和新商业模式的发展。

文化部门构成比较复杂，包括公共资助机构、非营利性组织以及企业，不同部门的产业价值链存在差异，欧盟委员会根据不同产业部门的需求，将项目划分为四个领域：文化、媒体、跨部门、欧盟奖项和活动，通过投入 14.6 亿欧元的预算，为欧洲的文化创意打造一个统一的项目平台。"创意欧洲"项目的日常管理由教育、视听及文化执行署来负责。同之前的项目一样，一些特殊项目将直接由欧盟委员会负责，如四项欧洲文化奖的颁布、与国际机构的合作、"文化首都"项目的实施及欧洲遗产标签活动的举行。

2）欧盟的公共文化法规

A.《马约》

1993 年生效的《马约》明确指出，将欧共体发展成为欧盟，欧盟由三根支柱支撑：共同的经贸政策、共同的外交与安全政策、司法与内政事务合作。欧盟在启动政治一体化的同时，将文化合作正式提上议事日程。《马约》为欧盟在文化领域的行动奠定了法律基础，其第一百二十八条对欧盟委员会如何推动文化发展做出了详细的规定。

欧盟为成员国文化的繁荣做出努力，在尊重各国和地区文化多样性的同时，弘扬共同的文化遗产。

欧盟在如下领域为成员国行动提供保障：加深欧洲人对欧洲文化和历史的了解和传播；维护、保护对欧洲具有重要意义的文化遗产；推进非商业性文化交流；鼓励包括视听部门在内的艺术和文学创作。

欧盟及其成员国应促进与第三国及具有文化权限的国际组织（特别是欧洲理事会）之间的合作。

欧盟应当在《马约》条款实施中将文化因素考虑在内。

为了推动上述条款中各项目标的实现，欧洲理事会应当按照《马约》第一百八十九条 b 款所规定的程序，在向欧盟委员会咨询之后，采取激励性措施。其中，包括与成员国在法律上的协调行动。成员国以一致表决的方式通过欧盟委员会提交的政策建议，经过几年的运行，欧盟各项政策的实施初见成效，从 1996 年 3 月开始，欧盟各国就联盟内部整合的各项议题展开协商。经过约一年的谈判与协商，1997 年 10 月 2 日，欧盟成员国外交部部长正式签署《阿姆斯特丹条约》（简称《阿约》），尽管《阿约》对欧盟各项政策进行了一定的调整和修正，但是《阿约》没有对《马约》中的文化条款进行过多的修改。比如，第一百五十一条保留了《马约》第一百二十八条的内容，并对上述第四款进行了深化，其中指出，欧盟在《马约》其他条款下的行动应将文化层面考虑在内，尤其是保持尊重和促进文化多样性。《阿约》也并未修改《马约》中关于文化领域的决策方式，从第一百五十一条的第四款来看，文化领域的决策依然采取一致表决的方式。

《里斯本条约》（简称《里约》）第一百六十七条保留了《马约》中的文化条款，同时强化了文化在欧盟层面的地位。《里约》第二款第三段写道，欧盟"应该尊重其丰富的文化和语言多样性，应该保证欧洲的文化遗产得到保护和强化"。在决策程序上，《里约》将特定多数表决机制扩大到文化领域，但这也仅限于欧盟支持的文化项目领域。

《马约》对联盟层面在文化领域的行动权的限制并没有发生根本性的改变。条约中所规定的内容遵循以下两个基本原则。

一是坚持辅助性原则。在《马约》中，辅助性原则被正式确定为欧盟建设的基本原则之一。具体地说，所谓辅助性原则，就是除非联盟层面的行动比国家、地区层面的行动更有效，否则联盟不可以采取行动介入（不包括联盟独有的排他性权力范围）。文化事务依然属于成员国的管理范畴，欧盟在文化领域的行动要完全遵循辅助性原则，其作用就是为成员国的行动提供支持和补充，即联盟层面的行动不能取代国家及地区层面的文化行动或与国家及地区层面的文化行动相冲突，但是可以采取措施提升这些行动的影响，为国家和地区层面的文化交流提供便利。"这就意味着在文化领域，欧盟层面做出的任何决定不能直接适用于各成员国，必须经过成员国国内立法转化后才能应用；做出的决定对成员国没有法律约束力，只有道义上的约束力；没有强制执行权。"①联盟在文化领域的行动是成员国文化政策的辅助和补充，这一点体现在欧盟政策的许多方面，如书籍翻译、科研成果的传播等。这明确地排除了欧盟干涉成员国文化政策和地区性文化政策的权力，（欧盟）不能采取强制性措施对其进行改革或尝试推行一体化标准。

---

① 刘红叶. 欧盟文化政策研究[D]. 北京：中共中央党校，2014.

　　二是促进欧洲文化多样性，强化欧洲文化认同。通过对文化遗产、视听产业等文化领域的保护或扶持，欧盟为成员国提供合作的平台，在促进欧洲文化多样性的同时，提高公众对欧洲文化的认同。欧盟各机构在尊重各国文化多样性的基础上，利用其跨国资源优势为成员国间的合作、文化交流提供便利条件。欧洲单一市场可以为文化产品的自由流动创造适宜的环境。

　　B. 欧盟竞争法

　　欧洲单一市场的建立和推进是目前为止欧盟最引以为傲的一体化成果，其中欧盟竞争法起到了重要作用。欧盟竞争法作为维护市场秩序的基本法律武器，在制止不正当竞争，建立公平、公正、公开的市场规则方面发挥着重要作用。实际上，欧盟竞争法并不是一部法典，其具体规定散见于欧盟各种条约，理事会和欧盟委员会通过的一系列条例、指令和决定，以及欧洲法院针对具体问题的判例中。欧盟竞争法主要涉及卡特尔组织、垄断、企业兼并、国家补贴四个方面。1982 年《加强共同体在文化部门的行动》(*Stronger Community Action in the Cultural Sector*)强调了共同体对文化领域的干预只是经济共同体条约在文化领域的应用，即提案关注的只是文化部门的经济与社会问题。因为在很多情况下，文化活动也属于经济活动，因此文化活动也就很自然地从联盟经济一体化、单一市场的建立中受益。但是考虑到文化部门的特殊性，欧盟在成员国补贴方面进行了特别的规定，以规范成员国间文化产业的竞争。

　　C. 版权法

　　文化产业及文化产品贸易健康发展的一个重要保障就是知识产权体系的建立与完善，而与上述两方面内容关系最密切的就是版权的保护。所谓版权，即文学、艺术、科学作品的作者及相关人（如表演者、出版商、电影制作商或广播机构）对其作品享有的特殊权利，未经同意，他人不得出版或做更改。与文化产品一样，版权也具有经济意义和文化意义的双重性。经济意义是指，版权涉及权利所有人有权从其作品创作所带来的经济效应中获益；文化意义是指，版权对知识和艺术创作具有重要的推动作用。欧盟层面版权所涉及的领域包括小说、诗歌、戏剧、参考书、报纸、计算机程序、数据库、电影、乐曲、舞蹈设计以及艺术作品（包括油画、素描、照片、雕塑、建筑、广告、地图、技术制图等）。

　　欧洲建立统一的版权制度的努力与尝试最早可以追溯至 1886 年 9 月 9 日旨在保护文学和艺术作品的《伯尔尼公约》的签署，目前，所有欧盟成员国都是《伯尔尼公约》的缔约国。为了打击盗版，维护文化产业的公平竞争和健康发展，同时协调成员国之间的文化交流，1988 年，欧共体发布了《版权与技术挑战》绿皮书，对欧共体成员国需要采取措施协调统一的六个方面进行探讨。此后，欧共体即后来的欧盟从 1991 年起先后发布了多个"版权指令"，内容涉及信息社会、无主作品、租借权、保护期限、卫星传播和有线电视转播、转售权、计算机程序、数据库的保护等。由于各国传统差异，版权法在欧盟成员国之间差异很大，特别是普通法系国家（塞浦路斯、爱尔兰、马耳他和英国）和大陆法系国家之间的制度差异，因此关于版权指令的执行比许多其他议题更具争议。

3. 美国的公共文化服务政策与法规

1）美国的公共文化服务政策

美国公共文化法律政策诞生在特定的社会背景下，具有鲜明的特征。文化艺术属于民间个人活动，并且具有浓厚的地方特性，这种创造性较强的活动不易于受政府管辖，且美国幅员辽阔，提供公共文化服务主要属于各州和地方政府的责任范围。联邦政府与文化事务长期以来都没有建立正式、密切的关系，因此，联邦政府层面上没有施行任何文化政策。由于不存在联邦政府的介入管理，美国公共文化凸显的是社会治理的特征。在多元化治理的环境中，公共文化服务要维持可及性运作，最为核心的要件是建立多方互利的合作机制。

美国的艺术与人文传统上为民间或地方事务，联邦政府层面自然也就没有所谓的文化政策。即使在 1965 年《国家艺术与人文基金会法案》实施以后，联邦政府也只是出台了部分有利于推动文化事业发展的政策。1990 年及此前该法案每次修订后，艺术和人文基金会的拨款上限以及每年实际预算数都会大幅增长，后来虽受全球经济危机和美国庞大财政赤字的影响，但是依然延续了 1991 年对艺术和人文基金会的拨款限额。

（1）文化经费政策。美国的文化法律政策主要围绕文化经费而展开，税制方面的特别扶持是重要的方式，法律成为实行税收和资助政策的重要杠杆。《美国国内收入法典》于 1939 年制定，并于 1954 年、1986 年分别进行了修订，其中就涉及联邦一级相关的税收内容，地方税收由各国政府自行决定。总体而言，该法典对包括文化机构在内的所有非营利组织提供了一系列税收优惠，这些税收优惠体现了社会对文化、教育、慈善等非营利活动的重视。1964 年和 1965 年，美国国会先后颁布了《国家艺术和文化发展法案》《国家艺术和人文基金会法案》，这两个法案明确规定联邦政府每年必须拿出固定比例的资金投入到公共文化服务领域。美国公立博物馆每年向政府申请的经费不到博物馆总经费的 20%，而博物馆获得的社会捐款则高达 30%。有些公司的管理者认为，公司的发展需要承担相应的社会责任，他们希望公司能以捐赠者的形象被人记住。有些公司声明，他们进行捐赠的唯一标准就是"对地方社区的影响"。总之，税收优惠政策促进了美国非营利组织的快速发展，数据显示，1950 年时美国的非营利组织总数约为 5 万个，到 20 世纪末增加到 100 多万个。

（2）税收优惠政策。美国联邦税务局发布的《免税组织指南》规定，包括交响乐团在内的九类文化艺术组织可享受免税待遇。虽然美国没有专门的"文化法"，但在许多领域都含有文化方面的条款。例如,《联邦国内税收法》501C3 条款针对公共文化的减税、免税做出相关规定,旨在通过税收减免促进美国公共文化服务的发展,鼓励非营利文化组织进入公共文化服务领域。此外,《政府绩效与结果法案》(1993 年)对公共文化服务绩效评估做出了相关规定,《联邦采购条例》(2005 年)对公共文化服务政府购买等做出了相关规定。美国的税收优惠分为两个部分:一是对非营利组织自身的收入予以税收减免;二是向非营利组织提供捐赠的机构和个人享受税收优惠,个人捐赠所享受的税收优惠最高可达当年税前收入的 50%,公司法人捐赠所享受的税收优惠最高可达当年税收收入的 10%,对超过当年扣除额的捐赠部分可以在以后的年度中顺延抵扣,最长可延至 5 年。享受税收优惠的捐赠不限于资金,还包括艺术品,如艺术品等实物的捐赠人,可以按照捐赠时作品的市面价值进行税额扣除。这大大激励了人们向博物馆、美术馆等进行实物捐赠的热情。文化类公共慈善机构和私人基金会等慈善组织也可以享受税收优惠政策,但必须满足以下几项要求:组织的成立必须以非营利为目的;组织的经营是非营利的;不得为个人谋取利益,即不向控制该组织或能对该组织施加实质性影响的人提供任何不适当的利益;不得参与实质性政治游说活动,即不对立法给予实质性的支持或反对。美国法律严格禁止慈善组织从事政治选举活动,而且禁止其"主要活动"致力于游说或影响立法,但允许其参加一些与文化教育相关的政策倡导活动。

(3)文化组织监管政策。美国对非营利组织制定了较为严格的监管政策,如对其非营利性的审查及对其财务活动进行监督等。美国各州都设有专门负责监察非营利和慈善组织的副检察官,各州副检察官办公室负责对非营利组织进行监察,对可疑行为进行调查,如果发现违法行为,将对非营利组织提起诉讼,由法院予以裁决。美国的非营利组织非常多,政府的精力有限,公众和媒体在监督方面也扮演了很重要的角色。因此,联邦法律规定,任何人都有权查看免税组织的原始申请文件和向税务员报送的年度报表等资料。公众也可以写信给美国税务局,要求了解某免税组织的财务情况和内部组织结构,以提高文化类非营利组织运营的透明度。

2)美国的公共文化法规

(1)《国家艺术与人文基金会法案》。1964 年和 1965 年,美国国会先后颁布了《国家艺术和文化发展法案》《国家艺术和人文基金会法案》,这两个法案明确规定联邦政府每年必须拿出固定比例的资金投入到公共文化服务领域。1965 年,美国国会通过了《国家艺术与人文基金会法案》,这是美国制定的第一部支持文化艺术事业发展的法律。依据该法,美国创立了国家艺术基金会与国家人文基金会。该机构是美国历史上首个独立运作、致力于推动艺术与人文事业发展的机构,主要以资金支持和补贴的方式促进美国艺术与人文事业的发展。按照该法的规定,美国政府每年都应在政府财政预算中拨付相应比例的资金支持文化和艺术事业,但该资金仅限于支持文化艺术事业建设，而不能用于庞大的文化行政机构的运行或转作他途。该法还明确规定了政府对文化艺术给予有限支持的方式是对非营利性质的文化艺术团体和公共电台、公共电视台免征所得税，并减免为其提供赞助的个人和公司的税额。该法明确了政府在文化产业发展中的职责定位，规定政府对文化产业负有政府引导、资金扶持、政策推动的责任。《国家艺术与人文基金会法案》实施后，平均3～4年修订一次。

（2）《博物馆与图书馆服务法》。《博物馆与图书馆服务法》主要用于规范和引导全国图书馆事业的发展，而各州图书馆法则是图书馆专门法及其他法律中与图书馆相关条例的综合。1996年，新成立的图书馆服务署以及国家博物馆与图书馆服务董事会则承担协调博物馆和图书馆的职能。该法继续授权联邦政府向各州提供图书馆专项拨款，并大幅提高了拨款数额，扩大了拨款援助的范围，规定除了用于公共图书馆面向农村开展推广服务外，还可用于援建新的公共图书馆，或修葺和维护已有图书馆建筑。该法在解决美国当时公共图书馆设施不足的问题方面发挥了重要作用。

（3）公共图书馆相关法律。美国有较为完善的公共图书馆法律政策。联邦政府方面，有1956年的《图书馆服务法》、1964年的《图书馆服务与建设法》与1996年的《图书馆服务与技术法》。美国1964年的《图书馆服务与建设法》特别重视对基层公共图书馆的建设和维护，以及向贫困人口等特殊群体提供服务。这一时期，美国"向贫困宣战计划"的部分资金也被用于资助公共图书馆提供面向农村基层的服务。但在美国图书馆法律体系中，州图书馆法是主体，其法律效力类似于国家层面的图书馆法。州图书馆法的制定也早于联邦。1849年，新罕布什尔州制定了《公共图书馆法》，授权州内各级政府通过征税建立公共图书馆。随后半个世纪，各州相继制定了图书馆法。每个州都有一部或多部法律和图书馆有关，有的在州法中设立单独的"图书馆"一章，有的在州法的市政或教育法之下列出；有些州的图书馆法覆盖所有类型的公共图书馆（包括城市郡县、地区或学区图书馆），而有些州则分别为每个管理单元制定一部法律。虽然各个州图书馆法的内容不同，但通常包括以下重要条款：授权地方政府设立公共图书馆；授权地方政府征收图书馆税；成立图书馆理事会，规定理事会的权力、职责、成员任命方式；等等。此外，几乎所有的州图书馆法都规定公共图书馆必须免费对所有人开放，其他常见的规定还有授权图书馆理事会接受捐赠、惩罚破坏图书馆财产的读者等。另外，美国公益性文化机构等相关领域的职业资格认证制度已经较为成熟，且多与专业教育密切相关。

在美国图书馆法律体系中，一项特别有价值的条款是，美国的一些州允许通过图书馆税来建立和维持公共图书馆，并确立和规范了公共图书馆的行政制度。这些税收所得会专门用于图书馆的建设和运营，体现了专税专用原则。有些州的图书馆法律条文中还会规定图书馆土地购买、建筑、财务等方面的内容。

（4）《政府绩效与结果法案》。美国还注重公共文化服务的反馈和评价。1993 年颁布的《政府绩效与结果法案》确立了公共文化服务的绩效评估制度，该制度以质量、结果和顾客满意度为核心进行绩效评估。美国的《政府绩效与结果法案》首次以立法的方式尝试将绩效预算、绩效评价、绩效审计有机结合，建立起以绩效为导向的预算管理制度，是涉及绩效预算的一个典型法治蓝本，该法对绩效预算进行了实体规制与信息规制，同时具有弹性约束与刚性约束的效果。

在各州的地方立法中，也有大量与公共文化服务相关的条款。例如，各州的行政法中，都有关于公共博物馆、公共图书馆以及公共文化活动的具体条款。2000 年美国州立法会议出台了咨询性政策文件——《文化投资：州的政策创新》，这些文件性法律政策为美国纽约市的公共文化服务建设提供了法律保障。

4. 日本的公共文化服务政策与法规

1）日本的公共文化服务政策

日本在推进"文化立国"的战略过程中，公共文化的发展得益于有关的政策法规的支持。为促进公共文化服务的发展，日本政府制定了健全的政策、法律和法规。文化政策促进会议在 20 世纪 90 年代中期以书面报告的形式提出了日本"文化立国"的战略思想。在公共文化服务方面，日本建立了较为完备的法律政策保障体系。日本文化厅撰写了《21 世纪文化立国方案》，使日本"文化立国"的方针正式确立，这意味着日本已经把"文化政策"定位为国家的基本政策。

A. 地方交付税与国库补助金制度

a. 地方交付税

日本 1954 年制定了《地方交付税法》。在该税法中，中央政府按照所得税、法人税收入的 33.1%、酒税收入的 50%、消费税收入的 22.3%、地方法人税收入的 100%的比例构建财政基金，按照统一的标准在全国各地方政府间进行分配。日本的地方交付税制度类似于我国的中央财政向地方转移支付，已经成为日本地方政府重要的固定财政收入来源之一，与公共文化相关的费用集中在地方交付税的"教育费"里的"其他教育费"项目上。

地方交付税具体计算方法，以图书馆费用为例进行说明，都道府县和市町村有不同的计算标准。都道府县一级，标准数据是面积 6500 平方千米，人口 170 万，设置一家图书馆；市町村一级，标准数据是面积 160 平方千米，人口 10 万，设置一家图书馆。根据标准的总额，可以算出人均费用，人均费用乘以各地的具体人口，就可以算出中央政府转移给地方政府的普通交付税金额。

b. 国库补助金

国库补助金是日本中央政府资助地方公共文化事业的又一种方式，从性质上来看属于奖励性质的资金。对于地方政府来说，国库补助金属于额外的收入，并不像地方交付税一样属于一般收入。2014 年日本文部省汇总的国库补助金项目中，与公共文化事业相关的主要有六种，分别是阿伊努文化振兴费、独立行政法人机构设施设备补助费、国宝和重要文化遗产保护费、文化艺术振兴补助费、学校家庭地区协同合作推进费、史籍购买费。在 2011 年东日本大地震之后，日本政府推出了专门用于受灾地区重建的财政预算，其中与公共文化相关的补助金用于公立社会教育设施受灾复原补助。

B. 职业资格制度

日本的公共文化机构强调专业化管理和运营，图书馆、博物馆、公民馆等都建立了从业人员的职业资格制度，图书馆的称为司书制度，博物馆的称为学艺员制度，公民馆的称为公民馆主事制度，其他社会教育机构的被称为社会教育主事制度。虽然不同的职业资格制度对职业内容的要求不一样，但取得职业资格的方法和途径大致相同，一般都是先接受系统的职业培训，再参加国家统一组织的职业资格考试，合格者被授予相应的职业资格。一般来说，获得职业资格有利于进入相应的机构就业或在工作中获得晋升。

C. 指定管理者制度

从 20 世纪 80 年代的中曾根康弘政府开始，受到新自由主义思潮影响，日本逐步实行一系列行政改革举措，强调建立"小政府"，实施放松管制、促进竞争，减少福利教育预算、削减公务员、抑制工资，对大企业进行民营化改造等措施。20 世纪末，日本政府推出了促进社会力量参与公共服务事业的一系列法律。到了小泉纯一郎政府时期，日本的新自由主义改革大踏步迈进。小泉政府通过一系列法律政策，不断推动"规制缓和"（即放宽限制）与民营化，建立指定管理者制度，允许各种社会力量介入各类公共服务事业。《地方自治法》第二百四十四条第二款，具体规定了指定管理者制度的主要内容。在程序上，根据相关法律的规定，公共设施的社会化运营需要通过地方政府条例的形式加以规定。

建立指定管理者制度的关键要素包括公开招募、监督评估和信息公开。公开招募是确定公共设施指定管理者的原则（如果部分设施存在不公开招募的情况，需要由法规规定）。监督评估是指对指定管理者的多方监督和定期评估，包括自我评估、政府评估、第三方评估和使用者评估。信息公开是指有关指定管理者制度的信息均须向社会公开。

D. 效能评价制度

日本有专门的关于评价制度的法律，主要的评价制度包括政策评价制度和设施评价制度。根据 2001 年通过的《关于行政机关实施政策评价的法律》，日本各级政府机关都需要进行政策评价。由此，文部省需要按照该法开展政策评价活动。在其他法律中，也有关于实施评价的规定。《社会教育法》（第三十二条）、《图书馆法》（第七条第三款）、《博物馆法》（第九条）均规定需要实施运营评价。日本政府政策评价制度规范了政策评价的目的、程序、标准、方法及评价责任等。此外，中央政府所属的文化设施也要根据法律的规定开展各种评价活动。

E. 社会教育调查制度

日本《统计法》规定，日本文部科学省从 1955 年开始定期进行全国范围内的社会教育调查。社会教育调查开始于 1955 年，在 1985 年之前，每五年进行一次，之后每三年或四年进行一次。调查的对象包括各都道府县及市町村的教育委员会和相关部门，公民馆、图书馆、博物馆、青少年及女性教育机构、社会体育机构、文化会馆、终身学习中心等。有关政府部门的调查问卷，由文部省下发到都道府县教育委员会，再由后者下发到市町村教育委员会；各类文化机构的调查问卷，由文部省下发给各级地方政府教育委员会之后，再下发给所属单位；日本中央政府所属各文化机构的调查问卷，由文部省发放。调查的具体事项因类别而异。对于地方政府部门，调查的事项主要包括相关事业情况、相关法人情况、志愿服务情况等。对于各类文化机构，调查的事项也不尽相同。以公民馆为例，有关的调查事项包括九项，分别是：名称及所在地、设施种类、设置者及管理者、职员、设施设备情况、事业实施情况、设施利用情况、志愿者活动、公民馆运营审议会召开的情况。

除了社会教育调查外，文部省每年还编制数量不等的专项调查研究报告。这些专项调研工作一般由文部省委托给各类社会力量完成。

2）公共文化法规建设

在推动文化产业发展的过程中，日本制定了一系列法律。这些法律立法质量高、法律效力强，具有根本性和长远性。基本法的重心在著作权、文化内容的监管与控制、文化振兴三个领域。日本较早对著作权进行立法，1970 年颁布《著作权法》，后又根据形势需要对其进行了 20 多次修改完善，2001 年正式更名为《著作权管理法》并付诸实施，至今仍在运行。20 世纪 90 年代以来，伴随着日本战略重心向文化立国方向的转移，日本密集出台一系列新的法律，更加注重依靠制度创新来推动文化产业整体层面的发展与结构转型升级。这些法律法规不仅在立法时间上超前，而且操作性强，能够纵贯宏观、中观、微观三个层面。比如，《内容产业促进法》全称为《关于促进内容的创造、保护及活用的法律》，不仅提要求，而且提措施，其中近七成的篇幅阐述具体的促进措施。此外，日本还在立法时充分考虑法律之间、法律与战略、法律与措施的衔接与配套，注重立法的系统性。日本特别强调在实施文化产业相关法律过程中，结合《著作权管理法》《IT 基本法》《文化艺术振兴基本法》《知识产权基本法》等此前颁布的法律来配套执行，综合发挥对文化产业的保护、促进和管理作用。事实证明，20 世纪 90 年代以来日本文化产业的飞跃发展，很大程度上受益于完善的制度保障和制度创新所释放的"红利"。

A.《21 世纪文化立国方案》

20 世纪 70 年代开始，日本逐步意识到文化创新和发展在国家发展中的巨大作用，国家发展重点开始向文化领域倾斜。1990 年，日本成立由专家学者和艺术权威组成的"文化政策促进会"，作为文化厅长官的咨询机构。1995 年 7 月，文化政策促进会提交了《新的文化立国目标：当前振兴文化的重点和对策》，开启了"文化立国"战略的初步构想。1996 年 7 月，日本文化厅正式发布《21 世纪文化立国方案》，明确将文化产业视为和工业同等重要的国民经济基础产业，继续扩大国际文化交往，在国际上做出应有的贡献，并致力于文化的传播与交流，至此，日本正式确立了文化立国战略。1998 年 3 月，文化政策促进会提交了《文化振兴基本设想——为了实现文化立国》的报告，指出 21 世纪，日本将依靠本国的文化资源与文化优势开始新一轮发展。2003 年，日本组建知识财产战略本部，下设内容产业专业调查会，明确将电影、音乐等文化产业作为发展日本经济的支柱产业。

B.《社会教育法》

根据《日本国宪法》和《教育基本法》，日本国会在 1949 年制定了《社会教育法》。《社会教育法》分为七章五十七条，规定了日本社会教育事业发展的重要事项，包括第一章总则、第二章社会教育主事、第三章社会教育相关团体、第四章社会教育委员、第五章公民馆、第六章学校设施的利用和第七章远程教育。除正文外还有若干附则。由于《社会教育法》的条文大约 40%是有关公民馆的规定，所以该法又被称为"公民馆法"。日本文部省网站显示，其主要配套规章有四种，分别是《社会教育法施行令》《社会教育主事讲习规程》《制定社会教育委员及公民馆运营审议会委员委托条例应当参考的标准》《关于公民馆设置及运营的标准》。

C.《文化艺术基本法》

20 世纪 80 年代以来，日本政府和民间对于文化艺术事业法治建设的关注度日益提高。文化厅设置文化政策促进会，就文化艺术事业大政方针提供建议。各政党纷纷对建立文化艺术领域的法律提出意见，民间团体也加入到推进文化艺术事业立法的活动中来，日本朝野各党派就法律草案达成共识。为满足日本民众不断高涨的振兴文化的愿望，2001 年日本通过并实施了《文化艺术振兴基本法》，该法明确规定了"振兴文化艺术"的基本概念以及中央、地方政府的责任，并规定了振兴文化艺术的基本措施。该法是日本制定文化政策的基础，在这项法律中明确指出，创造和享用文化与艺术是人与生俱来的权利。该项法律还将 20 世纪90 年代提出的"文化振兴"改为"文化艺术振兴"，扩大了对文化概念的解释，显示了对文化振兴的深刻认识，充分体现了日本政府和社会对文化和公共文化服务认识的高度统一。

令和时代文化发展的指导纲领即是 2017 年 6 月通过的《文化艺术基本法》，

《文化艺术基本法》是日本文化艺术领域的基本法，2015 年，日本法令索引网站公布的版本共分四章四十一条，截止到 2023 年，自制定以来已进行了 3 次修正。《文化艺术基本法》的重要意义在于明确了文化艺术事业在日本国家、社会发展和民众生活中的重要性，确立了促进文化艺术事业发展的综合推进体制，使得文化艺术立国的理念得以制度化。《文化艺术基本法》施行后，文化厅又先后出台了《文化艺术推进基本计划》等政策性文件。

D.《日本文化产业战略》

2007 年通过的《日本文化产业战略》的主要目标有：促进创新环境的形成并传播其魅力；奠定向海外传播日本魅力的基础；围绕海外拓展，提高文化产业的竞争力；为文化产业的发展奠定基础；对文化艺术活动给予支持，同时保护文化财产；推进国际文化交流和完善日语教育。该法律突出文化产业对提升日本软实力的重要性，将文化产业的发展上升到国家层面，使文化产业成为日本经济结构中比较重要的一部分，建设公共文化服务供给的保障体系，为日本公共文化的健康发展营造了良好的环境氛围。

E.《图书馆法》和《博物馆法》

日本早在 1950 年就颁布了《图书馆法》，这是日本最早施行的文化类法律之一。这部法律虽然名为《图书馆法》，但规范的对象仅限于公共图书馆，所以实际上是一部"公共图书馆法"。《图书馆法》分为五章三十二条，为第二次世界大战结束后日本公共图书馆事业的发展奠定了基础，具体体现为：明确图书馆职责、建立图书馆职业资格制度、明确政府职责、确定公共图书馆的服务网络建设和免费服务的原则。截至 2023 年，《图书馆法》共进行了 21 次修正。《图书馆法》主要的配套规章有三个，分别是《图书馆法施行令》《图书馆法施行规则》《公立图书馆设置与运营期望标准》。从 20 世纪 70 年代初开始，日本贯彻社会教育法的精神，充分利用法律已有但尚未落实的规定，持续开展有关"公共图书馆设置和运营期望标准"的研究，以推动运营标准的制定，促使日本公共图书馆快速走上高标准、高质量的发展道路，同时也为 1989 年日本图书馆协会发布《公立图书馆的任务和目标》、2001 年日本文部省正式出台《公立图书馆设置与运营期望标准》奠定了理论和实践基础。

《博物馆法》于 1951 年 12 月 1 日通过，3 个月后正式施行。日本政府官方网站公布的《博物馆法》共分五章三十条（其中两条只存条目，条文已删除）。《博物馆法》确立了日本发展博物馆事业的基本制度，主要包括职业资格制度、博物馆注册制度、门票制度（公立博物馆以免费为主）、补助金制度。根据日本法令索引网站统计，截至 2023 年，自施行以来，《博物馆法》共进行了 22 次修正。《博物馆法》主要的配套规章有 4 个，分别是《博物馆法施行令》《博物馆法施行规则》《博物馆设置及运营期望标准》《私立博物馆充实青少年学习计划标准》。

F.《有关儿童读书年的决议》《关于推进儿童读书活动的法律》等

1999 年 8 月，日本国会通过了《有关儿童读书年的决议》，指出读书在启发儿童的语言、感性、情绪、表现力和创造力的同时，也培养了儿童的生存能力，对于儿童体验丰富的人生不可或缺。2001 年 11 月，由日本超党派国会议员组成的"思考儿童未来议员联盟"正式向日本国会提交了《关于推进儿童读书活动的法律》草案。同年 12 月，该法律获得通过并公布施行，指定每年的 4 月 23 日为日本儿童阅读日，敦促各级学校、社会和地方政府加快步伐，改善下一代的读书环境。日本儿童读书情报网站介绍，该法的配套政策文件为《关于推进儿童读书活动的基本计划》（简称"基本计划"），是日本开展儿童读书活动的基本纲领。自立法以来，日本文部省先后于 2002 年、2008 年、2013 年和 2018 年 4 次修订"基本计划"，并不断更新儿童读书活动的整体规划。以 2018 年制定的第四次"基本计划"为例，该文件提出了推进儿童读书活动的重点任务，包括在家庭、学校和地区等层面培养儿童的习惯、改善其生活环境，提高社会对儿童读书的关注度，鼓励民间团体开展活动等。

G.《文字、印刷文化振兴法》

日本在制定《关于推进儿童读书活动的法律》之后，又在 2005 年制定了《文字、印刷文化振兴法》，进一步推动全社会的读书活动。这部法律可以看作对《关于推进儿童读书活动的法律》的深化和扩展。日本政府官方网站公布的《文字、印刷文化振兴法》共 12 条，其结构和内容与《关于推进儿童读书活动的法律》基本类似。

总体来说，日本的文化服务法律体系比较完善，各领域均有对应的规范。

二、国家层面的公共文化服务体系建设

1. 英国的公共文化服务体系建设

1）英国的文化管理体制

"一臂之距"是英国文化发展管理模式的基本原则，在这种模式下，英国建立了三级文化管理体制。

数字、文化、媒体和体育部是英国主管文化的行政机构。在"一臂之距"原则下的三级文化管理体制中，数字、文化、媒体和体育部主要负责宏观管理，负责制定文化政策并掌管财政拨款，但不干预文化政策的具体执行。准自治的非政府公共文化机构，如英格兰艺术委员会，作为中介机构，享有决策咨询权和政策执行权，具体管理文化事务，负责执行本领域文化政策和分配政府对文化事业的拨款，其职责的行使不受上级部门的干预。

2）英国的组织机构

A. 数字、文化、媒体和体育部

数字、文化、媒体和体育部管辖的范围包括文化艺术、传媒广播、电影电视、图书出版、体育和旅游事业等领域，负责制定和监督文化政策的实施，并对全国文化经费进行统一划拨。

B. 非政府公共文化机构

非政府公共文化机构是英国"一臂之距"管理原则下的产物，处于中间级，分配来自国家的经费，为艺术和文化事业发展提供支持，在决策和管理上不受政府干预。英格兰艺术委员会是数字、文化、媒体和体育部管辖下的非政府公共文化机构，它是英国文化艺术领域最大的投资者，为艺术、博物馆、图书馆活动提供经费支持。全国委员会通过地区委员会与艺术家、地方政府等保持联系。为了加强与学校、社区等的联系，英格兰艺术委员会还在地方设立了 10 个中间机构。

英国电影协会（British Film Institute，BFI）于 1933 年设立，属于慈善组织，为英国发展国家和地区的电影事业提供支持，管理电影事务。"创意苏格兰"（Creative Scotland）由苏格兰艺术委员会改组而来，是支持苏格兰的艺术和创意产业，以及服务于在苏格兰从事艺术、荧屏和创意产业的个人和组织的国家机构。苏格兰艺术委员会是在大不列颠艺术委员会（Arts Council of Great Britain）的指导下，1967年从伦敦转移到爱丁堡进行发展的。1994 年，大不列颠艺术委员会分为三个独立机构，包括英格兰艺术委员会（Arts Council England）、威尔士艺术委员会（Arts Council of Wales）和苏格兰艺术委员会（Scottish Arts Council）。1994 年，苏格兰艺术委员会成为独立机构后，致力于发展艺术组织，由苏格兰政府资助，负责推动苏格兰艺术、创意产业的发展，分配来自政府和国家彩票的经费，为参与文化领域活动的个人和组织提供支持，在决策和管理上不受政府干预。

C. 协会组织和基层文化机构

各行业性协会组织和基层文化机构位于三级文化管理体制的底层，负责国家公共文化政策的具体实施，在法律上具有独立性。其虽受政府的委托，但能够在获得财政文化拨款的基础上独立履行向公众提供公共文化服务的职能。英国图书馆与情报专家学会是英国最大的图书情报领域专业学会，致力于传播图书情报与知识学科的职业价值及提升业内人员的职业技能，总部设在伦敦；英国博物馆协会成立于 1889 年，是世界上成立较早的博物馆协会。该协会致力于通过分享知识、提升技能、激发创造和提供指导，体现博物馆在社会中的价值，为在博物馆领域内工作的人员提供发展机会。

3）英国的服务项目

A."文化之城"

2008 年，英国城市利物浦当选"欧洲文化之都"，为这座城市带来了巨大的社会效益和经济效益。英国文化奥林匹亚是现代奥运史上规模较大的文化交流与庆祝活动，历时 4 年，并在 2012 年 6 月 21 日至 9 月 6 日期间达到高潮，即 2012 年伦敦文化节。此次盛典旨在赞颂与宣传英国世界级文化的广度、质量与可达性，并让英国民众从伦敦奥运会中受益。"文化奥林匹亚"活动创建了在一个特定城市或区域持续举办长达一年的文化活动的模式。受"欧洲文化之都"模式和"文化奥林匹亚"模式启发，英国政府开展"文化之城"评选活动，入选城市将获得为期一年进行文化宣传活动的机会。"文化之城"的评选活动由英国政府组织，是英国全国范围内的活动。活动自 2009 年启动，每四年评选一次，2013 年伦敦德里被评为首个"文化之城"，2017 年赫尔河畔金斯顿当选"文化之城"，考文垂当选 2021 年"文化之城"。当选"文化之城"的城市将获得举办一年文化活动的机会，由此为城市发展带来机遇，主要表现在吸引更多的游客，带动当地经济发展；激发媒体对城市的兴趣，带动旅游业的持续发展；增强社区居民的凝聚力；提高专业艺术水平。"文化之城"评选活动的目标是用文化创意作为城市发展变革的催化剂，促进城市交流与合作。"文化之城"为当地文化提供了展示的平台，也向世界展示了英国文化的多样性。

2013 年，北爱尔兰城市伦敦德里当选英国第一个"文化之城"。伦敦德里是一个拥有丰富文化资源的城市，尤其是在音乐和文学方面具有明显优势，诗人谢默斯·希尼（1995 年获诺贝尔文学奖）、剧作家布莱恩·弗里埃尔、歌曲作家菲儿·柯尔特、艺术家威利·多尔蒂都诞生于此。2013 年是伦敦德里建市 400 周年（伦敦德里建于 1613 年），借助当选"文化之城"的契机，伦敦德里在一年的时间内举办了 140 多项文化活动，其中最令人激动的就是特纳奖的颁发和英国皇家芭蕾舞团（The Royal Ballet）访问北爱尔兰。伦敦德里 2013 年参选"文化之城"的宣传口号是"通过文化链接各地人民"，彰显了文化促进人民交往、民心相通的价值。

B. 伦敦概念店

概念店是伦敦的一种独特事物，它不仅提供图书馆服务，还开办社区学校，设有电脑教室、展示空间等，并配有休闲设施，是将信息、学习和图书馆服务融为一体的综合性社区文化机构。2016 年，伦敦陶尔哈姆莱茨区共有 8 家概念店，采用连锁经营的模式，遵从统一的设计和内容要求。第一家概念店 2002 年 5 月对外开放；Whitechapel（白教堂）是第三家概念店，2005 年 9 月 22 日开放，是最具代表性也最有名的概念店之一[①]。

8 家概念店的成立是陶尔哈姆莱茨区对传统图书馆服务的一次变革，它们将公共图书馆与拥有现代技术和设备的学习空间融合在了一起。概念店在筹建前，陶尔哈姆莱茨区委员会对本地区公共图书馆的使用情况进行了空前范围和规模

---

① 吴建中. 走向第三代图书馆[J]. 图书馆杂志，2016，35（6）：4-9.

的民意调研。结果显示：70%的居民不经常使用图书馆，认为图书馆脱离时代潮流，传统守旧，缺乏吸引力；但是，有98%的居民认为公共图书馆是不可缺少的，但是建议应在保留传统借阅功能之外，与时俱进，充分发挥网络、多媒体等现代信息技术功能。由此可见，人们对于单一的图书馆服务和陈旧的设施设备不满意，他们要求提高服务质量，希望为图书馆配备现代化的设施设备，提供多形态、多样化的文化服务[①]。1999年4月，当时的英国国家文化、媒体和体育部部长在图书馆财政和社会资金支出逐步减少的背景下，提出了在陶尔哈姆莱茨区投资2000万英镑用于图书馆和教育服务发展的计划。陶尔哈姆莱茨区根据此投资计划，提出了"概念店"这一创新理念[②]。基本要求是概念店坐落在社区中央，靠近大型超市或商店以方便居民到达和使用。概念店提供包括图书借阅、学习和信息服务一站式服务，以满足不同人群的需要。

　　概念店的目标价值追求主要体现在两个方面。一是消除隔阂。截止到2022年10月，陶尔哈姆莱茨区有212 800人，其中一半是非白人族裔。该区有全英1/4的贫困人口、22%的失业工人，民众识字率和计数能力低于全国平均水平[③]，同时，这里也有繁荣的港区、高度集中的媒体和金融服务公司，以及豪华的水边公寓。在陶尔哈姆莱茨区，贫富分化严重、人群隔阂突出，政府希望通过概念店及其所提供的服务加强族裔融合、提高文化认同感。二是回应民意。调查显示，陶尔哈姆莱茨区只有20%的居民使用本地图书馆。居民最希望从图书馆得到的是便利的到达方式、优越的地理位置和较长的开放时间，从而得到获取教育资源的机会。陶尔哈姆莱茨区委员会秉持消除族群隔阂、回应公众需求的原则，制定《陶尔哈姆莱茨区终身学习发展战略》，促成了概念店的诞生。

　　概念店开展常规活动和特色活动，以满足不同年龄段、不同兴趣爱好人群的需求，常规活动丰富多彩，如故事会、读书会、工作坊等。此外，每家概念店都会根据自己的优势，在不同的时间段内组织一些特色活动，如Bow（鲍盖尔）概念店的"国家故事周"；Chrisp Street（克里斯普街）概念店的"制作你自己的2013年日历"；Whitechapel（怀特查佩尔）概念店的"大屠杀纪念日会谈"等。概念店的特色活动大多针对儿童和青少年，以阅读活动为主，辅以手工制作活动。

　　概念店的经费主要来源于陶尔哈姆莱茨区政府，还有一些公共和私人机构的捐赠，近年来主要靠租赁场地、出售在线课程等方式获取经费。除此之外，就是经营中出现的资源传递费用、逾期罚款费用、资源丢失补偿费用及参观访问收入等，这些费用来维持概念店的发展。

---

① 崔希有等. 伦敦概念店对我国公共（社区）图书馆建设的启示[J]. 齐鲁师范学院学报, 2016, 31（2）: 111-115.
② 崔希有等. 伦敦概念店对我国公共（社区）图书馆建设的启示[J]. 齐鲁师范学院学报, 2016, 31（2）: 111-115.
③ 张丽. 英国概念店——新时代的图书馆[J]. 上海文化, 2014（2）: 112-120.

C. 社区中心

社区中心是为社区居民提供康乐、文化、社会事务服务以及社区中心的会员开展集体活动、获取社会支持和公众信息的公共场所，也是社区政府办公及开会的地方。社区中心的概念源于英国，原意是镇政府办公的地方，也是居民开展大型活动（如婚礼、庆典）的地方。

社区中心一般以本地区居民为主要服务对象，以团体为单位开展活动。社区中心一般利用自己的设备和空间优势，为社区居民提供聚会和社交的机会与公共空间。在英国，社区中心一般是举行婚宴、生日会、家庭聚会等大型社交活动的理想场所，同时这个地方还可以开展宗教活动。

每个社区中心都有不同的功能空间，用于满足社区居民的不同活动需求，如聚会和开展活动的大厅、召开会议的会议室、举办户外活动的花园和露台、存放衣物的衣帽间、储藏设备和资源的储存室、居民停放车辆的停车场、居民放松小憩的咖啡馆、无障碍通道和卫生间等。此外，最具特色的就是很多社区中心有自己的厨房，里面有各种炊具和餐具，方便居民烹饪和就餐。

社区中心的经费来源一般有三种：国家经费资助、本地教堂的赞助以及其他合作伙伴的支持。除此之外，社区中心的房屋可供租用，收取的租金作为维护社区中心运营的补充经费。社区中心一般都是由社区委员会管理的。为了节约运营费用，委员会成员一般是本地志愿者。社区中心的会员多为本地居民，他们每年都会聚会，探讨社区中心未来的发展规划。

金斯盖特（Kingsgate）社区中心位于伦敦城，1982 年成立金斯盖特社区委员会。金斯盖特旨在满足社区居民的需求。经过 40 余年的发展，到 2018 年，金斯盖特社区中心已经能够为居民提供 45 种不同的服务。金斯盖特社区中心的活动按服务对象的年龄进行了划分，针对儿童和青少年的有儿童影视剧团、作业俱乐部、音乐活动、芭蕾舞班和毛绒玩具俱乐部等；针对老年人的有健康俱乐部、绘画艺术班和集体舞会等；针对成人的有烹饪班、陶泥班、缝纫班、创造性写作班和剑桥大学外语考试班（针对其他语种民众的英语课程）等。为了提升社区居民的信息素养，金斯盖特社区中心提供计算机入门和办公软件操作培训课程，确保居民能够独立使用计算机。金斯盖特社区中心内还开办过幼儿园，服务于社区内 5 岁以下的儿童及其家庭。幼儿园的教师都经过资格认证且接受过紧急护理和安全防护的培训，对儿童早期教育有丰富的经验。幼儿园的课程和活动的设置符合幼儿早期学习目标，包括个人发展、社会发展、情感发展、身体发展、交流和语言发展等。

金斯盖特社区中心由金斯盖特社区委员会管理，成员均为在本地生活或工作的社区居民，日常服务由工作团队和志愿者提供。金斯盖特社区中心鼓励更多人加入志愿者队伍，志愿者提供的志愿服务包括发放宣传页、摄影、园艺种植、装饰、调研、做活动、资金筹集、网络宣传等。在经费来源上,金斯盖特社区中心每年都能从伦敦的卡姆登郡获取一定数额的拨款,还通过各种慈善机构募集善款。此外,出租办公空间和中心功能空间也是维持金斯盖特社区中心正常运营的经费来源之一。

2. 欧盟的公共文化服务体系建设

1)欧盟的建设模式

1991 年 12 月《马约》签订后,欧盟形成了由欧盟委员会、欧洲理事会、部长理事会、欧洲议会为主体的机构框架。欧盟机构与成员国相互配合,在不同领域通过不同程序共同完成立法、行政和司法任务。在欧盟的主要机构框架定型后,一批数量多、体量小、任务重的新型欧盟机构迅速崛起,这就是欧盟行政公署。欧盟公署作为一种半独立的政治行为体在欧盟的政治架构中扮演了独特角色,包括在特定领域协助联盟提高行政能力,促进成员国间信息交换,监督成员国履行条约义务等。

长期以来,欧盟文化事务都是由成员国政府直接管理的,欧盟不能插手成员国文化政策的制定和实施,只能是对成员国间的行动起到协调、配合的作用。近年来,欧盟一直探索如何完善文化领域的管理模式,在不违背辅助性原则的前提下,更多地介入文化事务,协调成员国文化政策的实施,使文化对欧洲一体化的发展和欧洲整体实力的提升发挥更大的作用。这一背景下,欧盟希望通过引入开放性协调机制,使联盟内各行为体更加协调,从而促进欧盟整体目标的实现,通过这一方法,帮助成员国更好地落实自己的政策。

2)欧盟的组织机构

A. 欧盟委员会

欧盟委员会是欧盟的执行机构,负责欧盟法规的起草,落实欧盟条约、法规和理事会的决定,向理事会提出立法动议,并负责监督各项法规(指令、条例、决定)的具体贯彻执行。具体到文化项目的执行与管理,是由欧盟委员会下设的教育文化总司负责的。其中,有两个工作组专门负责欧盟文化议题的推进,这两个工作组分别是文化政策和跨文化对话组和文化项目和行动组。

(1)文化政策和跨文化对话组,负责文化领域相关政策的制定,负责"欧洲文化议程"的执行,利用三个平台与文化部门展开结构性对话。

(2)文化项目和行动组,其主要任务就是与教育、视听和文化执行署合作,负责文化 2007 项目的实施和监管。该行动组还负责《欧洲文化议程》框架下的"欧洲文化首都"活动议题和欧洲文化奖的评选,即文化遗产奖、当代建筑奖、文献奖和音乐奖的管理。

为了使项目管理更加透明、高效和高质量,并且适应项目管理专业化的要求,欧盟委员会于 2005 年决议设立视听及文化执行署，并于 2006 年正式运行，主要负责欧盟在教育、培训、视听及文化领域以及公民、青年方面的支持资金和支持平台的管理。视听及文化执行署包括八个执行组和两个支持组，具体到文化领域，则负责文化 2007、媒体 2007 等文化项目的日常管理。视听及文化执行署成立后，欧盟委员会负责从整体上把握文化政策，文化项目的日常管理由视听及文化执行署执行。

B. 欧盟理事会

欧盟理事会，即欧盟各成员国部长理事会，是欧盟的决策机构，也是欧盟层面与成员国进行政策沟通的主要机构。欧盟理事会负责日常决策并拥有欧盟立法权。欧盟理事会下设九个技术性理事会，其中的教育理事会、青年理事会和文化理事会由各成员国负责，每年召开 3～4 次会议。

作为欧盟的主要决策机构，欧盟理事会的决策机制在《欧共体条约》《单一欧洲法令》《马约》《阿约》中做出了详细的规定，确定了哪些领域要运用哪种投票表决方式，其基本的表决机制有三种：简单多数表决制、一致通过表决制、特定多数表决制。

C. 欧洲议会

欧洲议会是欧盟的立法、监督和咨询机构，自 1979 年起，欧洲议会议员由成员国直接普选产生，任期 5 年。传统上，欧盟委员会负责提出立法议，欧盟理事会拥有最终决策权，欧洲议会仅仅是一个咨询机构。20 世纪 80 年代开始，欧洲议会在欧盟决策中的地位不断提升，所拥有的参与立法权、监督权和预算权逐步扩大。作为欧盟唯一的直选机构，欧洲议会对欧盟民主的发展具有重要的象征意义和现实作用。欧洲议会是较早参与文化领域事务的欧盟机构，可以说，欧盟委员会和欧洲议会的大力推动，对文化因素在欧盟层面的凸显起着不可忽视的作用。

虽然最初，欧洲议会通过的有关文化领域的决议不具约束力，但欧洲议会还是坚持不懈地参与文化问题的讨论，阐述其对文化议题的立场，提供咨询和建议，从而逐渐介入文化领域，并日益扮演越来越重要的角色。文化事务方面，欧洲议会下设文化教育委员会，重点关注的问题涉及文化产品的流通、促进文化领域从业者流动、加强跨文化交流，从而促进欧洲人民对欧洲丰富、多样文化的了解和认知，使欧洲议会在文化事务上发挥作用。

3）欧盟的文化活动

A. 欧洲文化首都

欧洲文化首都活动前身是 1985 年的"欧洲文化之城"活动，当时这是一个政府层面的活动。后来经过了多次的调整，1999 年开始成为联盟层面的行动，并正式定名为"欧洲文化首都"。截止到 2012 年，获得举办资格的城市达 47 个，无论从范围还是规模上来讲，欧洲文化首都活动都被广泛地认为是欧洲文化政策中最为成功的案例，也是欧洲公众评价最高的一个欧盟项目，对欧盟来说具有独特的品牌价值。其活动的主办城市也由最初的成员国首都扩展到其他大中城市。欧盟设立该活动的最主要目的是要通过加深欧洲人对共同文化遗产和价值观的了解，以展示欧洲文化的多样性，鼓励各类文化相关部门和人员之间的合作及流动，增强对共同群体的归属感，从而将欧盟公民更紧密地联系在一起。实际上这种认同感也在慢慢产生。举办城市的公众很清楚，欧盟理事会对申办该活动城市的提名，会影响城市的发展，并提高其知名度，因此，对欧盟的认可感就是通过这样的点滴积累而逐渐培养出来的。

尽管文化首都框架下的文化活动没有统一的模式标准，但是各个城市独特的历史、经济、社会和政治环境是必须要考虑的因素。虽然承办活动的只是单个城市，但文化项目的范围却不仅仅限于一个城市，而是向周边地区扩散。文化首都的许多活动中，整个国家（至少多个城市）都参与其中。文化首都活动中地区性或跨境类项目越来越多，尤其是在地域比较小的承办城市中这种现象就更加明显。活动的持续时间从9个月到13个月不等。文化项目的举办会涉及不同的文化部门，最主要的是戏剧、视觉艺术、音乐等文化部门，表演形式包括传统的、古典的、当代的。欧盟机构主要负责举办城市的遴选、监管和后期的评估工作。欧盟理事会是负责选定举办城市的唯一机构，从2011年开始，每年选择两个城市（不同国家的）举办欧洲文化首都活动。将欧洲元素融入文化项目是一个硬性要求，但是各个城市对这一概念的解读和表现是不同的。有些城市展现的是欧洲艺术家的才能，有些城市则重点关注欧洲艺术合作和文化合作；有些城市在项目中设立欧洲主题活动，或者着重强调欧洲的某段历史或某种遗产。总之，欧盟赋予了举办城市更大的自由度和灵活性。

因此，欧盟的作用仅是提供一个平台，让承办活动的各个城市有更大的空间去发挥自身优势。多年的实践证明，欧洲文化首都活动不仅促进了文化交流，加深了民众对欧洲共同文化的了解，也带来了经济的繁荣。

B. 欧洲遗产日

欧洲遗产日前身是法国1984年倡导并发起的法国遗产日活动，在1985年经欧盟委员会和欧洲理事会联合发出倡议，自1999年开始，该活动由欧盟举办，并延续至今。活动伊始，《欧洲文化公约》的50个签字国承诺开放平时不向公众开放的遗址。活动突出展示当地的文化传统，如建筑、艺术作品等具有当地特色和文化内涵的内容，文化遗产日的最主要目的是增进欧洲公民之间的相互了解。同时欧盟希望通过遗产日活动增进欧洲公民对欧洲文化多样性和丰富文化遗产的认识；激发公民对欧洲丰富文化的感情认同；培养公民对文化的包容心。1999年，文化遗产日活动的口号被定为"欧洲，共同的遗产"，每年的文化遗产日拥有不同的口号。每年的欧洲遗产日活动,各国家和地区的主题是不同的,但大致包括几个方面:特定的文化遗产形式,如农舍、乐器、传统烹饪技术、园林建筑等;历史上的某一时期,如中世纪遗产;遗产与社会的关系,如遗产与公民、遗产与青年人等。2012 年 9 月 15、16 日,法国以"探访隐藏的遗产"为主题开放了全国 1.6 万处历史文化遗产,约 1200 万名游客前往心仪目的地[①],体验遗产日带来的乐趣。在这次为公众敞开大门的遗产机构名单中,既包括集中在首都巴黎的国家权力机构,如总统府、总理府、参众议院、政府各部,也包括地方公共服务性机构,如学校、教堂、体育馆、剧场、车站等。部分难得一见的私人产业也参与其中,如城堡、别墅、工矿企业等。在这两天,所有公立遗产全部免费开放,由私人经营的机构也出售较平日更为低廉的票价。为了让人们满意而归,即使平时对外开放的建筑,也想方设法地展示出不同寻常的魅力,如开放平时不公开的部分,以便让参观者有机会了解一些鲜为人知的秘密。为了协调不同国家和地区的遗产日活动,使其在欧洲统一框架下实现预期目标,欧盟在遗产日设立之初就设定了一些大家必须共同遵守的原则,包括:活动的举办时间必须是周末;必须是那些平时不对公众开放的遗址,对于那些常年开放的地方,可以以展览、音乐会、讲座等形式参与到活动中来;门票必须是免费或者打折的;所有参与国统一使用"欧洲遗产日"官方统一名称,并且必须包括针对青年人和学生的活动;活动推介材料中必须包括活动标志、活动旗帜等。

C. 欧洲文化遗产标签

"欧洲文化遗产标签"活动开始于 2006 年,最早是由法国文化部长德瓦布尔提出。[②]其主要宗旨是通过对共同历史和文化遗产的宣传,提倡文化多元化,鼓励交流与对话,该活动的重点不是对文化遗产进行保护,而是选取那些具有欧洲意义,能体现欧盟发展历史、共同价值观的地点(如纪念馆、考古地标、有纪念意义的地点、文化景观等)开展教育活动,以拉近欧盟与公民之间的距离,增强公民对欧盟的认同感,其针对的重点对象是年轻人。截至 2010 年,已有 64 处具有历史意义并有助于提高欧洲公民对欧洲一体化的认同感和归属感的地点获得欧洲遗产标识资格,其中包括希腊雅典神庙、波兰格但斯克船港、法国罗伯特·舒曼故居等。该活动起初是欧盟成员国政府主持下的政治活动,但与欧洲文化首都活动相比,其潜力似乎没有得到充分发挥。在 2008 年,有成员国提议将该活动上升到欧盟层面,以更好地促进成员国间协作、提高选择透明度,从而保障目标的实现。

---

① 法国开放 1.6 万处历史文化遗产 1200 万人探访[EB/OL]. https://news.sohu.com/20120917/n353353501.shtml, 2012-09-17.

② 刘红叶. 欧盟文化政策研究[D]. 北京:中共中央党校,2013.

2009 年，欧盟对"欧洲遗产标签"的执行进行了评估，评估结果表明，该计划具有很大潜力，将其提升到欧盟层面来执行将更有利于这些潜力的发挥。2010 年 3 月 9 日，欧盟委员会向欧洲议会和理事会提交了《欧洲文化遗产标签倡议书》，其主要宗旨是通过对共同历史和文化遗产的宣传，提倡文化多元化，鼓励交流与对话，增强公民对欧盟的认同感。目前，该活动由欧盟委员会负责，并负责选定活动主题。新的活动将遵循两个原则：一是设定统一、明晰和透明的标准，让所有提出申请的欧盟国家公开竞争；二是完善选择和监督机制，以保障所选择的地点是最合适的。欧盟每四年对标签地点进行一次测评，以保障其符合标准，并遵照工作计划完成任务。2011～2013 年，欧盟为该活动提供 135 万欧元资金[①]，重点是对在欧盟形成过程中具有重要意义的地点、建筑物等进行统一标识和宣传，让更多的民众了解其在欧盟形成历史中的特殊意义和价值，以期更加认同欧盟的理念并推动其更好地发展。欧盟各成员国可自愿加入"欧洲遗产标签"计划。第一批获得认可的名单已于 2013 年公布。

上述三个项目的共同点在于，项目有两方面的重要考虑，一是欧洲层面的考虑，即通过对文化遗产的突出强调来展示欧洲文化的多样性，加深人们对共同文化遗产的理解，加深对欧洲历史、欧盟发展史以及欧盟所倡导的民主价值、人权等理念的了解，以推动欧洲在文化领域的跨域合作。欧洲共同遗产是增强社会凝聚、进行跨文化对话以及促进不同地域的欧洲人之间互信的重要载体，这一过程让人们对欧洲的认识更加深入和生动。二是成员国和地区层面的考虑，欧盟希望借助当地的文化遗产资源开展活动，带动经济的发展。文化遗产活动为欧洲范围内的公众了解、接触文化遗产提供了一个平台，同时更重要的是，通过文化遗产活动的溢出效应，人们认识到了文化遗产对持续发展、经济增长、促进就业等方面的推动作用。而这种作用只有在政府、志愿者、企业、个人的参与和配合下才能更好地传承和延续。从欧盟层面来讲，对这几个活动的支持最主要考虑的是其政治意义，即对欧洲文化认同的促进作用。但是，在经济全球化的今天，文化遗产的价值已经远远超过了其固有的文化意义，由文化遗产带动的文化旅游给城市带来了巨大的经济效益和社会效益。

3. 美国的公共文化服务体系建设

1）美国的基本情况

以 1965 年国家艺术基金会创立为起点，美国联邦政府开始设置艺术资助组织。随后建立的国家人文基金会、博物馆与图书馆服务协会和公共广播公司直接获得了政府拨款，以资助全国的文化艺术项目。同时，中西部艺术基金会、中西

---

① 刘红叶. 欧盟文化政策研究[D]. 北京：中共中央党校，2013.

部艺术联盟、中大西洋艺术基金会、新英格兰艺术基金会、南部艺术联合会等地区性艺术组织和州一级的艺术委员会也纷纷创建，加上城市、区县和乡村的数千个地方性艺术机构，美国在全境建立起了由政府、企业和非营利组织构成的，上下贯穿、全面覆盖的公共文化服务体系。

美国政府对艺术的直接拨款来自三部分：国家艺术基金会、州立艺术机构、地方艺术机构。这三类组织都具有强烈的服务意识，试图将服务触角下探到基层的每个民众，将影响力辐射到社会的不同方面。美国的公共文化服务体系就在这样一个协同体制中建设和发展起来。整个体系有政府的间接资助，也有市场因素的大力推动，更有非营利组织的主导运作，参与各方尽管运营目的不尽相同，但都拥有共同的价值诉求——提高文化资源利用率和服务对象的满意度，即实现公共文化供需双方匹配度的最大化。这种对服务可及性的追求从美国公共文化服务体系创建之初就已明确，并在建设发展的进程中不断调适、迭代，最终形成了当今较为成熟的体制机制。

2）以纽约市为例的公共文化服务实践

纽约被称为"世界之都"，强大的经济、政治实力背后有着辉煌独特的文化氛围。纽约汇集了美国较高等级的公共文化设施，截止到 2011 年，纽约一共有约400 多家博物馆和公共图书馆、400 多家剧院、400 多家艺术画廊、200 多家电影院等。纽约还汇集了全美近 14%的大艺术中心以及全美的 17%的专业剧院。[①]公共文化服务设施数量庞大，这促使其大量开展文化活动，为公民积极参与文化活动创造了良好的物质条件。纽约有着多样化的文化活动，这些活动有着世界级的影响力，吸引着世界各地的人来感受纽约的"文化之都"的魅力。"自保公助"或"最低保障与兼顾效率型"的公共服务模式是美国纽约主要的公共文化服务模式，主要表现为民间主导、市场分散以及联邦和地方政府专门设置文化管理服务部门进行制约这三种形式，并通过制定相关的文化政策法规对各类文化组织、团体或机构进行管理，同时在财政和政策层面给予适当优惠，使其在竞争市场中得以更好地发展。

A. 文化管理机制

纽约市文化事务部是纽约市文化相关事务的管理机构，同时是纽约市公共文化机构联盟的召集者及主要管理者。纽约市文化事务部的主要使命是，为非营利文化组织提供充足的公共资金，保障非营利文化组织的正常运行。另外，纽约市文化事务部还推动高质量文化项目的开展，如负责规划和推广城市大型文化活动，向市民传播文化理念，以提升社会对文化事务的关注度和重视度。

纽约市文化事务部是美国最大的文化拨款政府机构。纽约市文化事务部每年

① 罗思. 纽约的公共文化服务体系之借鉴[J]. 特区实践与理论，2012，（1）：31-34.

高达亿美元的预算通过定点资助一些文化机构、联结一些市属平台组织，并以属地化方式下沉到各区、市议员辖区和社区。纽约市文化事务部主要通过三种方式将资金支持投入到社区之中：一是项目投资，对特定的文化组织给予资金支持，促使这些文化组织为纽约市民提供更好的文化服务；二是对重点文化机构进行投资，为其提供运营费用；三是重要工程的投资，为文化机构设施建设提供费用。

B. 文化设施

文化设施是储存和展示文化的空间，是城市文化、城市精神的物质体现和物质载体。纽约是美国文化设施最集中的城市。纽约拥有的较大规模的艺术中心占全美 14%，专业剧院占全美总数的 17%[①]。公共文化设施主要包括五大部分：一是以三大公共图书馆为主体的图书馆系列；二是以两大博物馆为主体的博物馆系列；三是以百老汇剧院为主体的表演艺术系列；四是以中央公园为主体的休闲娱乐系列；五是以自由女神像和帝国大厦、世贸中心遗址等为代表的城市文化标志建筑系列。

三大公共图书馆每年图书资料流通量超过 4000 万件，这相当于纽约市民人均拥有 5.5 件。纽约的公共图书馆分布十分广泛，平均每平方千米内有 2.5 个，每个社区 3.3 个，偏远社区也达到 2 个[②]。强大的公共图书馆系统让市民阅读十分方便。纽约公共图书馆不仅具有博物馆的性质，会定期展览各种馆藏珍品，而且是世界五大学术研究图书馆之一。以大都会艺术博物馆和自然历史博物馆这两大博物馆为标志的纽约博物馆系统，为纽约市民乃至各国游客提供了大量的宣传、教育、演出等综合性的文化服务，并成为城市的文化活动中心。比如，大都会艺术博物馆每年安排的教育项目就超过 2 万个，对象包括学生、教师、家庭、学者和本馆会员等。每年到此参观的游客超过 540 万人次。纽约众多的博物馆有 60% 为私人所有，整个城市有一种热衷于收藏与展示的氛围，并且这些博物馆的门票收费整体而言都相对便宜[③]。

纽约的表演艺术文化设施主体是百老汇剧院，每年纽约以及全美乃至全球各地的艺术团体都在此上演各类精彩演出，吸引了超过 1100 万人次观看[④]。此外，纽约还有林肯艺术中心、卡内基音乐厅等众多世界知名演出场地，每年举办古典或是流行艺术演出多场，包括格莱美音乐颁奖典礼等全球性的重要文艺活动都在此举行。

纽约的休闲娱乐设施完善。根据纽约市公园与娱乐管理局的数据，全纽约市有1700 多个公园、运动和娱乐场所。城市面积的 26.6% 被公园覆盖。全美最大的公

① 罗思. 纽约的公共文化服务体系之借鉴[J]. 特区实践与理论，2012（1）：31-34.
② 罗思. 纽约的公共文化服务体系之借鉴[J]. 特区实践与理论，2012（1）：31-34.
③ 罗思. 纽约的公共文化服务体系之借鉴[J]. 特区实践与理论，2012（1）：31-34.
④ 罗思. 纽约的公共文化服务体系之借鉴[J]. 特区实践与理论，2012（1）：31-34.

园前 36 名中纽约就占了 6 个，其中超过 1000 英亩^①的有 4 个。纽约每个区都有一个大型公园，每个社区都有 4~5 个公园或游乐场所^②。

C. 公共文化服务供给

在服务供给方面，纽约市公共文化服务机构根据"最低保障与兼顾效率"模式，为纽约市民提供丰富多元的文化服务。由于纽约市具有"大熔炉"式的多元民族文化特色，其所供给的公共文化服务亦体现出平衡化、多元化、特色化的特征。最具代表性的公共文化服务包括社会教育服务、文化活动推广普及服务、弱势群体文化保障服务以及历史文化遗产保护服务。

a. 社会教育服务

社会教育服务是纽约市公共文化服务机构所提供的一项重要服务。公共文化服务机构所提供的社会教育服务与专业的学校教育相配合，为纽约市民营造了全方位的受教育环境，弥补了学校教育在课程设置和教学时间上的不足，满足了不同类型群体享受继续教育及特色教育的需求，保障了其受教育的权利。纽约市公共文化服务机构开设的各类特色化课程重视互动与体验，关注居民的需求，寻求多类型课程的组合与互补，以激发居民对社会文化教育的兴趣。如纽约市芭蕾舞团开设的"遇见艺术家"项目，面向社会开设世界顶级的互动表演研讨班，聘请各个领域的艺术家，通过问答方式让参与者掌握活动的主动权。

b. 文化活动推广普及服务

纽约市政府和纽约市公共文化服务机构提供各种文化活动推广普及服务，以保障市民均有机会享受丰富的公共文化资源。从政府层面来说，纽约市政府提出了一项综合性文化惠民计划。2014 年 7 月，纽约市政府实施了一项城市身份认证项目，通过认证后，纽约市民可以享受丰富的公共文化资源。这一项目的推行，一方面提高了市民获取公共文化服务的便捷性、降低了市民获取公共文化服务的成本，从而鼓励越来越多的市民参与公共文化生活；另一方面鼓励更多的市民体验和享受纽约市公共文化服务机构个性化的收费服务项目，促进了纽约市的文化消费。

为了保护和弘扬特色文化，纽约市公共文化服务机构针对部分特色文化聚集区，还提供特色文化服务，主要包括三种形式：一是特色文化服务机构开展民族文化宣传活动，供社区居民参与；二是一般文化服务机构根据当地的特色和主流文化，举办社区特色文化节；三是主流文化服务机构为社区内的主要文化群体设立独立的文化委员会，专门处理不同文化群体的文化事务。比如，地处纽约市最大的拉美区之一的拉丁美洲博物馆，其社区主要聚居着波多黎各人和多米尼加人，

① 1 英亩 = 4046.86 平方米。

② 罗思. 纽约的公共文化服务体系之借鉴[J]. 特区实践与理论, 2021（1）：31-34.

该博物馆面向社区开展的各类拉美文化活动达到了满足居民需求以及弘扬拉美文化的双重功效。

c. 弱势群体文化保障服务

纽约市政府致力于为纽约市民提供平等的公共文化服务。在对待弱势群体问题上，纽约市更加注重不同弱势群体的不同需求，致力于不仅为弱势群体提供他们所需的设施与资源，而且主动地针对特殊群体面临的困难提供个性化服务，保障各类群体均能公平地享有公共文化服务。

针对身体残障人士，纽约市公共文化服务机构通过设置特殊通道、准备专业视听与行走设备，解决残障人士在公共文化场所遇到的问题，同时，还为身体残障人士开设专门的培训课程，以保障其在各类公共文化服务机构中得到应有的服务。针对部分因身体残障而无法到机构享受公共文化服务的群体，机构还提供上门服务，如纽约市公共图书馆提供的邮寄图书服务。

国际化大都市面临的一个重大问题是人口老龄化。针对这一情况，纽约市积极推进文化走进老年社区的工作，出台艺术家与老年活动中心合作政策，鼓励艺术家与老年活动中心双向合作，为老年人提供更丰富的文化服务。

d. 历史文化遗产保护服务

纽约市公共文化服务机构承担着历史文化遗产保护与传承的职能。在特定的历史语境下，由于当地新经济的繁荣与旧文化社区的保存发生冲突，为延续地区特色历史文化，部分文化捍卫者、文化组织与政府共同合作，以构建特色公共文化服务机构的方式保护与传承历史文化遗产。比如，20世纪60年代，皇后区牙买加商业区跟其他城中区一样，经历了一个衰退期，当地的艺术家、商界领袖和社区成员于1967年聚集在一起，决定成立机构保护牙买加商业区的社区文化。在政府的帮助下，牙买加艺术学习中心成立。牙买加艺术学习中心对1858年建成的荷兰教堂及市政办公室进行改造，使其成为新型城市文化中心。新型城市文化中心的成立，保护了牙买加商业区中具有重大意义的历史文化遗产。在此基础上，中心还承担起历史文化传播和普及的职责，进一步提升了历史文化遗产的价值。

e. 环保公益宣传服务

纽约市公共文化服务机构在社会议题的传播中起到了非常重要的"喉舌"作用，不少公共文化服务机构通过关注环保问题、以身作则参与环保实践活动以及在重大环保问题上发声等方式，承担起了向公众传播环保理念和环保知识的职能。布鲁克林音乐学院参与了许多环保行动，并向纽约市民传播环保理念。在营销方式选择方面，布鲁克林音乐学院尽量用网络宣传取代纸质宣传品，并注意采用环保材料制作宣传手册；在业务开展方面，该机构严格采用环保型设备；在建筑设计方面，该机构严格执行环保标准。

4. 日本的公共文化服务体系建设

1）管理机构

部省是日本中央政府主管教育、科技、学术、文化等事务的行政机关，文部省下属的综合教育政策局和文化厅主管面向公众的公共文化服务。公共图书馆、公民馆、青少年课外教育、未成年人阅读推广等事务属于社会教育范畴，由综合教育政策局主管；博物馆、文化艺术、文化遗产、著作权保护、宗教、文化交流、日语教育等事务属于文化范畴，由文化厅主管。日本公共文化服务经费投入采取中央财政和地方财政分担、以地方财政为主的方式。文化厅于 1968 年由教育部文化局和文化财产保护委员会合并而成，是日本管理公共文化服务的主管部门之一。2001 年1 月，文化厅进行调整，与日本中央政府相关部门重组结合，在文部省下面设置文化事务委员会，并通过委员会秘书处、文化事务部门、文化遗产部门和顾问委员会来完成政策协调、文化艺术、日本古迹文化遗产、宗教事务等方面的管理工作。

2）主要文化基础设施

A. 国家级剧院和演出场所

日本艺术委员会运营的日本国立剧场、演艺资料馆、国立能乐堂、国立文乐剧场和冲绳国立剧场是保存和振兴日本传统艺术的重要场所，而东京的新国立剧场是推广和发展日本当代舞台艺术的场所。日本国立剧场于 1966 年开放，演艺资料馆于 1979 年建立，两家剧院都坐落于东京的千代田区。2009 年，两个场馆的歌舞伎表演共计 121 场，文娱表演 153 场，能乐（日本传统舞蹈表演）5 场，邦乐（日本传统音乐表演）5 场，另外还有雅乐、日本佛教圣歌、日本民俗表演等多种传统文化艺术演出共计 400 多场次[①]。东京新国立剧院开放于 1997 年 10 月，以歌剧、芭蕾舞、现代舞、话剧等现代表演为主，同时该剧院也开展了一些现代艺术的研究活动和表演艺术家的培训活动。

B. 国立美术馆

国立美术馆是日本公共文化服务基础设施的重要组成部分。截至 2005 年，日本的美术馆共有 423 所，其中作为独立法人的美术馆有 5 所，公立 191 所，非营利组织运营的有 227 所[②]。5 所独立法人美术馆分别为东京国立近代美术馆、京都国立近代美术馆、国立西洋美术馆、国立国际美术馆以及东京国立新美术馆，均为国家级博物馆。东京国立近代美术馆建成于 1952 年，是日本第一个国家级的艺术博物馆。它收藏、展览并研究现代和当代的艺术作品、电影以及其他相关的资源。在美术馆内部设有工艺品画廊和国家电影中心。

① 金雪涛，于晗，杨敏. 日本公共文化服务供给方式探析[J]. 理论月刊，2013（11）：173-177.
② 金雪涛，于晗，杨敏. 日本公共文化服务供给方式探析[J]. 理论月刊，2013（11）：173-177.

C. 公共图书馆

日本在 1960 年就提出这样一个设想：一个 5 万人的城市必有一个图书馆，12 个馆员，每年增加 5570 本书。日本公共图书馆分布广泛，而且位于交通便利之处，面向一切人士免费开放，服务宽松而自由。日本各级行政区域都有自己的公共图书馆，日本的各级图书馆构筑了一个阅读门槛极低的读书社会，于潜移默化中对全民族素质提升贡献巨大。日本国民平均每人利用图书的数量，已经从 20 世纪 70 年代的 0.2 册上升到 2005 年的 4.1 册[①]。日本规模较大的公共图书馆有国立国会图书馆、大阪府立中央图书馆、东京都立中央图书馆、横浜市中央图书馆、滋贺县立图书馆等。日本国立国会图书馆成立于 1948 年 2 月，隶属日本国会，是日本的国家图书馆，也是日本国内最大的公共图书馆。

3）公共文化活动

（1）国家艺术节。国家艺术节从 1946 年开始举办，目的是使大众能够欣赏到日本以及海外杰出的艺术作品，继而鼓励艺术创作。参展的艺术作品包括四类表演（戏剧、音乐、舞蹈和杂技）和三类作品（绘画、雕塑和摄影）。为奖励其中的杰出者所设立的奖项有：国家艺术节大奖、国家艺术节优秀奖、国家艺术节新人奖等。

（2）文化厅艺术节。这个艺术节每年秋天由文化厅举办，为艺术家提供展示作品的机会，同时使公众能够欣赏到国内外的艺术作品。该机构负责全国为艺术家设立的奖项评选，如文化功勋奖、日本艺术院奖和艺术鼓励奖；它还负责推动区域文化和创意艺术活动的开展；通过鼓励支持居住在全国各地的艺术家创作，为地方政府提供城市文化发展规划的意见，以促进和鼓励地方开展文化活动。

（3）日本文化厅媒体艺术祭。日本文化厅媒体艺术祭于 1997 年由文化厅发起，由计算机图形艺术学会和文化厅日本媒体艺术祭执行委员会共同筹办，是一年一度的盛事，旨在挖掘创造性地展示最新艺术表现技巧的媒体艺术作品。

（4）"文化力量"项目。这个项目由文化厅主办，旨在借助文化力量激励人们和当地社团创造一个极富魅力的社会。该项目已引起相关人士的关注，它将人们与文化相联系，在一定程度上推动了举办地的旅游和经济发展。每个项目包含不同的活动以推进"文化力量"项目的发展，包括带有"文化力量"商标的活动以及网站广告活动。2013 年，正在进行的项目有 7 个（4 个地区特定项目和 3 个主题特定项目）。

4）以东京都为例的公共文化服务实践

东京都是广域行政区划，相当于我国的省级行政单位。东京是日本的政治、经济和文化中心，作为世界文化城市的重要代表，东京有着发达的文化产业、完善的公共文化服务体系和"动漫之都"的世界文化品牌。

---

① 金雪涛，于晗，杨敏. 日本公共文化服务供给方式探析[J]. 理论月刊，2013（11）：173-177.

A. 发展目标

2015 年制定的《东京都长期愿景》提出建设"世界第一都市·东京"的总目标，具体而言，就是要"成功举办史上最佳的奥运会"以及"实现未来的可持续发展"。为此，日本制定了八项城市战略，其中第三项针对文化领域，希望在奥运会上向世界展现日本文化和东京魅力。为了实现这一目标，东京推出三项具体政策：完善身边可接触的文化艺术环境、支持所有人的文化艺术活动、开展史上最佳的文化艺术活动。《文化愿景秉承》《东京都长期愿景》就东京的文化艺术事业在 2015～2025 年的发展规划提出更加详细和具有可操作性的指导。体育运动与文化和教育相融合是《奥林匹克宪章》的基本原则之一，基于这一原则，日本以东京举办奥运会为契机，提出发展文化艺术事业的蓝图。为此，《文化愿景秉承》提出八项文化战略，就推动 2015～2025 年东京文化艺术事业的发展提出具体措施。东京都通过构建全员参与机制（包括政府、组织团体、全体日本国民等）、完善文化艺术领域的执行机构（创立东京艺术委员会和艺术振兴基金等）、传播东京的文化品牌价值等方式，实现既定的战略目标。对于东京都下属的文化艺术设施，《文化愿景秉承》提出六项运营方针，包括成为创意的传播基地、改善使用环境、形成设施网络体系、参与社会事业、与地区机构组织加强合作和承担培养下一代的责任。

B. 基础设施与服务

除了图书馆等少数设施之外，东京都大部分文化设施均根据指定管理者制度交给社会力量运营。东京都一级的公共图书馆共有两家，分别是中央图书馆和日本多摩美术大学图书馆，均由教育委员会直接管理。中央图书馆的职责是向东京都各公立图书馆提供参考咨询和外借服务，向读者提供阅读和调研服务。多摩图书馆收藏各类杂志，同时还拥有丰富的未成年人文献资源。2006 年制定的《都立图书馆改革方案》明确提出，通过开展全新服务、提供便利服务、推动网络服务、强化与政府的合作、促进区市町村图书馆合作五项举措，更好地发挥都立图书馆的作用。也就是说，都立图书馆的主要职责不是面向一般民众提供服务，而是致力于做好统筹、协调、沟通、对基层图书馆的援助等工作，从而促进东京都区域内图书馆和政府的合作，形成公共图书馆服务网络体系。

东京艺术委员会是促进东京文化艺术事业发展的重要机构，它与东京都历史文化财团是"一个机构两块牌子"的关系。艺术委员会的主要职责是赞助、支持和实施各类文化艺术活动，其主要业务范围包括：①赞助、支持文化艺术事业。对反映东京本地特色以及有利于解决社会问题（如面向儿童、老年人、残障人士的文艺活动）的文化艺术活动、本年度或者长期的文艺创作，在审核之后给予经费支持；②开展、传播文艺活动。对歌谣大会等各项节庆比赛活动、支持日本震区复兴的文化艺术活动、构建文化艺术网点的活动进行支持。③培养文艺人才。

邀请专家向年轻人介绍文化艺术领域的各种知识。④加强国际文化交流。通过活动增进东京和世界之间的了解。⑤宣传介绍文化艺术规划战略。艺术委员会与东京都政府、东京艺术文化评议会形成一种三角关系，共同承担起促进东京都文化艺术事业发展的职责。

C. 审议会机制

东京都文化事业的社会化发展程度很高，除了引入指定管理者制度来运营文化设施之外，审议会机制也是重要的体现之一。上文提及的东京艺术文化评议会就是一个范例。审议会机制是第二次世界大战结束后日本广泛运用在各个领域的一项制度，主要作用是让社会和民众能够参与到政策决策、制定等环节中来，使政府的各项法律法规、政策措施更好地反映社会的需求，符合民众的意愿。目前，东京都文化领域的各类审议会较多，在地方性法规中均有明确的规定，主要有长期和临时两种类型，其功能是就相关问题进行讨论研究、提出意见方案，是政府的决策咨询机构。东京都的各类文化事业审议会的成员一般是专家学者、政府官员、社会力量领导和业界代表。成员领取一定的报酬或礼品，由政府财政承担。例如，第 4 届东京艺术文化评议会具体人员构成包括评议员 15 名、文化项目论证委员会成员 18 名、文化都市政策论证委员会成员 9 名、传统艺术委员会成员 3 名、2020 年东京文化政策论证委员会成员 14 名，除去重复，共计有 46 名成员。东京都立图书馆协议会（2015～2017 年）成员共 12 名，其中大学教授 4 名、政府官员 3 名、图书馆界人士 1 名、博物馆界人士 1 名、学校人士 1 名、企业代表 2 名。审议会的主要活动就是开会讨论相关议题，每年会召开若干次会议，会议的记录或提案一般会向社会公开。东京都的不少文化政策和措施都是由审议会提出之后被政府采纳实施的，如"东京文化传播项目"、东京都立图书馆的改革方案等。

三、国家层面公共文化服务体系的评价

1. 英国公共文化服务体系的评价

1）非政府公共文化机构在推动公共文化服务发展中起到了至关重要的作用

首先，它确立了一种国家立法机构介入国家文化行政的管理体制，通过国会颁布相关法律，以直接监管的方式授权组成国家文化基金专门管理机构，而没有将此管理权力赋予中央政府行政机构，从而使国家文化基金分配管理能够在国会的监督下直接体现国家意志。其次，它依托以文化专业人士为主体的专门评估机构，自主决定国家文化基金的分配方案，从而能够使之贴近国内文化艺术界的实际情况，更为直接地表达广大艺术文化工作者的声音。再次，它是中央文化行政组织，作为中央政府文化行政系统外的补充和延伸，并为中央政府提供有关国家

文化政策的决策咨询，使中央政府及其文化主管部门可以从国家基金分配的日常文化行政事务中摆脱出来，集中精力从事国家总体文化行政工作，从而提高中央文化行政的绩效。最后，它以国家艺术理事会等为组织形式，既制约了中央政府文化行政的管理权限，又扩大了国会干预国家文化行政的范围，从而在国家文化行政领域内设置了结构性的制衡机制。英国的各类文化艺术委员会与全国各个组织、机构和团体建立公共文化服务方面的联系，形成全国性的公共文化服务管理网络体系。文化艺术委员会的成员都是专业素质较高的专家，可以客观、公正地对文化经费的分配进行监督，并对使用文化经费的情况进行效果评估。非政府机构的参与大幅度地减轻了政府的工作负担。

2）建立了文化托管制度

文化托管是指委托人将其文化艺术资产委托给某一公共文化托管董事会进行保管、经营，公共文化托管董事会必须由各行业具备相应资质的专家组成。

文化托管制度可使非公有的文化艺术资源转化为公共文化服务资源，最大限度地拓展公共文化服务的供给量。政府将国有文化艺术资源委托给民间公共文化托管董事会进行管理，这既能减轻政府公共文化部门的工作负担，又能实现公共文化服务管理的专业化。不同于美国和法国相对比较极端的文化治理体制，英国的文化治理体制将文化部与国家艺术理事会结合起来，有利于文化艺术事业的发展。英国文化治理体制的主要特点是，一方面国家设立中央政府文化行政主管机构，另一方面又设立中央一级的国家艺术理事会作为国家文化基金专门组织，从而形成了国家文化行政管理分权式双重组合体制。中央文化部与国家艺术理事会之间相互独立，又密切联系。文化部主要承担国家文化行政职能，同时负责地方的国家级文化遗产、博物馆等公共文化事务；而国家艺术理事会通过各地非营利文化代理机构，具体管理国家文化基金的申请和审批事务，从而在两大系统的独立运作和协作互补中，使国家文化行政通过两种渠道协调中央与地方的文化行政关系。

3）吸纳社会力量促进公共文化服务的发展

英国政府鼓励社会各界赞助文化活动，一方面成立企业赞助艺术联合会，鼓励企业对文化事业的捐赠；另一方面发行国家彩票，彩票收入由文化、新闻和体育部门拨给各地区、行业的文化艺术委员会，其项目资金来源通常是多方面的。

4）适应社会需求，推动公共文化服务不断发展

英国模式是根据现实需要生成的，又在社会发展中与时俱进的。英国作为发达的资本主义国家，对扶持公共文化、以文化培育国民精神、保持国家活力的重要性的认识也是逐步确立并发展起来的。可以说，它经历了两次世界大战的宣传与动员，才认识到文化与文化共识对国家和民族安全的重要意义，由此才开始设立专门机构负责本国文化建设事宜。英国 1939 年成立了第一个国家主导下的音

乐与艺术促进委员会，在此基础上，1946年又建立了对政府资金进行分配的非政府文化中介组织——大不列颠艺术委员会。此后，为了进一步通过教育、保护和资助三种形式推动文化艺术的发展，政府1965年又成立了艺术与图书馆部。但英国的探索并没有就此止步，在20世纪七八十年代"政府再造"、新公共管理运动的推动下，1992年英国中央政府设立了统一的文化主管部门，真正以"一臂之距"的原则运行公共文化服务的管理模式。英国公共文化服务模式建立的历史并不很长，但其发展的经验却是引人瞩目和值得深思的。总的来说，英国的公共文化服务管理体制有三个方面的优点：一是非政府机构的积极参与减轻了政府的工作负担，提高了公共文化服务发展的效率；二是提供了全社会参与公共文化事业的机制和途径，能广泛吸收社会各界力量推动公共文化服务的发展；三是政府的"一臂之距"保证了文化艺术政策的连续性，保证了文化艺术团体的独立性，不受党派政治变化的影响。

2. 欧盟的文化服务体系评价

欧盟的公共文化服务有三个既普遍又鼓舞人心的基本准则——遗产保护、文化获取、鼓励创造，它们构成了欧盟各成员国文化政策的大部分基础。进入21世纪以来，第四个原则——文化获取作为区域发展的引擎被包括进来（尤其是在2008年经济危机之后），最后还增加了开放式协调模式的运用。

（1）遗产保护。首先是艺术和历史遗产保护。在文化政策领域，遗产保护是为获得最大共识而对文化进行的保护。这种现象自现代文化政策起步发展以来就已经存在了。可以肯定的是，站在不同的意识形态立场来看，遗产保护为公共行政部门的干预提供了不同的选择以及使干预合理化的依据。对保守派而言，遗产是传统的物质形态和象征元素，它使社会得以延续发展。因此，作为特定社会物质和精神生活方式守卫者的国家理应承担起遗产保护的责任。对于社会民主的支持者来说，对遗产的捍卫和保护与界定社区社会文化凝聚力的要素息息相关，而社会文化凝聚力又是以该社区的身份象征为基础的。遗产保护还涉及遗产可及性以及再利用的问题，因为这关乎文化获取的民主化及其价值的社会影响力。最后，从更自由的意识形态观点来看，绝大部分的遗产都属于公共产品，鉴于市场本身固有的缺陷，应该由政府对其实施干预。在欧洲，很少有人质疑该项准则，即使是坚持国家不应该对文化实施干预的自由主义者也是如此。在大部分欧盟国家，遗产通常都被认定为国家所有，并与国家历史和民族身份密切相关。

（2）文化获取。民主与文化之间的关系也是当代欧洲文化政策的第二个核心：平等地获取文化。在文化政策领域，已经达成的广泛共识是实现文化民主化。尽管这种民主化可以从不同的层面加以理解，但最基本的就是所有公民都应该参与前现代社会只为经济和社会精英保留的全部文化产品、活动和服务的消费与实践。

一部分文化领域的公共干预正是借助这一论点实现了合法化。因此，实现上述目标的关键手段之一，就是公共部门有责任在经济可行的前提下，以公共价格，且低于市场价格向大众提供文化产品和服务。可以说，这是欧洲福利国家建设的文化部分，它为获得社会权利进而增添了文化权利的内容，以期能够建设一个更加平等和包容的社会。

（3）鼓励创造。在某种程度上，文化政策致力于鼓励创造性精神和态度，促进创造性技能和能力的培训，培育有利于创造性传播的环境。制定文化政策面临的一个重大挑战，就在于如何在保障创意自由和创作者思想独立的环境下，寻求新的鼓励创造的有效方式。正是在这个层面，合理化干预并对其结果进行评估就变得更加困难，因为一些认知推理的过程，诸如横向思维对不同事物、表现形式和目标之间存在的不可思议的或仅凭直觉推理的新型关系加以思考是不容易被社会科学所理解的。"创造创造者"的任务迄今为止被证明是何等复杂。安格斯·弗莱彻和迈克·本维尼斯特在发表于《纽约科学院纪事》的一篇论文中指出，"创造力是创新、成长、适应能力和心理复原力的重要来源"。对于这两名作者来说，创造力目前是通过发散思维来训练的。在这方面，文化政策的传统态度局限于普及艺术教育，通过奖学金、奖励、表彰等手段鼓励创造者，或为版权所有者给予经济资助等（数字化和互联网对版权保护提出了真正的挑战）。另外，在城市政策的背景中以及"创意城市"这一概念框架下，文化政策的重点也开始向"吸引人才"集中，通过建设具有吸引力的空间、社区和疆域，为艺术家社区以及想要实现自我表达的公民，哪怕仅仅只是业余爱好者，提供工作和生活的场所。

（4）文化和创意。近几十年来，关于文化和创意对经济活动的影响的研究已不胜枚举。在经济危机之前，一些言论就预言文化和创意很快就会成为后工业时代经济增长的新动力。尽管文化和创意产业与整体经济相比表现出来的更强大的复原力确属事实，但经济危机影响之深，后续财政巩固政策的打击之大，都限制了发展规模，减缓了发展势头。尽管如此，文化创意产业在欧洲国家面临经济危机时还是表现出了比其他经济部门更强的抵御能力。在2010年发布的《释放文化创意产业的潜力》绿皮书中，亚欧文化经济政策研究在欧洲层面首次明确承认文化和创意是地区发展与创新的引擎。该文件收录了针对影响欧洲文化创意产业若干问题的不同见解和主张，强调文化和创意产业在创造财富和就业方面拥有巨大的潜力，其间接影响力很有可能为创造一个更具想象力、凝聚力、生态、繁荣的未来开辟一条崭新的道路。尽管最初的期望还没有成为现实，但越来越多的证据表明，文化和创意产业的规模对地区增长力和经济体系的生产力都有很大影响。发展文化与创意产业是能够最快克服经济危机消极影响的方法之一。在这一背景下，全球化和由深刻的技术变革引导的数字化环境给我们带来了巨大的挑战。我们必须采取必要的适应性调整，让文化和创意发挥最大潜力，成为长期立足于世界舞台的核心。

（5）开放式协调方式的运用。在文化议程的指导下，欧盟理事会制定的2008年、2010年、2011年、2014年文化工作计划，都明确强调推进开放式协调方式的运用。这一情况标志着成员国在文化领域的合作进入了一个新的阶段，增强了欧盟在文化领域行动的连贯性，突出了欧盟在这一领域的作用，同时也更凸显了文化因素在联盟建设中的重要作用。

现阶段开放式协调工作组讨论的领域包括：文化多样性及对话、文化接触；文化产业发展；技能培养和流动问题；文化遗产相关问题，包括收藏品的流动问题。虽然目前欧盟委员会尚未对文化领域开放式协调法的实施效果进行评估，但欧盟委员会和成员国普遍认为该机制在文化领域的运行是成功并有效的。另外，当前也面临着一个最主要的挑战，即如何将文化工作计划中的各个参与者提供的建议和意见转化为欧盟及成员国的政策，这是欧盟委员会下一步要思考的问题。但是，开放式协调为成员国行政机构相互学习借鉴提供了一个很好的平台。同时，将其引入文化领域，也解决了尊重成员国文化多样性、联盟机构更多地参与文化事务这几个欧盟长期面临的矛盾问题，为欧盟机构在不违背联盟条约规定的前提下更加积极地参与文化事务提供了可能。

3. 美国的文化服务体系评价

美国联邦政府对文化发展一般采取不直接干预的方式，地方政府承担了更多的公共文化服务责任。

（1）联邦政府间接引导。联邦政府采取不直接干涉人文艺术的管理方式，具体做法是由联邦层面的政府独立机构，如国家艺术基金会、国家人文基金会、博物馆与图书馆服务署，以及州和地方层面的政府机构艺术委员会、人文委员会等，通过资金补贴的方式推动人文艺术事业的发展。联邦政府的资助与监管机制引导并影响地方政府对人文艺术事业的决策，加之各种形式的社会捐助，为美国文化艺术事业的持续长效发展提供了相对充裕的经费支持。

（2）项目申请程序规范。在美国，无论联邦政府还是地方政府，均是通过经费补贴的方式对人文艺术事务进行引导和监管的。经费补贴需通过申请方式获得，例如，纽约州的艺术和人文项目申请者需提交"文化数据项目投资方报告"以及相应的资质证明材料，才能进入正式申请流程。此外，国家艺术基金会、国家人文基金会、博物馆与图书馆服务署及地方艺术/人文事务部门对项目也都有着严格的申请和审批程序，不仅有专门的评审团，还要经由相应的国家艺术委员会、国家人文委员会、国家博物馆与图书馆服务理事会及各州艺术/人文委员会理事会评审，并最终由相应机构的主席进行认可。

（3）强化地方事权责任。美国政府在对文化艺术的管理过程中，将部分中央权限和事务下移给地方政府。与联邦政府相比，各州政府在文化艺术领域开展更多的活动，并提供更多的服务、筹集和使用更多的资金。《纽约艺术委员会年鉴》数据显示，纽约州 2005~2006 财年由州政府拨付的艺术领域的经费为 4270 万美元，联邦政府拨付的经费仅为 76 万美元；国家艺术基金会、国家人文基金会、博物馆与图书馆服务署资助的活动与项目数量极为有限，与之相对应，纽约州政府资助并监管的活动与项目数量远远多于前者。可见，在美国，人文艺术的资助、引导和管理主要依赖于地方政府。

（4）鼓励公民参与公共文化建设。公民广泛参与是公民参与形式与内容丰富多样的重要形式之一。作为公共文化服务的重要提供者，第三部门是指区别于政府与营利企业的非营利机构，又称非政府机构、慈善机构、志愿者机构、宗教团体、免税机构等，它们是美国社会公共事业得以开展与繁荣的最基本的机构与组织，在公共文化服务事业中贡献最大。政府通过上述四种主要形式为特定公共文化服务，如通过签署外包合同或拨款等形式购买非营利组织的公共文化服务。第三部门收入总额中有部分是由政府部门提供的，还收到来自个人和企业的数额庞大的捐款。第三部门在提供公共文化服务方面发挥了重要作用。公共文化产品或服务的提供主体有公立机构、营利企业和非营利组织三种，它们构成了多元化的提供主体。政府可以按照竞争机制原则对公共物品进行分类，选择不同的主体来提供服务；另外，第三部门可以有效地提高社会自治和促进社会和谐。比如，第三部门是全美公民思想品德教育基地与贫困灾害救助大本营。根据统计，全美约有 80%的人有着在第三部门工作的经历[1]，公民在第三部门中接受社会公益志愿服务的熏陶，有利于提升其社会道德素质与精神文化文明水平。

4. 日本的文化服务体系评价

在日本，文化服务从单纯由政府生产与提供转变为通过市场化、社会化实现文化的多元供给，文化服务领域的产品及服务效率与质量不断提高，同时，市场化和社会化不可避免地对政府的制度能力和监管能力提出了新的要求。东京都是日本文化资源富集、文化活动集中、文化服务丰富的地区，其公共文化服务的发展目标、管理体制、法律政策体系以及公共文化服务设施的管理运营和服务水平代表了日本公共文化服务发展的最高水平。公民馆是日本特色鲜明的公共文化服务机构，与我国文化馆的性质、功能较为接近，其管理运营和制度建设对我国文化馆建设有借鉴意义。

---

① 肖婷. 美国公共文化服务体系建设研究[D]. 武汉：湖北大学，2014.

（1）构建了良好的文化法治环境。日本的公共文化服务有较为完备的法律政策保障体系。已出台的与公共文化服务相关的主要法律有《社会教育法》《文化艺术基本法》《图书馆法》《博物馆法》《文字、印刷文化振兴法》等。法律和政策确立的促进和保障公共文化发展的基本制度主要有：地方交付税制度，国库补助金制度，图书馆、博物馆和公民馆的职业资格制度，公共文化机构的指定管理者制度，公共文化服务效能评价制度，社会教育调查制度等。完备的法律体系为日本的文化保护提供了强有力的监督和保障，充实完善的法规也为日本较快地发展公共文化服务事业提供了保障。日本很早就将文化纳入了文教领域，并且覆盖到了文化艺术领域的各个方面。公共文化服务内涵之广，并非一部单行法所能涵盖，公共文化设施、文化产品、文化活动以及服务等各领域均需要具体化处理，因而建立完备的文化法律监管体系是必然之举。

（2）"文化艺术创造城市"和独特的乡村文化治理。在日本，文化艺术被视为城市的灵魂，很早以前就提出了"文化艺术创造城市"的主张。在充分发展城市公共文化服务的同时，积极引导农村地区依托有发展基础且独具特色的资源，发展公共文化服务产品。日本在乡村文化治理方面采用独特而完备的模式，主要包括造"町"运动、一村一品、人间国宝和大地艺术节等，保证了乡村文化服务供应充分且均衡。

首先，第二次世界大战结束后，日本通过实施乡村振兴战略推动乡村快速发展，在加强物质建设的同时注重乡村文化建设，开展造"町"运动，力图保护乡村的历史文化，发展乡村旅游，增加乡村文化供给，改善公共文化服务，提高农民主体意识。创办于2000年的"大地艺术节"，以地理位置偏僻的越后妻有为舞台，艺术家们以"人类属于大自然"为主题，结合越后妻有地区的山村和森林进行创作，赋予梯田、农舍、雪景、山川河流不同的美感，实现了艺术创作和自然风景的融合。

（3）重视青少年和弱势群体的文化权益保障。日本公共文化服务机构致力于为市民提供平等的公共文化服务。其中，日本的公共文化服务对青少年群体较为重视，不仅设置了许多项目，而且与学校联动，为青少年群体提供优质的文化服务和教育。日本公共图书馆针对特殊人群的文化服务起步较早，专用设施建设完善，服务形式多样化；对少年儿童的服务更加强调发挥馆员的主观能动性，突出学习的趣味性。

（4）完善绩效评价管理制度。日本政府公共文化服务的绩效评价管理制度与其管理体制一样，是一种中央与地方相联系的制度。2002年，日本国会颁布了《政府政策评价法》，该法案指出"尽职尽责地向国民报告各项政府活动"是政府绩效评价的目的之一。日本内阁将总务省的行政监察局改为行政评价局，该局行使包括公共文化政策在内的绩效评价职责，并在全国设立47个地方分支机构，负责评价地方及城市政府执行国家政策的情况。日本总务省掌管与行政组织、公务员制度、地方行政及财政、选举制度、消防防灾、资讯传递、邮政事业及统计等国家基本结构有关的制度，以及支持国民经济及社会活动等的基本系统。总务省的统筹与分支机构的监管组合在一起，有效突破了跨层级、跨部门的政府公共服务绩效评价工作的难点，为解决国家与地方政府绩效评价脱节、指标重复、各自为政、重复考评等问题提供了组织与制度保障。

战略管理理论在日本政府公共服务的绩效管理体系中得到重视，形成了自下而上逐渐收紧的"金字塔形"政策体系。"金字塔形"的政策体系根据设定的大、中、小型目标任务，依次分为政策、对策措施、事务及事业。政策通常指国家或政党为实现一定的政治路线而制定的行动准则；对策措施一般是针对事业构想和计划的应对办法；事业属于构想下的实施计划，事务则属于一个具体的项目。以东京的公共文化服务政策体系为例，围绕"世界第一都市东京"的总目标，政府在文化领域提出了三项政策、五项对策措施、十一项事务及事业。而对政策、对策措施、事务及事业每一层级的评价，又形成了自上而下的评价体系。这三个层次既是目标与方式的关系，也是一个完整的绩效评价管理制度：政策评价的对象是政策本身，对策措施和事务及事业评价是对政策实施的各种情况进行现状分析，明确改革的各种方式方法。

参 考 文 献

北京大学国家现代公共文化研究中心课题组，李国新. 2022. 面向 2035：建设中国特色世界一流公共图书馆体系[J]. 中国图书馆学报，48（1）：4-16.

博物馆发展论坛组委会. 2014. 博物馆发展论丛，2013 年[M]. 北京：北京燕山出版社.

曹福然，詹一虹. 2019. 国外公共文化服务供给体系建设及启示[J]. 图书馆工作与研究，（2）：18-25，61.

曹小华. 2016. 地方政府绩效管理制度化与法律化研究：基于佛山市的实践探索[D]. 广州：华南理工大学.

陈鸣. 2006. 西方文化管理概论[M]. 太原：书海出版社.

陈新. 2014. 职能转变视角下的政府绩效评估研究[D]. 天津：南开大学.

陈渝. 2013. 城市游憩规划的理论建构与策略研究[D]. 广州：华南理工大学.

陈治. 2015. 国家治理转型中的预算制度变革——兼评新修订的《中华人民共和国预算法》[J]. 法制与社会发展，21（2）：89-104.

范中汇. 2003. 英国文化[M]. 北京：文化艺术出版社.

方晓彤. 2014. 西方公共文化发展的理论视界与实践模式[J]. 重庆工商大学学报（社会科学版），31（1）：67-73.

金雪涛，于晗，杨敏. 2013. 日本公共文化服务供给方式探析[J]. 理论月刊，（11）：173-177.

景小勇等. 2016. 政府与国家文化治理[M]. 北京：文化艺术出版社.

克里斯托弗·胡德. 2004. 国家的艺术：文化、修辞与公共管理[M]. 彭勃，邵春霞译. 上海：上海人民出版社.

李国新等. 2021. 国外公共文化服务概览[M]. 北京：北京师范大学出版社.

李小涛. 2019. 公共文化服务标准体系研究[M]. 南京：东南大学出版社.

李雅，马越. 2017. 发达国家和地区公共文化服务模式研究[J]. 图书馆，（3）：37-43.

廖青虎，孙钰. 2017. 国外公共文化服务保障的立法经验与启示[J]. 经济社会体制比较，（4）：118-126.

铃木由美子. 2007. 認知症とつきあう人々と公共図書館[J]. みんなの図書館，（365）：23-31.

刘红叶. 2013. 欧盟文化政策研究[D]. 北京：中共中央党校.

陆和建，王真真. 2018. 均等化视角下中美社区图书馆阅读推广实践与启示[J]. 图书情报工作，62（17）：26-32.

罗思. 2021. 纽约的公共文化服务体系之借鉴[J]. 特区实践与理论，（1）：31-34.

吕方. 2007. 构建公共文化服务体系：当代中国发展的新基石[J]. 学海，（6）：227-230.

马双双，董秀月，王文博. 2021. 国外国家档案馆网站教育模块建设内容、特点及启示——以英美法澳国家为例[J]. 档案学研究，（5）：103-109.

齐文杰. 2015. 我国基本公共文化服务均等化发展的现状与进路研究[D]. 天津：天津师范大学.

盛明科，张玉亮. 2012. 国外城市政府绩效管理的基本经验及其对我国的启示[J]. 甘肃社会科学，（1）：245-248.

孙维学. 2004. 美国文化[M]. 北京：文化艺术出版社.

孙逊. 2016. 2014年中国公共文化服务发展报告[M]. 北京：商务印书馆.

谭必勇. 2013. 如何拉近档案馆与公众的距离——解读西方公共档案馆公众教育职能的演变[J]. 图书情报知识，（4）：85-94.

唐璐璐，向勇. 2019. 在地艺术的文化记忆重塑与权利话语重置——以日本越后妻有大地艺术节为例[J]. 福建论坛（人文社会科学版），（2）：80-86.

唐兴霖，尹文嘉. 2011. 从新公共管理到后新公共管理——20世纪70年代以来西方公共管理前沿理论述评[J]. 社会科学战线，（2）：178-183.

唐义，李江南. 2021. 公民个人志愿参与公共数字文化服务现状调查与分析[J]. 图书馆杂志，40（4）：9-18.

王列生，郭全中，肖庆. 2009. 国家公共文化服务体系论[M]. 北京：文化艺术出版社.

韦森. 2020. 文化与制序[M]. 修订增补版. 上海：上海三联书店.

吴高，林芳，韦楠华. 2019. 公共数字文化服务绩效评价现状、问题及对策分析[J]. 图书情报工作，63（2）：60-67.

肖婷. 2014. 美国公共文化服务体系建设研究[D]. 武汉：湖北大学.

杨丽萍. 2008. 城市文化手稿[M]. 郑州：大象出版社.

易玲，王静. 2019. 湖南公共文化服务体系建构问题及完善——以美日公共文化服务先进经验为借鉴[J]. 湖南财政经济学院学报，35（6）：71-78.

张皓珏，张广钦. 2021. 国外政府公共文化服务绩效评价管理制度研究——对比英美日澳瑞五国[J]. 图书与情报，（3）：125-134.

赵益民，李雪莲，韩滢莹. 2021. 公共文化服务可及性研究：美国经验[J]. 图书馆建设，（1）：140-146.

钟艺琛，罗英杰. 2019. 欧洲一体化中的新公共管理改革——以欧盟司法与内务领域的超国家政署化为例[J]. 欧洲研究，37（3）：129-154，8.

朱本军. 2019. 全球视野下的公共文化学术信息源及其利用研究[J]. 图书馆建设，（5）：6-12.

朱兰兰，马倩倩. 2010. 英国国家档案馆网站信息服务的特点[J]. 档案学通讯，（5）：61-64.

庄严. 2013. 日本文化产业制度安排及其创新[J]. 经济纵横，（11）：102-109.

Ajuwon G A，Kamau N，Kinyengyere A，et al. 2017. Consumer health information literacy promotion program in public and community libraries in Africa：Experience from Kenya，Nigeria，Uganda，and Zimbabwe[J]. Journal of Consumer Health on the Internet，21（4）：350-368.

Ament J M，Moore C，Herbst M，et al. 2016. Cultural ecosystem services in protected areas：Understanding bundles，trade-offs，and synergies[J]. Conservation Letters，10（4）：440-450.

Ashmore D P，Pojani D，Thoreau R，et al. 2019. Gauging differences in public transport symbolism across national cultures：implications for policy development and transfer[J]. Journal of Transport Geography，77：26-38.

Audunson R，Aabø S，Blomgren R，et al. 2019. Public libraries as an infrastructure for a sustainable public sphere：A comprehensive review of research[J]. Journal of Documentation，75（4）：773-790.

Barnett C. 2001. Culture，policy，and subsidiarity in the European Union：From symbolic identity to the governmentalisation of culture[J]. Political Geography，20（4）：405-426.

Braat L C，de Groot R. 2012. The ecosystem services agenda：Bridging the worlds of natural science and economics，conservation and development，and public and private policy[J]. Ecosystem Services，1（1）：4-15.

Branyon A. 2017. "A home for me when i am so far from home"：Perceptions of libraries by immigrant mothers in language acquisition and cultural acclimation[J]. Public Library Quarterly，36（3）：1-14.

Bruyneel A V，Reinmann A，Pourchet T，et al. 2021. Apport des activités culturelles pour la santé：Exemples de visites guidées dans un musée pour des personnes âgées et des personnes ayant un handicap visuel[J]. Kinésithérapie la Revue，21（238）：29-36.

Caswell M. 2015. Community-centered collecting：Finding out what communities want from community archives[J]. Proceedings of the American Society for Information Science and Technology，51（1）：1-9.

Cluley V，Parker S，Radnor Z. 2021. New development：Expanding public service value to include dis/value[J]. Public Money & Management，41（8）：656-659.

Cluley V，Radnor Z. 2020. Progressing the conceptualization of value co-creation in public service organizations[J]. Perspectives on Public Management and Governance，3（3）：211-221.

Cocciolo A，Rabina D. 2013. Does place affect user engagement and understanding? Mobile learner perceptions on the streets of New York[J]. Journal of Documentation，69（1）：98-120.

Cushing A L. 2018. "We've no problem inheriting that knowledge on to other people"：Exploring the characteristics of motivation for attending a participatory archives event[J]. Library & Information Science Research，40（2）：135-143.

Cushing A L，Cowan B R. 2017. Walk 1916：Exploring non-research user access to and use of digital surrogates via a mobile walking tour app[J]. Journal of Documentation，73（5）：917-933.

Dempsey L. 2000. Scientific，industrial，and cultural heritage：A shared approach[J]. New review of information and library research，5：3-29.

Domenech R B，Peiró-Palomino J，Rausell-Köster P. 2021. Creative industries and productivity in the European regions. Is there a Mediterranean effect? [J]. Regional Science Policy & Practice，13（5）：1546-1564.

Dowdell L，Liew C L. 2019. More than a shelter：Public libraries and the information needs of people experiencing homelessness[J]. Library & Information Science Research，41（4）：100984.

Dubois V. 2015. Cultural policy regimes in western Europe[J]. International Encyclopedia of the Social & Behavioral Sciences（Second Edition），5：460-465.

Eveleigh A. 2015. Crowding out the Archivist? Implications of online user participation for archival theory and practice[D]. London：University College London.

Ghuloum H F，Alyacoub W M. 2016. Activating the role of the public library towards Autism Spectrum Disorder（ASD）in Kuwait[J]. Information Development，33（4）：406-417.

Gichohi P M，Onyancha O B，Dulle F W. 2017. Capacity building modules for public libraries to support small-scale business enterprises in meru county，Kenya[J]. South African Journal of Libraries and Information Science，83（1）：49-58.

Giesler M A. 2017. A place to call home? A qualitative exploration of public librarians' response to homelessness[J]. Journal of Access Services，14（4）：188-214.

Gorham U，Bertot J C. 2018. Social innovation in public libraries：Solving community challenges[J]. The Library

Quarterly，88（3）：203-207.

Goulding A，Crump A. 2017. Developing inquiring minds：Public library programming for babies in Aotearoa New Zealand[J]. Public Library Quarterly，36（1）：26-42.

Goulding A，Dickie J，Shuker M J. 2017. Observing preschool storytime practices in Aotearoa New Zealand's urban public libraries[J]. Library & Information Science Research，39（3）：199-212.

Guccio C，Martorana M，Mazza I，et al. 2020. An assessment of the performance of Italian public historical archives：Preservation vs utilisation[J]. Journal of Policy Modeling，42（6）：1270-1286.

Gurler E E，Ozer B. 2013. The effects of public memorials on social memory and urban identity[J]. Procedia-Social and Behavioral Sciences，82：858-863.

Hoeven A，Brandellero A，2015. Places of popular music heritage：The local framing of a global cultural form in Dutch museums and archives[J]. Poetics，51：37-53.

Heinrich C J，Founier E. 2004. Dimensions of publicness and performance in substance abuse treatment organizations[J]. Journal of Policy Analysis and Management，23（1）：49-70.

Hersberger J. 2005. The homeless and information needs and services[J]. Reference and User Services Quarterly，44（3）：199-202.

Hoe S F. 2020. Laden with great expectations：（Re）mapping the arts housing policy as urban cultural policy in Singapore[J]. City，Culture and Society，21：1-7.

Howlett A，Partridge H，Belov R. 2017. Universities and public libraries supporting student success：An exploratory study[J]. Journal of the Australian Library and Information Association，66（2）：139-151.

Huvila I. 2008. Participatory archive：Towards decentralised curation，radical user orientation，and broader contextualisation of records management[J]. Archives and Museum Informatics，8：15-36.

Johanson K，Glow H，Kershaw A. 2014. New modes of arts participation and the limits of cultural indicators for local government[J]. Poetics，43：43-59.

Karp I，Kratz C A，Szwaja L，et al. 2006. Museum Frictions：Public Cultures/Global Transformations[M]. Durham：Duke University Press.

Kelleher A. 2013. Not just a place to sleep：Homeless perspectives on libraries in central Michigan[J]. Library Review，62（1/2）：19-33.

Kelley A，Riggleman K，Clara I，et al. 2017. Determining the need for social work practice in a public library[J]. Journal of Community Practice，25（1）：112-125.

Khoir S，Du J T，Davison R M，et al. 2017. Contributing to social capital：An investigation of Asian immigrants' use of public library services[J]. Library & Information Science Research，39（1）：34-45.

Kirmayer L J，Groleau D，Guzder J，et al. 2003. Cultural consultation：A model of mental health service for multicultural societies[J]. Canadian Journal of Psyhiatry/La Revue Canadian de Psuchiatrie，48（3）：145-153.

Kotler N，Kotler P. 2000. Can museums be all things to all people？：Missions，goals and marketing's role[J]. Museum Management and Curatorship，18（3）：271-287.

Krause M，Yakel E. 2007. Interaction in virtual archives：The polar bear expedition digital collections next generation finding aid[J]. The American Archivist，70（2）：282-314.

Leorke D，Wyatt D，McQuire S. 2018. "More than just a library"：Public libraries in the 'smart city'[J]. City，Culture and Society，15：37-44.

Lo P，Ho K K W，Allard B，et al. 2017. Reading the city via the public central library in the sociocultural context：A comparative study between the Hong Kong Central Library，Shanghai Library and Taipei Public Library[J]. Journal of Librarianship and Information Science，51（2）：1-15.

Mairesse F，Eeckaut P V. 2002. Museum assessment and FDH technology：Towards a global approach[J]. Journal of Cultural Economics，26（4）：261-286.

Mansour E. 2017. An explanatory study into the information seeking-behaviour of Egyptian beggars[J]. Journal of Librarianship and Information Science，49（1）：91-106.

Marco-Serrano F，Rausell-Köster P，Abeledo-Sanchis R. 2014. Economic development and the creative industries：A tale of causality[J]. Creative Industries Journal，7（2）：81-91.

Markwei E，Rasmussen E. 2015. Everyday life information-seeking behavior of marginalized youth：A qualitative study of urban homeless youth in ghana[J]. The International Information & Library Review，47（1/2）：11-29.

McKeown E，Weir H，Berridge E-J，et al. 2016. Art engagement and mental health：Experiences of service users of a community-based arts programme at Tate Modern，London[J]. Public Health，130：29-35.

McMichael A J，Woodruff R E，Hales S. 2006. Climate change and human health：Present and future risks[J]. The Lancet，367：859-869.

McPherson G. 2006. Public memories and private tastes：The shifting definitions of museums and their visitors in the UK[J]. Museum Management and Curatorship，21（1）：44-57.

Mehra B，Bishop B W，Partee II R P. 2017a. How do public libraries assist small businesses in rural communities？An exploratory qualitative study in Tennessee[J]. Libri，67（4）：245-260.

Mehra B，Bishop B W，Partee II R P. 2017b. Small business perspectives on the role of rural libraries in economic development[J]. The Library Quarterly，87（1）：17-35.

Milcu I A，Hanspach J，Abson D J，et al. 2013. Cultural ecosystem services：A literature review and prospects for future research[J]. Ecology and Society，18（3）：44.

Miranda C，Calla E，Lucy W. 2022. Strategies for social engagement：Arts-service organizations as organizational intermediaries[J]. Poetics，92：101652.

Moayerian N，McGehee N G，Stephenson Jr M O. 2022. Community cultural development：Exploring the connections between collective art making，capacity building and sustainable community-based tourism[J]. Annals of Tourism Research，93：103355.

Molaro A，White L L，Lankes R D. 2015. The Library Innovation Toolkit: Ideas，Strategies，and Programs[M]. Chicago：The American Library Association.

Muir B. 2017. 'But What to Change？'：Moving forward in public library information service provision for people with an invisible disability[J]. Journal of the Australian Library and Information Association，66（2）：176-177.

Ooi K，Liew C L. 2011. Selecting fiction as part of everyday life information seeking[J]. Journal of Documentation，67（5）：748-772.

Pankl R R. 2017. Using the resources of the public library in market planning in starting a business：A hypothetical case[J]. Journal of Business & Finance Librarianship，22（1）：1-6.

Pontious J R. 2014. Exploring the Implications of Community Mural Arts：A Case Analysis of a 'Groundswell' Mural Project[D]. Blacksburg：Virginia Polytechnic Institute and State University.

Porter R A. 1987. Guide to Corporate Giving in the Arts 4[M]. New York：American Council for the Arts.

Rausell-Köster P. 2013. Comprender la economía de la cultura como vía para salir de la crisis[J]. El Profesional de la Información，22（4）：286-289.

Ritz A，Brewer G A. 2013. Does societal culture affect public service motivation？Evidence of sub-national differences in Switzerland[J]. International Public Management Journal，16（2）：224-251.

Rottenberg B L. 2003. Museums, information and the public sphere[J]. Museum International, 54 (4): 21-28.

Salmond J A, Tadaki M, Vardoulakis S, et al. 2016. Health and climate related ecosystem services provided by street trees in the urban environment[J]. Environmental Health, 15 (1): 95-111.

Saukkonen P, Pyykkönen M. 2008. Cultural policy and cultural diversity in Finland[J]. International Journal of Cultural Policy, 14 (1): 49-63.

Schaich H, Bieling C, Plieninger T. 2010. Linking ecosystem services with cultural landscape research[J]. GAIA-Ecological Perspectives on Science and Society, 19 (4): 269-277.

Scholte S S K, Teeffelen A J A, Verburg P H. 2015. Integrating socio-cultural perspectives into ecosystem service valuation: A review of concepts and methods[J]. Ecological Economics, 114: 67-78.

Scott A J. 2006. Creative cities: Conceptual issues and policy questions[J]. Journal of Urban Affairs, 28 (1): 1-17.

Seleb David J, Kolo J. 2017. Our path to engagement, learning, and stewardship: The Oak Park Public Library, The American Library Association, and The Harwood Institute[J]. Public Library Quarterly, 36 (2): 123-135.

Shilton K, Srinivasan R. 2007. Participatory appraisal and arrangement for multicultural archival collections[J]. Archivaria, 63: 87-101.

Stephen, A. 2001. The contemporary museum and leisure: Recreation as a museum function[J]. Museum Management and Curatorship, 19 (3): 297-308.

Suchá L Z, Bartošová E, Novotný R, et al. 2021. Stimulators and barriers towards social innovations in public libraries: Qualitative research study[J]. Library & Information Science Research, 43 (1): 101068.

Tanacković S F, Radmilović D, Badurina B. 2016. Information about the European Union in an acceding country: A survey of needs and information seeking behavior of public library users in croatia[J]. Information Development, 33 (2): 1-20.

Thackrah, R D, Thompson S C. 2013. Refining the concept of cultural competence: Building on decades of progress[J]. The Medical Journal of Australia, (1): 35-38.

Theimer K. 2011. What is the meaning of archives 2.0? [J]. The American Archivist, 74 (1): 58-68.

Thornberry E. 2017. Map and geospatial research and reference services at a large public library: An overview of the leventhal map center[J]. Journal of Map & Geography Libraries, 13 (3): 320-329.

Towse R. 2006. Copyright and artists: A view from cultural economics[J]. Journal of Economic Surveys, 20(4): 567-585.

Tshiteem K, Everest-Phillips M. 2016. Public service happiness and morale in the context of development: the case of Bhutan[J]. Asia Pacific Journal of Public Administration, 38 (3): 168-185.

Ugwoke B U, Omekwu I. 2014. Public libraries and Nigerian cultural development[J]. International Journal of Information Management, 34 (1): 17-19.

Van der Hoeven A, Brandellero A. 2015. Places of popular music heritage: The local framing of a global cultural form in Dutch museums and archives[J]. Poetics, 51: 1-17.

Vårheim A. 2014. Trust and the role of the public library in the integration of refugees: The case of a Northern Norwegian city[J]. Journal of Librarianship and Information Science, 46 (1): 62-69.

Vårheim A, Skare R, Lenstra N. 2019. Examining libraries as public sphere institutions: Mapping questions, methods, theories, findings, and research gaps[J]. Library & Information Science Research, 41 (2): 93-101.

Vieira F A S, Santos D T V, Bragagnolo C, et al. 2021. Social media data reveals multiple cultural services along the 8.500 kilometers of Brazilian coastline[J]. Ocean & Coastal Management, 214: 105918.

Wilson T D. 2000. Human information behavior[J]. Informing Science, 3 (2): 49-55.

第三章　我国公共文化服务制度建设

公共文化服务是以政府部门为主的公共部门提供的、以公共财政作为支撑、以保障公民的基本文化权利、满足公民的基本文化需求为目的，向公民提供公共文化设施、产品与服务的制度和系统的总称。公共文化服务职责的履行，离不开公共文化服务政策的落实，这也是实现公共文化服务的重要保障。本章主要基于公共文化服务政策体系框架及制定原则，重点从公共文化服务建设经费保障政策、公共文化服务的供给政策、公共文化服务绩效的评价等方面展开论述。

第一节　公共文化服务政策体系框架及制定原则

党的十九届五中全会规划了经济社会发展 2035 年远景目标。提升公共文化服务水平，对于增强国家文化软实力，特别是实现 2035 年建成文化强国的目标具有重要意义。因此，强化公共文化服务制度建设至关重要。在我国，政策法规是国家法律、法规、标准规范，以及党政机关制定的规定、办法、准则、指导意见等规范性文件的统称。公共文化政策是指与公共文化相关的法律、法规、各级政府的政策，以及中国共产党历届全国代表大会和历次政府工作报告所涉及公共文化的部分。2015 年伊始，中共中央办公厅、国务院办公厅印发了《关于加快构建现代公共文化服务体系的意见》，首次提出"逐步形成既有基本共性又有特色个性、上下衔接的基本公共文化服务标准指标体系"的构想。该文件的制定，是构建现代公共文化服务体系战略部署的具体举措，提出了今后一个时期我国推进现代公共文化服务体系建设的总体目标、基本原则、重点任务以及保障措施，是构建现代公共文化服务体系的重要制度。2017 年以来《公共文化服务保障法》与《公共图书馆法》相继出台，两部法律有效衔接，体现了我国文化法治从宏观发展到微观深化的进程，也体现了我国文化立法的时代性和科学性，为我国公共文化服务体系的建设与发展提供了两法并举的协同保障。

一、公共文化服务政策体系框架

公共文化服务体系是政府主导的，以保障公民基本文化权益为目标的，基本文化产品与文化服务提供、文化制度建设和文化系统建设的统称。公共文化服务政策是通过政府制定公共文化服务政策实现对公共文化服务体系建设方向的整体把控，以引导公共文化服务体系建设及其相关产业的发展。它是政府向人民群众提供公共文化服务的实现途径和保障体系。公共文化服务是各级政府向全体公民提供的基本公共服务之一。法律的根本任务是建立基本制度。政府提供基本公共文化服务，需要建立相应的保障机制，也需要建立公众能接受并参与进来的保障与促进机制，还需要建立提供效能和服务效果的监督评价机制，所有这些就构成了公共文化服务体系的基本制度。

一个完善的公共文化服务体系，主要包括以下子体系。

1. 公共文化服务保障体系

公共文化服务保障体系包括人力资源保障、技术保障和经费保障等内容。人力资源保障需要逐步建立和完善公共文化服务专业人员的资格要求和聘任制度，深化职称制度改革，建立有效的激励机制，为专业人才的成长和才华施展提供良好的制度环境。在信息时代，信息技术的应用改变了公共文化服务方式，公共文化服务要建立现代传播体系、现代服务体系，就必须建立相应的技术保障体系。公共文化服务机构利用新技术、新媒体、新手段进行服务和管理的基础设施建设和设备配置，使得公共文化服务机构具有数字资源提供能力、远程服务能力。公共文化服务资金保障的总体要求是，建立健全同国力相匹配、同人民群众文化需求相适应的政府投入保障机制，加大公共文化服务体系建设资金和经费保障投入，保障公共文化服务体系建设和运行。

2. 公共文化产品与服务供给体系

公共文化产品供给主要依据社会公众的文化需求。公共文化产品与服务应当满足居民个性化、多元化需求，将基本公共文化服务和优质化、个性化服务有机结合，促进公共文化服务的免费提供与优惠并存，激发各类社会主体参与公共文化服务的积极性，增强公共文化服务的发展活力。该体系的基本内容是建立群众基本文化需求的反馈机制，以及城乡群众基本文化服务内容量化指标，明确并落实公共文化资源生产供给主体、方式、渠道。公共文化服务机构实行经常性开放，并免费提供基本服务，有针对性地设立和实施重大文化惠民项目，重点解决突出矛盾和问题。公共文化的政府主导，意味着政府是公共文化产品、资源提供的责任主体，至于产品和资源的生产与供给，要充分利用市场机制，可以采用政府采购、项目补贴、定向资助、贷款贴息、税收减免等多种政策措施鼓励文化企业参与公共文化服务，这是形成完善的公共文化服务产品生产供给体系的路径。

3. 公共文化服务评估体系

评估体系的基本目标是建立公共文化服务指标体系及其绩效考核办法。指标体系是对公共文化服务项目、保障标准、服务标准、支出责任、覆盖水平形成量化标准，有了服务的指标体系，考核服务绩效才有依据。建立以服务绩效为导向的评价机制，是提升服务能力、提升服务效益所必需的。绩效考核办法要向多元、立体的方向发展，上级考核与第三方评价相结合、体制内考核与社会评价相结合、服务提供者评价与服务受众评价相结合、历时性评价与共时性评价相结合，尤其要着力建立独立的第三方评估机制和制定公众满意度指数，制定政府、社会、公共文化服务机构、服务受众共同参与的科学、高效的绩效考核办法。

我国在公共文化服务领域拥有多样化的政策框架。从政策功能的视角来看，可以构建一个以保障性、规范性和激励性政策为核心的体系。而从政策内容的角度来看，则可以围绕公共文化资源的分配、公共文化服务设施的建设和管理来构建政策体系。这些不同的视角为我们提供了全面理解和实施公共文化服务政策的多种途径。公共文化服务是保障公民基本文化权益、满足公民基本文化需求的有效途径，也是建设服务型政府、提高中国特色社会主义治理能力的必然要求。政府通过构建公共文化服务体系，来实现向公众提供公共文化服务的目标；公众依靠公共文化服务体系提供的设施和资源，以及建立的制度和机制，实现自身的基本文化权益。因此，明确公共文化服务政策体系框架，具有重要的理论与实践意义。

二、公共文化服务政策制定原则

正确地把握文化政策的界限，集中文化政策资源，采取相应的干预手段，防止干预力度过大、范围过广，促使对象朝着良性的方向发展，这对解决文化政策中存在的问题会产生重大影响。因此，公共文化服务政策制定的原则应该包括以下几个方面。

第一，导向性原则。充分发挥文化特有的教化功能，使社会主义核心价值观深入人心，这也是推进公共文化服务体系建设必须坚持的重要原则之一。全国各级文化部门应该肩负起自己的责任，强化导向意识，坚守优秀文化阵地。同时，要深入了解新时代人民群众的文化需求，尊重人民群众的创造性，与人民群众共同建立立足国情的新时代公共文化服务体系，使其成为优秀文化的载体。

第二，民主公开原则。公共政策的公共性不仅要求公共政策保障人民在国家政治、经济、文化等领域中享有同等的权利与参与公平的利益分配，而且还要使广大人民群众能直接参政议政，在政策制定过程中充分发挥主人翁精神。要推动政策制定的公开化，广泛征求社会各界的意见，通过实地调查、听证会等形式了解民情、听取民意、集中民智，从而使所制定的政策更加科学合理。

第三，效益最大化原则。公共文化政策的制定必须以实现公共文化利益为导向。公共文化服务本身就是一项关系民生的重要工作，公共文化服务政策的制定，必须追求高公共资源配置和使用的效率，争取公共利益的最大化。

第四，可操作性原则。公共文化服务是一项复杂而系统的工作，涉及面大、内容多，而且面临的问题多，因此与之相关的文化政策必须具有针对性。制定公共文化服务政策，必须基于我国国情，由政府指导公共文化服务体系建设，通过公共文化服务政策实现对公共文化服务体系建设方向的整体把控，不能设定难以实现的制度，制度要具有可操作性、实践性，并能够引导公共文化服务体系建设及其相关产业的发展。

文化是国家软实力的重要体现和发展根基，公共文化是由政府主导、社会参与形成的普及文化知识、传播先进文化、满足人民群众文化需求并有助于提升国家软实力的公益性文化。公共文化服务政策的制定，一方面是国家文化软实力的内在驱动，另一方面也是人民群众对公共文化服务迫切需求的必然结果。我国国家级公共文化服务政策，如表3-1所示。

表 3-1　2005～2021 年国家级公共文化服务政策统计

序号	政策名称	发文字号/发文时间
1	《中共中央办公厅 国务院办公厅关于进一步加强农村文化建设的意见》	中办发〔2005〕27 号
2	《国务院办公厅转发财政部 中共中央宣传部关于进一步支持文化事业发展若干经济政策的通知》	国办发〔2006〕43 号
3	《国家"十一五"时期文化发展规划纲要》	2006.9.13
4	《文化部 财政部关于进一步推进全国文化信息资源共享工程的实施意见》	文社图发〔2007〕14 号
5	《国务院实施〈中华人民共和国民族区域自治法〉若干规定》	文社图发〔2007〕35 号
6	《国家新闻出版总署关于进一步加大对少数民族文字出版事业扶持力度的通知》	中宣发〔2007〕14 号
7	《中共中央办公厅 国务院办公厅关于加强公共文化服务体系建设的若干意见》	中办发〔2007〕21 号
8	《科技部 民政部 财政部 农业部 国家人口和计划生育委员会关于印发〈"农家书屋"工程实施意见〉的通知》	2007.3.6
9	《国家发展和改革委员会 文化部 公安部 监察部 财政部 国家税务总局 国家广播电影电视总局 国家体育总局 国家工商行政管理总局关于构建合理演出市场供应体系促进演出市场繁荣发展的若干意见的通知》	发改价格〔2008〕76 号
10	《关于全国博物馆、纪念馆免费开放的通知》	中宣发〔2008〕2 号
11	新闻出版总署关于印发《农家书屋工程建设管理暂行办法》	新出发〔2008〕865 号

续表

序号	政策名称	发文字号/发文时间
12	《广电总局关于印发〈农村电影公益放映场次补贴管理实施细则〉的通知》	广发〔2008〕108号
13	《国务院关于进一步繁荣发展少数民族文化事业的若干意见》	国发〔2009〕29号
14	《文化部关于印发〈文化建设"十一五"规划〉的通知》	2006.9.14
15	《乡镇综合文化站管理办法》	文化部令第48号
16	《国家文物局 民政部 财政部 国土资源部 住房和城乡建设部 文化部 国家税务总局关于促进民办博物馆发展的意见》	文物博发〔2010〕11号
17	《广电总局关于推动农村电影放映工程持续健康发展的通知》	2010.2.23
18	《国家体育总局 文化部 农业部关于印发〈关于发挥乡镇综合文化站的功能进一步加强农村体育工作的意见〉的通知》	体群字〔2010〕128号
19	《文化部关于开展全国基层文化队伍培训工作的意见》	文社文发〔2010〕33号
20	《文化部关于进一步加强少年儿童图书馆建设工作的意见》	文社文发〔2010〕42号
21	《文化部 财政部关于开展国家公共文化服务体系示范区（项目）创建工作的通知》	文社文发〔2010〕49号
22	《文化部 财政部关于推进全国美术馆公共图书馆文化馆（站）免费开放工作的意见》	文财务发〔2011〕5号
23	《文化部 中央文明办关于组织开展"春雨工程"——全国文化志愿者边疆行工作的通知》	文社文函〔2011〕522号
24	《中共中央关于深化文化体制改革推动社会主义文化大发展大繁荣若干重大问题的决定》	2011.10.18
25	《新闻出版业"十二五"时期发展规划》	2011.4.20
26	《文化部 财政部关于进一步加强公共数字文化建设的指导意见》	文社文发〔2011〕54号
27	《中共中央办公厅 国务院办公厅关于印发〈国家"十二五"时期文化改革发展规划纲要〉的通知》	中办发〔2011〕40号
28	《文化部 财政部关于印发〈"公共电子阅览室建设计划"实施方案〉的通知》	文社文发〔2012〕5号
29	《文化部关于在公共文化机构深入开展学雷锋活动的通知》	文社文函〔2012〕303号
30	《民政部关于"十二五"期间深入开展万家社区图书室援建和万家社区读书活动的通知》	民函〔2012〕88号
31	《中共中央宣传部 国家发展改革委 民政部 财政部 人力资源社会保障部 文化部 税务总局 国家广播电影电视总局 新闻出版总署 体育总局 中国残联〈关于加强残疾人文化建设的意见〉》	残联发〔2012〕7号
32	《新闻出版总署关于深入开展全民阅读活动努力建设"书香中国"的通知》	新出厅字〔2012〕146号
33	《文化部关于印发〈"春雨工程"——全国文化志愿者边疆行工作实施方案〉的通知》	文社文发〔2012〕12号
34	《文化部关于鼓励和引导民间资本进入文化领域的实施意见》	文产发〔2012〕17号
35	《文化部 中央文明办关于广泛开展基层文化志愿服务活动的意见》	文公共发〔2012〕31号

续表

序号	政策名称	发文字号/发文时间
36	《文化部办公厅关于印发〈文化部"十二五"文化科技发展规划〉的通知》	办科技发〔2012〕18号
37	《文化部关于印发〈文化部"十二五"时期公共文化服务体系建设实施纲要〉的通知》	文公共发〔2013〕3号
38	《文化部关于印发〈全国公共图书馆事业发展"十二五"规划〉的通知》	文公共发〔2013〕8号
39	《文化部办公厅关于印发〈创建国家公共文化服务体系示范区（项目）过程管理规定〉的通知》	2014.4.4
40	《文化部　工业和信息化部　财政部关于大力支持小微文化企业发展的实施意见》	文产发〔2014〕27号
41	《中共中央办公厅　国务院办公厅关于加快构建现代公共文化服务体系的意见》	中办发〔2015〕2号
42	《博物馆条例》	国务院令4第659号
43	《国家文物局关于贯彻执行〈博物馆条例〉的实施意见》	文物博发〔2015〕5号
44	《国务院办公厅转发文化部等部门关于做好政府向社会力量购买公共文化服务工作意见的通知》	国办发〔2015〕37号
45	《教育部　文化部　国家新闻出版广电总局关于加强新时期中小学图书馆建设与应用工作的意见》	教基一〔2015〕2号
46	《中国残联办公厅关于贯彻落实中办、国办〈关于加快构建现代公共文化服务体系的意见〉的通知》	残联厅函〔2015〕172号
47	《国务院办公厅印发关于支持戏曲传承发展若干政策的通知》	国办发〔2015〕52号
48	《体育总局　发展改革委　民政部　财政部　农业部　文化部　卫生计生委　国家旅游局　全国老龄办　中华全国总工会　全国妇联　中国残联关于印发〈关于进一步加强新形势下老年人体育工作的意见〉的通知》	体群字〔2015〕155号
49	《国务院办公厅关于推进基层综合性文化服务中心建设的指导意见》	国办发〔2015〕74号
50	《文化部　国家发展改革委　国家民委　财政部　新闻出版广电总局　体育总局　国务院扶贫办关于印发〈"十三五"时期贫困地区公共文化服务体系建设规划纲要〉的通知》	文公共发〔2015〕24号
51	《财政部关于印发〈中央补助地方公共文化服务体系建设专项资金管理暂行办法〉的通知》	财教〔2015〕527号
52	《国务院关于进一步加强文物工作的指导意见》	国发〔2016〕17号
53	《全民海洋意识宣传教育和文化建设"十三五"规划》	2016.3.15
54	《文化部　国务院农民工工作领导小组办公室　全国总工会关于进一步做好为农民工文化服务工作的意见》	文公共发〔2016〕2号
55	《国务院办公厅关于加快推进广播电视村村通向户户通升级工作的通知》	国办发〔2016〕20号
56	《国务院办公厅转发文化部等部门〈关于推动文化文物单位文化创意产品开发若干意见〉的通知》	国办发〔2016〕36号
57	《文化部关于印发〈文化志愿服务管理办法〉的通知》	文公共发〔2016〕15号

续表

序号	政策名称	发文字号/发文时间
58	《文化部关于推动文化娱乐行业转型升级的意见》	文市发〔2016〕26号
59	《中国残联 文化部 国家新闻出版广电总局 国家体育总局关于印发〈残疾人文化体育工作"十三五"实施方案〉的通知》	2016.9.21
60	《国家文物局关于印发〈大遗址保护"十三五"专项规划〉的通知》	文物保发〔2016〕22号
61	《中共中央宣传部 中央文明办 教育部 民政部 文化部 国家文物局 中国科协关于公共文化设施开展学雷锋志愿服务的实施意见》	2016.12.4
62	《科技部 文化部 国家文物局关于印发〈国家"十三五"文化遗产保护与公共文化服务科技创新规划〉的通知》	国科发社〔2016〕374号
63	《国家新闻出版广电总局关于印发〈全民阅读"十三五"时期发展规划〉的通知》	2016.12.17
64	《公共文化服务保障法》	主席令第六十号
65	《文化部 新闻出版广电总局 体育总局 发展改革委 财政部关于印发〈关于推进县级文化馆图书馆总分馆制建设的指导意见〉的通知》	文公共发〔2016〕38号
66	《中共中央办公厅 国务院办公厅印发〈关于实施中华优秀传统文化传承发展工程的意见〉》	中办发〔2017〕5号
67	《国家文物局关于印发〈国家文物事业发展"十三五"规划〉的通知》	文物政发〔2017〕4号
68	《文化部"十三五"时期文化发展改革规划》	2017.2.23
69	《文化部关于印发〈文化部"十三五"时期文化科技创新规划〉的通知》	文科技发〔2017〕9号
70	《中共中央宣传部 文化部 财政部关于印发〈关于戏曲进乡村的实施方案〉的通知》	文公共发〔2017〕11号
71	《文化部关于印发〈"十三五"时期繁荣群众文艺发展规划〉的通知》	文公共发〔2017〕10号
72	《中共中央办公厅 国务院办公厅印发〈国家"十三五"时期文化发展改革规划纲要〉》	2017.5.7
73	《"十三五"时期文化扶贫工作实施方案》	办财务函〔2017〕131号
74	《国家文物局关于加强"十三五"文物科技工作的意见》	文物博发〔2017〕15号
75	《文化部关于印发〈文化部"十三五"时期公共数字文化建设规划〉的通知》	文公共发〔2017〕18号
76	《文化部关于印发〈"十三五"时期全国公共图书馆事业发展规划〉的通知》	文公共发〔2017〕19号
77	《国家文物局关于进一步推动非国有博物馆发展的意见》	文物博发〔2017〕16号
78	《中共中央宣传部 文化部 中央机构编制委员会办公室 财政部 人力资源社会保障部 国家文物局 中国科学技术协会 关于印发〈关于深入推进公共文化机构法人治理结构改革的实施方案〉的通知》	文公共发〔2017〕28号
79	《中华人民共和国公共图书馆法》	主席令第七十九号
80	《教育部关于印发〈中小学图书馆（室）规程〉的通知》	教基〔2018〕5号
81	《文化和旅游部办公厅关于印发〈公共数字文化工程融合创新发展实施方案〉的通知》	办公共发〔2019〕63号

续表

序号	政策名称	发文字号/发文时间
82	《科技部 中央宣传部 中央网信办 财政部 文化和旅游部 广电总局印发〈关于促进文化和科技深度融合的指导意见〉的通知》	国科发高〔2019〕280 号
83	《文化和旅游部办公厅 国家文物局办公室关于印发〈公共文化服务领域基层政务公开标准指引〉的通知》	办办发〔2019〕139 号
84	《国家文物局关于印发〈文物建筑开放导则〉的通知》	文物保发〔2019〕24 号
85	《国家广播电视总局印发〈关于加强广播电视公共服务体系建设的指导意见〉的通知》	广电发〔2020〕1 号
86	《国务院办公厅关于印发公共文化领域中央与地方财政事权和支出责任划分改革方案的通知》	国办发〔2020〕14 号
87	《财政部 文化和旅游部关于印发〈中央对地方公共图书馆 美术馆 文化馆（站）免费开放补助资金管理办法〉的通知》	财教〔2020〕156 号
88	《关于开展公共文化服务高质量发展典型案例遴选工作的通知》	办公共发〔2021〕182 号

注：本表不包括公共数字文化服务政策

第二节　公共文化服务制度保障体系

一、人力资源保障

人力资源是推动公共文化服务体系建设的重要因素，所有的文化活动的开展都离不开人的因素资源，因此创新人才培养模式、深化人才队伍体制改革尤为重要。首先，选拔人才时，一定要注意有关人员的思想素质与业务能力。其次，为了吸引杰出的人才加入到公共文化服务体系建设中，可以通过提高薪资待遇、绩效奖励、确定编制等方式，调动从业人员的主动性与积极性，充分挖掘公共文化服务体系建设潜能。同时，还可以针对在职人员开展职业培训，提升服务水平。当然，为了充分发挥公共文化服务效能，还需要依靠广大志愿者群体共同参与，加大公共文化服务人力资源保障力度。

现代社会的公共文化服务是一种专业化的服务，离开了高素质的专业人才支撑，公共文化服务就没有了可持续发展的能力。对于基层公共文化人才队伍建设，一方面要完善机构编制、学习培训、待遇保障等方面的政策措施，重视选好、配齐专职人员；另一方面要加强基层文化志愿者队伍建设，完善基层文化志愿活动的领导体制和运行机制，依托公益性文化设施、重点文化惠民工程、重要节日和纪念日，以及各种形式的文化帮扶活动，开展丰富多彩的基层文化志愿服务活动。基层公共文化服务需要一支规模宏大、结构合理、专兼职相结合的公共文化人才队伍。

人才队伍建设需要强化服务理念，这也是公共文化从业人员在其职业活动中的核心价值观和追求的目标。职业道德是所有从业人员在职业活动中应该遵循的行为准则，建立统一的职业伦理规范，对维系统一的职业理念，建立行业职业尊严、职业声誉和社会形象，提高公共文化服务机构的社会认知程度，促进文化事业发展，都具有重要作用。1997年4月，国家文物局发布了《中国文物、博物馆工作者职业道德准则》，对推进全国文物系统干部职工队伍建设、作风建设和职业道德建设起到了积极的作用，该准则于2001年进行了修订。2002年，我国发布《中国图书馆员职业道德准则（试行）》，总结了我国图书馆活动的实践经验，这是为履行图书馆承担的社会职责而制定的行业自律规范。2017年《宣传思想文化系统事业单位领导人员管理暂行办法》、2018年《文化和旅游部职能配置、内设机构和人员编制规定》等相继发布，2021年人力资源社会保障部、文化和旅游部发布《关于深化图书资料专业人员职称制度改革的指导意见》，提出"遵循图书资料专业人员成长规律，健全完善符合图书资料专业人员工作特点的职称制度，推动图书资料专业人才队伍结构更趋合理、不断提高能力素质"。

二、经费保障

经过长期的探索与实践，我国关于公共文化服务体系建设的资金保障总的要求是，建立与健全同国力相匹配、同人民群众文化需求相适应的政府投入保障机制，加大公共文化服务体系建设资金和经费保障投入，保障公共文化服务体系的建设和运行。第一，公共文化产品和服务项目、公益性文化活动纳入公共财政经常性支出预算；第二，保证公共财政对文化建设投入的增长幅度高于财政经常性收入增长幅度；第三，提高文化支出占财政支出的比例；第四，中央、省、市三级设立农村文化发展建设专项资金，保证一定数量的中央转移支付资金用于乡镇和村文化建设；第五，设立国家文化发展基金，扩大有关文化基金和专项资金的规模，提高各级彩票公益金用于文化事业的比重。公共文化设施的建设、公共文化机构的运行、公共文化产品的生产和供给都要有经费做支撑。经费保障必须解决两个问题：一是确保公共文化服务经费到位并形成保障机制；二是确保公共文化服务经费得到高效使用。因此，必须建立以公共财政为基础的资金保障机制，确保用于公共文化服务预算经费投入制度化、常规化，使公共文化服务得到相应的财力保障。

1. 公共财政支持政策

目前，我国法律或法规对民办非营利文化机构的支持政策还比较少，有些捐赠政策还得不到切实落实。对民办公共文化机构进行引导和规范的制度不健全。

截至 2023 年，我国仅出台了一个关于民办博物馆的意见，即 2010 年，国家文物局等七部门联合发布的《关于促进民办博物馆发展的意见》，效力层次不高且缺少整体规范。民办博物馆、图书馆、美术馆的定位比较尴尬。税收制度也未对其进行明确的定义和解释，制定非营利组织税收政策缺乏相应的法律依据，政策目标亦不太清晰。例如，《北京市图书馆条例》发布后，出现一批民办图书馆，但由于政府缺乏具体的扶持政策，有些艰难运行一段时间后因资金困难而关闭。公共文化设施的建设、公共文化机构的运行、公共文化产品的生产和供给都要有经费做支撑。

（1）预算制度。公共文化服务体系建设应该纳入到各级政府经济社会发展总体规划，纳入公共财政支出预算，将政府每年投入公共文化事业的财政预算比例加以法定化。通过立法明确中央和地方的文化事业建设费用于公共文化服务，建立以本级财政为主、中央和地方合理分担的经费保障机制。要科学界定中央和地方的事权范围。努力形成事权财权相称、中央地方合理分权的权能匹配体系。2007 年，中共中央办公厅、国务院办公室联合印发的《关于加强公共文化服务体系建设的若干意见》明确提出，"中央和省级财政每年对文化建设的投入增幅不低于同级财政经常性收入的增幅，……从城市住房开发投资中提取 1%，用于社区公共文化设施建设"。中国共产党第十七届中央委员会第六次全体会议通过《中共中央关于深化文化体制改革 推动社会主义文化大发展大繁荣若干重大问题的决定》，该决定提出，"把主要公共文化产品和服务项目、公益性文化活动纳入公共财政经常性支出预算"。这些政策一定程度上明确了公共文化服务的财政支出情况，确定了政府的职责范围，为广大人民共享劳动成果创造了良好条件。

（2）财政转移支付制度。要想改变公共文化资源配置城乡二元结构的不合理现象，就必须推动公共文化服务均等化。目前，我国一些地方政府之中还存在财力与事权不匹配的现象，中央和省级财政较为充裕，而基本公共服务基本由基层财政负担。有些县乡财政状况较差，且区域发展不均衡，直接影响了基本公共文化服务的提供。因此必须加大对欠发达地区的投入，在公共文化设施建设、资源配置和服务提供方面向农村倾斜，增加公共文化资源供给总量，扫除盲点。截至2023 年，我国已经建立了转移支付制度，但是在中央转移支付资金中，一般性转移支付少、专项转移支付较多，导致一些项目交叉重复、投向分散，难以发挥综合效益。因此，要进一步完善中央财政对地方的转移支付制度以及区域间转移支付制度，使财政资金在城乡和地区之间进行合理的分配，以推进区域间公共文化服务的资源互补与财力互助。

（3）免费开放政策。公共文化设施的免费开放是公共财政支持的重要体现。因此，必须由公共财政来为公共文化设施免费开放的相关成本买单，包括公共文化设施的维护、运行、原有收费项目等。在我国，文化馆等公共文化机构免费开放始于 2011 年。2011 年，文化部、财政部印发了《关于推进全国美术馆、公共图书馆、文化馆（站）免费开放工作的意见》，从此文化馆等公共文化机构免费开放，不再是一种简单化的口头表达，而是有了准确的政策性表述，即"公共图书馆、文化馆（站）免费开放包括两个方面：一是指公共空间设施场地的免费开放，二是指与其职能相适应的基本公共文化服务项目健全并免费向群众提供"。该意见还规定，"文化馆免费开放主要包括：多功能厅、展览厅（陈列厅）、宣传廊、辅导培训教室、计算机与网络教室、舞蹈（综合）排练室、独立学习室（音乐、书法、美术、曲艺等）、娱乐活动室等公共空间设施场地的免费开放；普及性的文化艺术辅导培训、时政法制科普教育、公益性群众文化活动、公益性展览展示、培训基层队伍和业余文艺骨干、指导群众文艺作品创作等基本文化服务项目健全并免费提供；为保障基本职能实现的一些辅助性服务如办证、存包等全部免费"。该文件在"降低非基本服务收费"条目中还规定："公共图书馆、文化馆（站）除基本公共服务外，为满足广大基层群众多层次、多样化的需求，开展了多种多样的公益性服务。如公共图书馆深度参考咨询服务（为读者收集专题信息，编写参考资料，或者进行代查、代译、复印书刊资料等服务）、赔偿性收费和文化馆（站）的高端艺术培训服务等，可以收取合理的费用。在财政经费保障机制建立的前提下，各级公共图书馆、文化馆（站）应把主要精力用于开展基本公共文化服务。基本公共文化服务以外的公益性服务，要与市场价格有所区分，降低收费标准，按照成本价格为群众提供服务。"2017 年 3 月 1 日起施行的《公共文化服务保障法》第二十九条规定，公益性文化单位应当"创造条件向公众提供免费或者优惠的文艺演出、陈列展览、电影放映、广播电视节目收听收看、阅读服务、艺术培训等，并为公众开展文化活动提供支持和帮助。国家鼓励经营性文化单位提供免费或者优惠的公共文化产品和文化活动"。我国的公共文化服务进入高质量发展阶段。高质量发展，意味着要提供更多的特色化、个性化、多样化公共文化服务，这类服务免费开放，既要面对公共财政支撑能力的问题，又要面对新的社会公平正义问题，这就需要统筹完善政策协调、强化理论研究，推动公共文化服务实践创新与高质量发展。

（4）财政资金使用制度。投入方式是否科学，资金使用是否合理直接关系公共文化服务的效能。要改变原有的单一财政拨款方式，逐步转为"以奖代补"，提升公共财政投入的绩效。优化政府对文化事业投入的支出结构和资助方式，完善公共文化产品和服务的政府采购制度。建立政府投资决策咨询制度，确保资金使用的科学化、民主化。政府的大型文化投资项目，应当公开透明并经过专家委员会咨询论证。要充分运用政府招标采购、项目补贴资助、贷款担保贴息等投入方式，吸引社会力量通过投资、参股、赞助、提供设施和产品等多种方式投入公共文化服务，提高公共资源配置的效率。在经费使用过程中，要兼顾不同群体的文化需求，通过合理支出维护公平正义。

2. 已出台的相关政策

（1）《中华人民共和国公益事业捐赠法》。1999 年，《中华人民共和国公益事业捐赠法》发布。其中，第十四条、第二十四、第二十五条做了规定，鼓励社会力量捐赠公益事业，捐赠人可以享有冠名权和税收优惠。

（2）《国家"十一五"时期文化发展规划纲要》。该纲要于 2006 年 9 月发布。《国家"十一五"时期文化发展规划纲要》明确提出要"鼓励社会力量捐助和兴办公益性文化事业"。"引导和鼓励社会力量捐助和兴办图书馆、博物馆、文化馆等，在用地、税收等方面给予政策优惠。社会力量通过依法成立的非营利公益性组织和国家机关向公益文化事业的捐赠，纳入公益性捐赠范围。"

（3）《国务院办公厅转发财政部、中宣部关于进一步支持文化事业发展若干经济政策的通知》。该文件于 2006 年发布，明确社会力量通过国家批准成立的非营利性公益组织或国家机关对宣传文化事业的公益性捐赠，在年度应纳税所得额10%以内的部分，可在计算应纳税所得额时予以扣除；纳税人缴纳个人所得税时，捐赠额未超过纳税人申报的应纳税所得额30%的部分，可从其应纳税所得额中扣除。公益性捐赠的范围为：

（一）对国家重点交响乐团、芭蕾舞团、歌剧团、京剧团和其他民族艺术表演团体的捐赠。

（二）对公益性的图书馆、博物馆、科技馆、美术馆、革命历史纪念馆的捐赠。

（三）对重点文物保护单位的捐赠。

（四）对文化行政管理部门所属的非生产经营性的文化馆或群众艺术馆接受的社会公益性活动、项目和文化设施等方面的捐赠。

（4）《中共中央办公厅、国务院办公厅关于加强公共文化服务体系建设的若干意见》。该意见于 2007 年发布，重点推出"广播电视村村通工程""全国文化信息资源共享工程""乡镇综合文化站和基层文化阵地建设工程""农村电影放映工程""农家书屋建设工程"等直接面向城乡基层的文化惠民工程，以国家力量来统筹推进基层文化服务建设。

（5）《文化部关于鼓励和引导民间资本进入文化领域的实施意见》。该意见于2012 年发布，其中关于"鼓励民间资本参与公共文化服务体系建设"部分对民间资本进入公共文化服务领域也做了规定，一是"鼓励民间资本捐建或捐资助建博物馆、图书馆、文化馆、美术馆等公共文化基础设施，引导和鼓励民间资本通过捐助机构、资助项目、赞助活动、提供设施等形式参与公共文化服务。民间资本捐资助建公益性文化设施，可尊重捐赠者的意见，以适当方式予以褒奖；通过公益性社会团体和县级以上人民政府及其部门捐赠捐助的，可按有关法律法规享受税收优惠政策"。二是"支持民间资本兴办具有公益性和准公益性特点的读书社、书画社、乡村文艺俱乐部、文化大院、群众文艺团队、社区文化服务组织、民间文艺协会等，直接面向社会公众提供公益文化服务"。三是"支持民营文化企业的产品和服务进入政府公共文化产品和服务采购目录。鼓励民间资本通过招投标等方式，参与基础文化设施建设、公共文化产品创作生产、公益性文化产品和服务供给、重大文化惠民工程、重大公益性文化活动和其他公共文化服务"。

此外，在《国务院关于进一步完善文化经济政策的若干规定》《国务院关于支持文化事业发展若干经济政策的通知》《国务院批转文化部关于文化事业若干经济政策意见报告的通知》《财政部、国家税务总局关于宣传文化所得税优惠政策的通知》中，也有类似规定。

三、技术保障

在信息时代，公共文化服务对技术的要求和依赖度越来越高，公共文化服务已经从线下走向线上，从电脑端走向手机端、物联网端，进入"云"时代。在数字化、信息化、智能化的发展环境下，科技创新引领文化发展的趋势日渐明显，公共数字文化融合发展对于整合丰富资源、变革传统服务理念、完善服务体系、提升服务效能、加强机构合作具有重要的意义。技术应用改变了服务手段、服务方式，也改变了人们享用公共文化服务的方式。公共文化服务要建立现代传播体系、现代服务体系，就必须建立相应的技术保障体系。技术保障体系的基本目标是建立公共文化服务机构利用新技术、新媒体、新手段开展服务和管理的基础设施建设和设备配置标准，以及提供相应的技术支撑条件，让所有的公共文化服务机构都具有数字资源提供能力、远程服务能力。

随着数字技术、互联网技术和通信技术的快速发展，为满足人民群众日益增长的精神文化需求，公共数字文化服务作为公共文化服务的新兴内容日益活跃。公共数字文化是信息技术、数字技术、网络技术等现代科学技术在公共文化服务中的应用。在数字化、网络化环境下，构建公共数字文化服务体系，对满足人民群众日益增长的文化需求、提高全民文化素质、增强文化自信具有十分重要的意义。公共数字文化服务体系是公共文化服务体系的重要组成部分。公共数字文化服务体系是公共文化服务与数字文化相结合、面向大众的公益性的服务体系。近年来，为稳妥促进公共数字文化服务良性发展，我国各级政府陆续出台一系列相关政策。例如，文化部与财政部于2011年共同印发的《关于进一步加强公共数字文化建设的指导意见》中明确了公共数字文化建设所包含的基本内容，用于指导开展公共数字文化服务资源储备工作。国务院于2015年印发的《关于加快构建现代公共文化服务体系的意见》中，不但强调了公共数字文化服务在现代公共文化体系中的重要地位，还制定了较为详细的数字文化发展规划。于2016年通过、2017年实施的《公共文化服务保障法》，成为国家首部公共文化服务领域专门法律，向各级政府部门提出明确要求，要统筹规划公共数字文化服务建设。2017 年 10 月 18 日，习近平同志在十九大报告中指出，要完善公共文化服务体系，深入实施文化惠民工程，丰富群众性文化活动。文化部于 2017 年印发的《文化部"十三五"时期公共数字文化建设规划》，为公共数字文化服务制定了细致且全方位的规划，提出了公共数字文化服务未来发展目标及应达到的标准。也正是这些政策共同推动着我国公共数字文化服务的深入、细化、多方位发展（表 3-2）。

表 3-2　我国公共数字文化服务政策统计

序号	政策名称	颁发部门	出台时间/年
1	《文化部 国家文物局关于落实〈中共中央 国务院关于进一步加强和改进未成年人思想道德建设的若干意见〉的通知》	文化部、国家文物局	2004
2	《文化部、财政部关于进一步推进全国文化信息资源共享工程的实施意见》	文化部、财政部	2007
3	《国务院关于进一步繁荣发展少数民族文化事业的若干意见》	国务院	2009
4	《乡镇综合文化站管理办法》	文化部	2009
5	《文化部、财政部关于推进全国美术馆、公共图书馆、文化馆（站）免费开放工作的意见》	文化部、财政部	2011
6	《文化部 财政部关于实施"数字图书馆推广工程"的通知》	文化部、财政部	2011
7	《中共中央 国务院印发〈中国农村扶贫开发纲要（2011—2020 年）〉》	中共中央办公厅、国务院	2011
8	《关于进一步加强公共数字文化建设的指导意见》	文化部、财政部	2011
9	《文化部、财政部关于进一步强化公共文化服务机构数字化水平的指导意见》	文化部、财政部	2011
10	《文化部 财政部关于印发〈"公共电子阅览室建设计划"实施方案〉的通知》	文化部、财政部	2012
11	《文化部关于印发〈文化部"十二五"时期文化改革发展规划〉的通知》	文化部	2012
12	《文化部关于鼓励和引导民间资本进入文化领域的实施意见》	文化部	2012
13	《国务院关于大力推进信息化发展和切实保障信息安全的若干意见》	国务院	2012
14	《国务院关于印发国家基本公共服务体系"十二五"规划的通知》	国务院	2012
15	《文化部办公厅关于印发〈文化部"十二五"文化科技发展规划〉的通知》	文化部	2012
16	《文化部关于三馆一站免费开放督查工作情况的通报》	文化部	2012
17	《文化部关于印发〈文化部"十二五"时期公共文化服务体系建设实施纲要〉的通知》	文化部	2013
18	《文化部关于印发〈全国公共图书馆事业发展"十二五"规划〉的通知》	文化部	2013

续表

序号	政策名称	颁发部门	出台时间/年
19	《文化部关于印发〈文化部信息化发展纲要〉的通知》	文化部	2013
20	《新闻出版广电总局关于加强数字出版内容投送平台建设和管理的指导意见》	新闻出版广电总局	2013
21	《关于创新机制扎实推进农村扶贫开发工作的意见》	中共中央办公厅、国务院办公厅	2014
22	《关于贯彻落实〈2014年文化系统体制改革工作要点〉及其〈分工实施方案〉的通知》	文化部	2014
23	《中共中央办公厅 国务院办公厅印发〈关于加快构建现代公共文化服务体系的意见〉》	中共中央办公厅、国务院	2015
24	《国务院办公厅转发文化部等部门关于做好政府向社会力量购买公共文化服务工作意见的通知》	国务院	2015
25	《教育部 文化部 新闻出版广电总局关于加强新时期中小学图书馆建设与应用工作的意见》	教育部、文化部、新闻出版广电总局	2015
26	《国务院关于印发促进大数据行动纲要的通知》	国务院	2015
27	《国务院办公厅关于推进基层综合性文化服务中心建设的指导意见》	国务院	2015
28	《关于落实推进基层综合性文化服务中心建设的实施办法》	国务院	2015
29	《"十三五"时期贫困地区公共文化服务体系建设规划纲要》	文化部、发展改革委、国家民委、财政部、新闻出版广电总局、体育总局、国务院扶贫办	2015
30	《中共中央办公厅 国务院办公厅印发〈关于加大脱贫攻坚力度支持革命老区开发建设的指导意见〉》	中共中央办公厅、国务院	2016
31	《国民经济和社会发展第十三个五年规划纲要》	全国人大常委会	2016
32	《关于进一步做好为农民工文化服务工作的意见》	文化部、国务院农民工工作领导小组办公室、全国总工会	2016
33	《国务院办公厅关于加快推进广播电视村村通向户户通升级工作的通知》	国务院	2016
34	《国务院办公厅转发文化部等部门关于推动文化文物单位文化创意产品开发若干意见的通知》	国务院	2016
35	《中华人民共和国电影产业促进法》	全国人大常委会	2016
36	《公共文化服务保障法》	全国人大常委会	2016
37	《文化部 新闻出版广电总局 体育总局 发展改革委 财政部关于印发〈关于推进县级文化馆图书馆总分馆制建设的指导意见〉的通知》	文化部 新闻出版广电总局 体育总局 发展改革委 财政部	2016
38	《中华人民共和国公共图书馆法》	全国人大常委会	2017

续表

序号	政策名称	颁发部门	出台时间/年
39	《中共中央办公厅 国务院办公厅印发〈关于促进移动互联网健康有序发展的意见〉》	中共中央办公厅、国务院	2017
40	《关于印发"十三五"推进基本公共服务均等化规划的通知》	国务院	2017
41	《中共中央办公厅 国务院办公厅印发〈关于加强乡镇政府服务能力建设的意见〉》	中共中央办公厅、国务院	2017
42	《文化部"十三五"时期文化产业发展规划》	文化部	2017
43	《国务院关于印发"十三五"推进基本公共服务均等化规划的通知》	国务院	2017
44	《中央精神文明建设指导委员会印发〈关于深化群众性精神文明创建活动的指导意见〉》	中央精神文明建设指导委员会	2017
45	《文化部关于推动数字文化产业创新发展的指导意见》	文化部	2017
46	《文化部关于印发〈文化部"十三五"时期文化科技创新规划〉的通知》	文化部	2017
47	《"十三五"时期繁荣群众文艺发展规划》	文化部	2017
48	《"十三五"时期文化扶贫工作实施方案》	文化部	2017
49	《国务院办公厅关于印发兴边富民行动"十三五"规划通知》	国务院	2017
50	《国务院办公厅印发〈关于加快推进广播电视村村通向户户通升级工作的通知〉》	国务院	2016
51	《文化部关于印发〈文化部"十三五"时期艺术创作规划〉的通知》	文化部	2017
52	《文化部关于印发〈文化部"十三五"时期公共数字文化建设规划〉的通知》	文化部	2017
53	《文化和旅游部办公厅关于印发〈公共数字文化工程融合创新发展实施方案〉的通知》	文化和旅游部	2019
54	《公共数字文化工程融合创新发展实施方案》	文化和旅游部	2019
55	《中共中央办公厅 国务院办公厅印发〈数字乡村发展战略纲要〉》	中共中央办公厅、国务院	2019
56	《科技部 中央宣传部 中央网信办 财政部 文化和旅游部 广播电视总局印发〈关于促进文化和科技深度融合的指导意见〉的通知》	科技部、中央宣传部、中央网信办、财政部、文化和旅游部、广播电视总局	2019
57	《文化和旅游部公共服务司关于印发〈公共图书馆、文化馆（站）恢复开放工作指南〉的通知》	文化和旅游部	2020
58	《文化和旅游部、中央文明办关于印发〈2020年文化和旅游志愿服务工作方案〉的通知》	文化和旅游部、中央文明办	2020
59	《文化和旅游部公共服务司关于印发〈公共图书馆、文化馆（站）恢复开放疫情防控措施指南（第二版）〉的通知》	文化和旅游部	2020
60	《国务院办公厅印发关于切实解决老年人运用智能技术困难实施方案的通知》	国务院	2020

序号	政策名称	颁发部门	出台时间/年
61	《关于推动公共文化服务高质量发展的意见》	文化和旅游部、国家发展改革委、财政部	2021
62	《"十四五"公共文化服务体系建设规划》	文化和旅游部	2021
63	《国务院办公厅关于印发"十四五"文物保护和科技创新规划的通知》	国务院	2021
64	《国务院关于新时代支持革命老区振兴发展的意见》	国务院	2021

第三节　公共文化产品与服务供给体系概述

党的十八大报告突出强调"完善公共文化服务体系"，以提高服务效能。十八届三中全会《中共中央关于全面深化改革若干重大问题的决定》进一步要求建立群众评价和反馈机制，推动文化惠民项目和服务与群众需求有效对接；《关于加快构建现代化公共文化服务体系的意见》在部署加强公共文化产品和服务供给时，首先要求"提升公共文化服务效能"。公共图书馆在构建现代公共文化服务体系的背景下提升服务效能，一是加大跨部门、跨行业资源整合力度，推进公共文化服务机构互联互通。各级政府通过统筹协调、落实政策，推动公共文化服务机构承担起面向公众提供阅读服务的职能，是增加全社会公共图书馆服务总量、提升公共阅读服务能力的捷径。二是深入开展全民阅读活动，着力促进全民广泛参与。十七届六中全会《中共中央关于深化文化体制改革推动社会主义文化大发展大繁荣若干重大问题的决定》、党的十八大报告以及国务院 2014 和 2015 年《政府工作报告》多次提出"全民阅读"，标志着全民阅读上升为国家文化发展战略。各级各类图书馆是开展全民阅读活动的主力军。公共图书馆要创新特色阅读方式，重点解决农村留守儿童的基础阅读难题。三是以群众需求为出发点和落脚点，以创新的思维和方式推动服务效能跨越式提升。十八届三中全会以来，公共图书馆领域已经出现了以创新性的思路、创造性的方法、强有力的措施、超常规的速度提升服务效能的探索实践，推进读者需求和图书馆资源建设的对接。

一、主要内容

公共文化服务包括为广大民众分享文明成果、获得信息、鉴赏文艺作品而开展的阅览服务、展览服务；图书馆、文化馆、博物馆、剧场等提供的文化基础设施服务以及针对弱势群体开展的保障性服务等。高质量的公共文化产品供给服务离不开公共文化机构、公共文化设施等多方面的共同建设。

1. 公共文化机构的定位

无论是政府兴办还是民办的公共文化机构，都应该属于公益性文化机构。这就决定了公共文化机构必须不以营利为目的，而以提供公共文化服务、追求社会效益为根本。不同类别、不同层级的公共文化机构承担着不同的公共文化服务职能。公共图书馆是由各级人民政府设立或由社会力量捐资兴办的，具有文献资源收集、整理、存储、研究、传播等功能。2008年，中国图书馆学会发布了《图书馆服务宣言》，强调"现代图书馆秉承对全社会开放的理念，承担实现和保障公民基本文化权利、缩小社会信息鸿沟的使命"。这一宣言向社会公众宣示了中国图书馆人对于现代图书馆理念的认同，阐明了现代图书馆所承担的社会功能。《图书馆服务宣言》阐述了"对全社会开放""读者权利""平等服务""人文关怀"等服务原则，是现代图书馆服务核心理念的表述。公共图书馆有国家馆、省馆、县馆之分，不同级别的图书馆职能不同。博物馆是政府或社会力量兴办的，具有收藏、研究、陈列、展览各类历史文物和文化艺术品等功能。不同类别的博物馆，应该体现其特色。美术馆是博物馆的一种，其功能是收集、保存、展览和研究美术作品。文化馆等是群众文化机构，分省、县、乡三级，是负责组织指导群众开展文化艺术活动、开展社会宣传教育、普及科学文化知识的文化机构。城市社区、农村综合文化室是最基层的公共文化设施，兼有图书借阅、知识培训、文艺活动场地等功能，有的地方还设有体育设施、当地民俗陈列室等。剧院承担着艺术普及、文化共享、为创新作品提供平台的公益责任。青少年宫、科技馆、老干部活动中心等文化机构负有科普教育、开展培训、组织文化活动等功能。广播电视机构负有传播知识、陶冶人们情操、愉悦人们身心的职能。这些单位服务侧重点不同，应该各司其职，发挥优势。

2. 公共文化机构设施的建设

1）明确政府主导责任

要明确国家和地方政府在建立公共图书馆、博物馆等公共文化设施中的责任，每个公民都有享受其服务的权利，联合国教科文组织1994年发布的《公共图书馆宣言》中提出，"每一个人都有平等享受公共图书馆服务的权利，而不受种族、国籍、年龄、性别、宗教信仰、语言、能力、经济和就业状况或教育程度的限制"。同时要明确，政府应该加强各部门的统筹协调，推动资源整合共享。此外，还要鼓励社会力量兴办或捐建公共文化设施。

2）规范规划与布局

政府有关部门要根据国民经济和社会发展规划、城市总体规划以及土地利用总体规划设计公共图书馆、博物馆、文化馆、美术馆等公共文化设施的总体布局和发展规划，城乡规划、国土房管等部门审查后，由人民政府审批并由市城乡规划管理部门纳入相应城乡规划。

3）关于设施建设的相关规范

明确不同类别、不同层级公共文化设施建设的标准，包括建筑面积，以及图书收藏和借阅、文物收藏和展陈、培训、表演等不同功能区的设置等。要根据人口分布情况，以及社会经济和文化发展的需要，建设公共文化设施网络。设施选址应在交通便利、人口相对集中的区域。对于人口居住分散、交通不便的要通过流动服务、新技术来予以补充。

4）土地等相关优惠政策

对于公共文化设施的用地，政府要统一划拨，民营机构兴办公共文化设施的，经过甄别后应该给予同等待遇。任何单位和个人不得侵占公共文化设施建设用地或者擅自改变其用途。

3. 社会公众参与公共文化服务

公共文化服务主要由政府或具有官方性质的事业单位提供，坚持"政府主导、社会参与"是我国公共文化服务体系建设的重要内容。随着我国公共文化服务体系的不断完善和制度建设的不断推进，公共文化服务的提供主体和提供方式逐步多样化，公共文化服务的社会化程度明显提升。除了发挥政府的主导作用，推进公共文化服务体系建设，还包括以下几个方面：其一，积极调动社会力量参与建设，充分尊重人民群众的意愿，了解公众文化需求，直接面向基层百姓，以达到吸引更多群众参与活动的目的；其二，积极扶持一些志愿者组织参与公共文化服务体系建设，使得公共文化服务更加接地气；其三，鼓励企业资本进入到文化单位，参与市场竞争，不断提高公共文化服务的质量。

促进公共文化服务社会化发展，是丰富公共文化产品和服务供给的需要。公共文化产品和服务供给体系是公共文化服务体系的子系统，是实现公共文化服务普遍均等的重要基础。公共文化服务，从根本上说是政府的分内事，在公共文化资源供给体系中，政府理所当然地占据主导地位。但是，政府主导不等于政府主办，政府主办也不等于政府包办。随着政府职能的转变，以及有限责任政府、有限财力政府理念的普及，社会力量、社会资本参与公共文化服务体系建设成为丰富公共文化产品供给的重要途径。建立科学、合理的公共文化产品和服务供给体系，基本目标是政府积极发挥宏观调控职能，运用政策、规划、布局等调控手段对全社会公共文化产品生产和服务提供进行宏观指导，建立起政府主导下的多元的公共文化产品和服务供给体系，积极促进公共文化服务社会化发展。

促进公共文化服务社会化发展，也是提升公益性文化事业单位服务水平的需要。提供公共文化服务是实现人民基本文化权益的主要途径，在这一过程中，政府主要通过公益性文化事业单位来承担基本的公共文化产品生产和服务供给的责任，因此，公益性文化事业单位是公共文化服务供给的骨干力量。但长期以来，公益性文化事业单位主要依靠财政拨款运营，市场驱动、产业驱动、利益驱动、需求驱动的特征不明显，与人民群众日益增长的公共文化服务需求相比，不少公益性文化事业单位存在着产品和服务内容单一、品种匮乏、形式老旧、质量不高、规模不足等问题。目前，我国关于社会力量参与公共文化资源供给的制度安排存在一定程度的缺位情况。一些捐赠政策得不到切实落实，社会捐赠实质上是区别于政府财政的另一种分配形式，是调动民间力量办文化的重要途径。近年来，我国社会力量进入公共文化资源供给领域的动力增强，各界捐赠公益性文化呈现增长势头，但是普遍起点较低、规模较小。由于相关政策不完善，税收减免的程序有些繁杂，某种程度上得不到切实落实。

推动公共文化服务社会化发展，通过培育文化非营利组织，引入竞争机制，有利于推动公益性文化事业单位体制机制改革，有利于公益性文化事业单位释放内在活力、集中优质资源、提升服务质量。

国家一贯积极引导和鼓励社会力量、社会资本以多种方式参与公共文化服务体系建设，推动公共文化服务社会化发展。2007年8月，中共中央办公厅发布《关于加强公共文化服务体系建设的若干意见》，明确要求完善相关管理制度，简化审批登记程序，积极引导社会力量以兴办实体、赞助活动、免费提供设施等多种形式参与公共文化服务；支持境内各类文化基金会和文化投资公司参与公共文化服务；支持民办公益性文化机构的发展，鼓励民间开办博物馆、图书馆等，促进公共文化服务方式的多元化、社会化。2011年11月，中共十七届六中全会通过的《中共中央关于深化文化体制改革推动社会主义文化大发展大繁荣若干重大问题的决定》，再次明确要求"引导和鼓励社会力量通过兴办实体、资助项目、赞助活动、提供设施等形式参与公共文化服务"，完善公共文化服务体系建设。2012年2月，由中共中央办公厅、国务院办公厅发布的《国家"十二五"时期文化改革发展规划纲要》，强调采取政府采购、项目补贴、定向资助、贷款贴息、税收减免等政策措施鼓励各类文化企业参与公共文化服务，特别是鼓励国家投资、资助或拥有版权的文化产品无偿用于公共文化服务。2013年11月，中共十八届三中全会发布的《中共中央关于全面深化改革若干重大问题的决定》，围绕构建现代公共文化服务体系，要求"引入竞争机制，推动公共文化服务社会化发展。鼓励社会力量、社会资本参与公共文化服务体系建设，培育文化非营利组织"，从而推动公共文化服务社会化发展。

二、我国已有政策

1. 国家层面的法律法规

1）综合类

（1）《广播电视管理条例》。1997 年 8 月，国务院第 61 次常务会议通过，以国务院第 228 号令发布，共分六章五十五条，对广播电视台的功能、性质、设立条件和程序、建设、管理、传输覆盖等进行了规定。

（2）《广播电视设施保护条例》。2000 年 11 月国务院发布 295 号令，即该条例明确了广播电视设施的范围，对广播电视设施进行维护和保养、防止安全受损的具体义务，规定了惩处措施。

（3）《公共文化体育设施条例》。该条例于 2003 年 6 月经国务院第 12 次常务会议通过，以国务院第 382 号令发布，自 2003 年 8 月 1 日起施行，由总则、规划和建设、使用和服务、管理和保护、法律责任及附则等六部分组成，对于公共文化设施的建设、管理和运行进行了规定。这是《公共文化服务保障法》实施前关于公共文化服务的效力层次最高的立法。

（4）《博物馆条例》。该条例于 2015 年 2 月 9 日经中华人民共和国国务院令（第 659 号）公布，自 2015 年 3 月 20 日起施行。它是为促进博物馆事业发展，发挥博物馆功能，满足公民精神文化需求，提高公民思想道德和科学文化素质制定。

（5）《公共文化服务保障法》。由中华人民共和国第十二届全国人民代表大会常务委员会第二十五次会议于 2016 年 12 月 25 日通过，自 2017 年 3 月 1 日起施行，是为加强公共文化服务体系建设，丰富人民群众精神文化生活，传承中华优秀传统文化，弘扬社会主义核心价值观，增强文化自信，促进中国特色社会主义文化繁荣发展，提高全民族文明素质制定的法律。

（6）《中华人民共和国公共图书馆法》。由第十二届全国人民代表大会常务委员会第三十次会议于 2017 年 11 月 4 日通过，自 2018 年 1 月 1 日起施行。它是为了促进公共图书馆事业发展，发挥公共图书馆功能，保障公民基本文化权益，提高公民科学文化素质和社会文明程度，传承人类文明，坚定文化自信，制定的法规法律。当前版本是根据 2018 年 10 月 26 日第十三届全国人民代表大会常务委员会第六次会议《关于修改〈中华人民共和国野生动物保护法〉等十五部法律的决定》修正，自公布之日起施行的。

（7）《国家基本公共服务标准（2021 年版）》。2021 年 3 月 30 日，经国务院批复同意，国家发展改革委联合 20 个部门印发该标准，并发出通知，要求各地区结合实际认真贯彻落实。它是严格界定基本公共服务范围、结合实际抓紧制定各地区基本公共服务具体实施标准、有效落实基本公共服务支出责任的重要依据。

（8）《"十四五"公共文化服务体系建设规划》。2021 年 6 月 10 日，文化和旅游部以文旅公共发〔2021〕64 号发布通知，并公布该规划。它是为贯彻落实《中华人民共和国国民经济和社会发展第十四个五年规划和 2035 年远景目标纲要》、《"十四五"文化发展规划》和《"十四五"文化和旅游发展规划》，加快推进公共文化服务体系建设，文化和旅游部编制的规划。

2）关于公共设施的建设

（1）《博物馆建筑设计规范》。1991 年 5 月建设部、文化部发布，规定了大、中、小型博物馆的建筑规模、藏品库区和陈列区建筑的要求。

（2）《文化馆建设用地指标》。2008 年 10 月施行，由文化部编制，住建部、国土资源部、文化部批准，明确了文化馆的分级分类，建设用地控制指标，适用于省、市、县文化馆的新建、改建和扩建工程。

（3）《公共图书馆建设标准》。2008 年 11 月，文化部编制，住房和城乡建设部、国家发展和改革委员会发布。该文件规定了不同级别图书馆的规模分级、项目构成与选址、建筑面积、总体布局和建设要求。

（4）《博物馆照明设计规范》。2009 年 5 月国家质量监督检验总局、中国国家标准化管理委员会发布，2009 年 12 月实施，规定了博物馆照明设计的原则、照明数量和质量指标。

（5）《文化馆建设标准》。2010 年 12 月施行，文化部编制，住房和城乡建设部、国家发展和改革委员会批准，对文化馆的选址、用地、总体布局、面积、建筑设备等进行了规范。

（6）广播电影电视工程建设系列标准。这些标准包括《广播电视微波工程建设标准》《电视和调频广播发射（转播）台（站）建设规范》等，规范了广播电视设施的建设标准。

由上文可见，我国关于文化设施的建设用地、基本建设规范已经形成了体系，并形成了较为成熟的标准。不足之处在于，现有标准有的制定时间较早，与新形势不完全适应，需要进一步调整。

3）关于公共文化机构的管理

（1）《博物馆管理办法》。2005 年 12 月文化部发布，2006 年 1 月 1 日起施行。该办法明确，博物馆的数量、种类、规模以及布局，应当根据本地区国民经济和社会发展水平、文物等资源条件和公众精神文化需求，统筹兼顾，优化配置。鼓励优先设立填补博物馆门类空白和体现行业特性、区域特点的专题性博物馆。博物馆应当发挥社会教育功能，传播有益于社会进步的思想道德、科学技术和文化知识。同时，该办法还明确了申请设立博物馆应当具备的条件及相关程序。

（2）《乡镇综合文化站管理办法》。2009 年 8 月文化部部务会议审议通过，2009 年 10 月 1 日开始实施，分五章。该文件明确了乡镇综合文化站总则、规划和建设、职能和服务、人员和经费、检查和考核等。

4）关于服务规范

（1）《中华人民共和国文物保护法》。《中华人民共和国文物保护法》是为了加强对文物的保护，继承中华民族优秀的历史文化遗产，促进科学研究工作，进行爱国主义和革命传统教育，建设社会主义精神文明和物质文明，而制定的法规。对于图书馆、博物馆保管文物的职能做了规定，要求对其收藏的文物区分等级，设置档案，严格管理。

（2）《博物馆管理办法》规范了博物馆的服务。江西省出台了《公共图书馆服务规范》（2024 年 3 月 26 日发布）。

5）关于免费开放的政策

最初，博物馆仅对军人、老年人、未成年人等特殊群体免费或给予半价优惠。文化部、国家文物局发布《关于公共文化设施向未成年人等社会群体免费开放的通知》，文化部等 12 部委发布《关于公益性文化设施向未成年人免费开放的实施意见》等法律法规，明确了公共文化服务设施对特殊群体免费开放的措施。

2008 年 1 月，中宣部、财政部、文化部、国家文物局发布《关于全国博物馆、纪念馆免费开放的通知》，要求全国各级文化文物部门归口管理的公共博物馆、纪念馆、全国爱国主义教育基地全部免费开放。

2010 年，文化部、财政部制定了《推进全国美术馆、公共图书馆、文化馆（站）免费开放工作实施方案》。

2011 年，文化部、财政部联合印发《关于推进全国美术馆、公共图书馆、文化馆（站）免费开放工作的意见》，提出了免费开放的指导思想、工作原则、主要目标、基本内容和实施步骤，要求到年底，实现基本文化服务项目的免费开放。

6）关于促进文化公平的政策

为丰富进城务工人员的文化生活，文化部接连于 2004 年、2006 年印发了《关于高度重视农民工文化生活，切实保障农民工文化权益的通知》《关于贯彻落实〈国务院关于解决农民工问题的若干意见〉有关问题的通知》，要求加强面向农民工的文化服务，积极探索适合于农民工文化生活的艺术形式，为农民工提供健康有益的文化产品和服务。

为维护广大青少年的文化权益，2009 年，文化部、国家文物局印发《关于贯彻落实中共中央办公厅、国务院办公厅〈关于进一步净化社会文化环境促进未成年人健康成长的若干意见〉的通知》，提出要加强未成年人文化活动阵地和设施的建设，为未成年人提供更多丰富的文化资源。2010 年，文化部发布《关于进一步加强少年儿童图书馆建设工作的意见》，要求各级图书馆都要开设少年儿童阅览室，乡镇、街道、社区要建设少年儿童图书馆分馆。

2011 年，文化部发布《关于加强村级文化建设的指导意见》，强调充分认识加强村级文化建设的重要性和紧迫性，要求加强村级文化阵地建设，到 2015 年，全国基本实现村村有文化设施，有稳定的文化队伍，有常态化的文化活动和基本服务内容，有健全的保障机制，村级文化服务能力显著提高，对社会主义新农村建设的支撑作用得到有效发挥。东部地区率先形成比较完备的以村为重点的农村公共文化服务网络，中西部地区村级文化服务水平明显提升。广大农民群众可以就近方便地享受政府提供的公共文化服务，就近方便地参加群众文化活动，农民群众基本文化权益得到有效保障，对政府公共文化服务的满意度明显提高。

十二届全国人大常委会第二十五次会议 2016 年 12 月 25 日通过的《公共文化服务保障法》第九条规定：各级人民政府应当根据老年人、残疾人群体的特点与需求，提供相应的公共文化服务。

十二届全国人大常委会第三十次会议 2017 年 11 月 4 日通过的《中华人民共和国公共图书馆法》第三十四条规定：政府设立的公共图书馆应当考虑老年人、残疾人群体的特点，积极创造条件，提供适合其需要的文献信息、无障碍设施设备和服务等。

十四届全国人大常委会第三次会议 2023 年 6 月 28 日通过的《中华人民共和国无障碍环境建设法》第三十六条规定：提供公共文化服务的图书馆、博物馆、文化馆、科技馆等应当考虑残疾人、老年人的特点，积极创造条件，提供适合其需要的文献信息、无障碍设施设备和服务等。第四十五条规定：国家鼓励文化、旅游等服务场所结合所提供的服务内容，为残疾人、老年人提供辅助器具、咨询引导等无障碍服务。

2. 地方性法规和规章

（1）《北京市博物馆条例》。2000 年 9 月北京市第十一届人民代表大会常务委员会第二十一次会议通过，该条例适用于北京市行政区域内各类博物馆，分别规定了总则、发展与保障、管理与监督、法律责任等。

（2）《内蒙古自治区公共图书馆管理条例》。2000 年，内蒙古自治区第九届人民代表大会常务委员会第十七次会议通过，共六章，即对总则、公共图书馆的建设、公共图书馆的服务、公共图书馆工作人员、奖励与处罚、附则做了具体规定。民办图书馆也参照执行。

（3）《湖北省公共图书馆条例》。2001 年 7 月湖北省九届人大常委会第 26 次会议通过，2001 年 7 月湖北省人民代表大会常务委员会公告第 12 号公布。该《条例》共 23 条，自 2001 年 10 月 1 日起施行。

（4）《北京市图书馆条例》。2002 年 7 月经北京市人大常委会通过，该条例适用于北京市的公共图书馆及其他各类图书馆，规定了图书馆的职能、开放时间、管理规范、服务要求等，特别是对社会力量兴办图书馆做了规范。

（5）《河南省公共图书馆管理办法》。2002 年 7 月成文，2007 年 7 月河南省政府以政府令的形式颁布，共十八条，明确了公共图书馆的功能、性质、布局、维护和管理、藏书标准、服务规则等。

（6）《浙江省公共图书馆管理办法》。2003 年 8 月，浙江省政府发布，自 2003 年 10 月 1 日起施行。该办法共有七章三十四条，也对公共图书馆的性质、功能、建设、经费、服务规范、读者权益、文献信息资源、从业人员要求和管理制度做了规定。

（7）《福州市广播电视设施建设与管理若干规定》。2012 年 6 月，福州市人大常委会颁布，共二十五条，对福州广播电视设施的规划、建设、使用、管理和保护做了规范。

（8）《深圳经济特区公共图书馆条例（试行）》。1997 年颁布实施，共有 38 条，对该市公共图书馆的建设和管理、服务做了规范。

（9）《浙江省文化馆管理办法》。2009 年浙江省政府颁布，共六章，明确了文化站的性质、功能、规划、建筑规范、管理和监督的要求，要求文化馆的设计要实用、美观，对公众免费提供展览、图书阅览服务，免费组织群众文化活动，为公众提供良好服务。馆长负责，重大事项必须经馆务会讨论。

（10）《天津市文化中心管理办法》。天津市于 2011 年 8 月出台政府规章，专门就天津市文化中心这一公益性文化机构的运行、管理、服务予以规范。

（11）《广东省公共文化服务促进条例》。该条例于 2011 年 9 月经广东省人大常委会通过，自 2012 年 1 月开始实施。这是全国第一部关于公共文化服务体系建设的综合性地方性法规，分为总则、公共文化服务提供、基层公共文化设施建设、激励与保障、法律责任等内容。

（12）《江苏省农村公共文化服务管理办法》。该办法由江苏省政府于 2012 年 1 月发布，共分六章，规定了农村公共文化服务的范围、主管部门、资金来源，明确了公共文化服务机构的设立、撤并、管理机制、人员配备，服务设施的建设标准、功能划分、服务内容等，充分考量了农村地区的特点。

（13）《四川省公共图书馆条例》。2013 年 7 月，四川省第十二届人民代表大会常务委员会通过，自 2013 年 10 月 1 日起施行。该条例突出政府的主导地位和作用，强化了县级以上地方人民政府依法履行公共图书馆建设的职能；对公共图书馆管理和运行机制作了相应要求。

（14）《佛山市公共图书馆管理办法》。该办法经 2021 年 2 月 10 日十五届佛山市人民政府第 83 次常务会议审议通过，自 2021 年 5 月 1 日起施行。它从加强和规范公共图书馆管理，完善公共图书馆服务网络，保障公民基本文化权益的角度出发，对完善联合图书馆体系建设，建立和维护联合图书馆体系技术平台、自动化管理系统，提高公共图书馆的服务效能等方面做了详细的规定。

（15）《忻州市公共图书馆管理办法》。该办法经 2022 年 9 月 16 日忻州市人民政府第 11 次常务会议讨论通过，自 2023 年 2 月 1 日起施行。

（16）《北京市公共文化服务保障条例》。该条例由北京市第十五届人民代表大会常务委员会第四十三次会议于 2022 年 9 月 23 日通过，自 2023 年 1 月 1 日起施行。该条例共 8 章 67 条，其公布施行，对进一步提升北京市公共文化服务工作规范化、科学化、法治化水平，在公共文化服务标准化建设、完善基层公共文化服务网络、创新拓展城乡公共文化空间、强化社会参与等方面将起到积极的促进作用。

（17）《新疆维吾尔自治区公共图书馆条例》。该条例由新疆维吾尔自治区第十四届人民代表大会常务委员会第二次会议于 2023 年 5 月 31 日通过，自 2023 年 7 月 1 日起施行。

（18）《甘肃省公共图书馆条例》。该条例由甘肃省第十四届人民代表大会常务委员会第四次会议于 2023 年 7 月 27 日通过，自 2023 年 10 月 1 日起施行。该条例共 6 章 46 条，重点围绕公共图书馆的设立与建设、运行、服务进行了详细规定，对规范甘肃省公共图书馆的体系建设、布局规划、功能定位、运行保障，促进公共图书馆事业规范、有序、健康发展，进一步提升甘肃省公共图书馆服务水平有着重要意义。

总体来看，地方关于公共文化服务的立法比较重视，特别是进入 21 世纪以来，出现了一个小高潮，有些地方比较具有前瞻性，走在国家立法的前列。比如，贵州、北京、内蒙古在《公共文化体育设施条例》出台前就开始建立图书馆的建设、服务等制度，江苏专门针对农村地区的特点，对农村的文化馆、图书馆的服务进行综合考量。广东出台《广东省公共文化服务促进条例》，充分吸纳了国际上公共管理的新理念，具有开拓性。天津市以市文化中心这一机构为对象进行立法，针对性很强。总之，已出台的地方性法规和规章都结合了本地区的实际，具有较强的针对性和可操作性，是国家立法的有益补充，有的还为国家层面的立法提供了有力的借鉴。

3. 关于公共文化服务建设的相关立法

（1）建设标准。《公共文化体育设施条例》对公共文化设施的建设和使用已经做了规定，还可以在操作性、约束性上加以强化。比如，明确规定国家、省、地、县、乡、村（社区）等行政区域内应配套建设的公共文化设施的种类，以形成各级各类公共文化设施网络体系。突出将服务人口的数量、结构作为配备文化设施数量、种类的主要标准。同时，基层文化设施建设也是薄弱环节，成为制约公共文化服务体系完善的瓶颈之一。鉴于此，在对公共文化设施管理进行规定时应该更加细致，除了规定硬件建设标准外，更应侧重其功能的设置和服务的开展，使其不仅仅作为静态的馆舍存在，还要确保活动、服务开展的常态化。整合基层公共文化资源，设立综合文化中心，承担图书阅览、培训、文化活动等多项功能。

（2）建立论证制度。公共文化设施建设应充分考虑地方实情，防止一刀切，造成公共文化资金的浪费。防止形象工程，公共文化设施空壳化。为确保公共财政花在刀刃上，要建立公共文化设施建设论证制度，要广泛听取专家和广大民众意见，对其建筑规模、建筑风格予以充分论证。特别是地级市以下博物馆的设立，要充分考虑当地历史文化资源情况，防止千篇一律。文化底蕴深厚、资源丰富的地方可以建设，资源较少的则不建，可以将相关功能并入文化馆或图书馆。

（3）关于公共文化机构的设立、准入和变更。建立公共文化机构注册登记制度。公共文化机构是为公众服务的公益性机构，必须建立严格的准入制度，不是随便挂个牌就能成立的。文化行政部门对此负有管理责任。目前，只有《博物馆管理办法》对博物馆的设立、年检和终止做了规定，明确了设立博物馆应该具备的条件、申请设立博物馆应提交的材料清单以及审核程序等。图书馆、文化馆、青少年宫的设立等还没有明确规定。要完善公共文化机构设立准入制度，明确各类公共文化机构的设立必须经过审查、注册，明确文化行政部门负有审查批准的职责。借鉴国内外关于博物馆注册制度的成熟做法，将各类公共文化机构要具备的条件、申请的程序予以规定。建立监管制度，明确变更和撤销相关机构应当报县级以上政府批准，并报上一级文化行政主管部门备案。政府购买的公共文化设施不得转让。对于民办公共文化机构予以规范，明确其性质、服务规范等。要对博物馆、图书馆、美术馆的规模、级别进行认证，还要明确其是否符合相关要求，对不符合要求的由相关职能部门责令其摘牌，停止业务活动。对于擅自挂牌公共文化机构的行为，要予以惩处。

（4）关于公共文化机构的管理。公共文化机构的管理包括组织管理、藏品管理、评估制度等方面。组织管理方面，需要规范公共文化机构的理事会制度，建立公共文化机构专家咨询机制和集体决策制度，加强内部管理规范，如聘用机制、绩效考评机制、奖惩机制，明确工作人员应具备相应的专业知识与技能。藏品管理方面，应当不断完善文献资源和藏品的收集整理、保管制度，建立文献信息资源和文物藏品的保存、调配和剔除制度，以提高资源的利用率。定期对馆藏文化资源进行清点，对于有利用价值但利用率相对较低的信息资源，可在馆际调配用，或者建立专门空间进行收藏。评估制度方面，强化服务功能占比，结合公共文化机构硬件建设与服务内容综合评估，进一步提升图书馆、档案馆、博物馆等公共文化机构的服务水平。

（5）公共文化产品的提供制度。在物质生活水平得到提升后，精神文化层面的满足便成为蓬勃增长的民生需求，文化成为幸福指数的重要衡量尺度。公共文化机构提供服务应当坚持便民、高效的原则，实现馆舍服务与流动服务相结合。我国现有政策法规对公共文化设施的定位有所体现，如《中华人民共和国公共图书馆法》《博物馆条例》，分别明确了公共图书馆、博物馆的职能，文件中对不同层级文化设施的功能进行了区别。目前学界对博物馆、图书馆、文化馆的职能基本形成共识，且在《博物馆管理办法》以及关于图书馆、文化馆的地方性法规中有所体现。此外，公共图书馆、博物馆应当不断完善、丰富馆藏文献信息资源和藏品。应当注重信息技术的应用，建设数字资源，对数字资源与传统载体资源进行整合，建立资源共享机制，为用户服务。国有博物馆、纪念馆、美术馆、图书馆、文化馆已经实现免费开放。公共文化设施管理单位应坚持以人为本，根据设施的性质开展业务活动及其他文化活动，促进公共文化产品供需双方有效对接，提高产品供给的有效性。公共文化机构收集存储了大量文化资源信息，其中很多信息涉及知识产权问题，因此公共文化机构必须加强宣传，培育公民权利意识，处理好公众利益和知识产权权利人利益之间的关系，保护好馆藏文献信息资源的知识产权，禁止购买或者使用盗版、假冒信息资源。公共文化机构应当健全公民公共文化需求表达的政治制度，建立听证制度、问卷调查制度，并以开通专门网站等形式，健全公民公共文化需求表达机制，拓宽公民文化需求表达渠道。此外，针对特殊群体的制度设立也尤为重要。公共文化设施建设要充分考虑残疾人、老年人、未成年人的需求，提供相应的公共文化服务，提供便利条件，开设专门空间，防止拒绝残疾人、流浪人群进入的现象出现等，达到保护弱势群体、促进文化公平的目的。

第四节　公共文化服务绩效评估体系

我国公共文化服务体系一定程度上存在资源配置不合理，城乡、区域不均衡，资源浪费，公共文化设施利用率低，公共文化产品和服务不完全符合人民需求等问题。建立科学有效的绩效评估机制，是推动政府和相关文化机构优化资源配置、提升供给能力和水平的有效举措。《国家"十一五"时期文化发展规划纲要》提出，要建立健全公共文化机构评估系统和绩效考评机制。《关于加强公共文化服务体系建设的若干意见》中再次强调"要根据图书馆、博物馆、文化馆、乡镇综合文化站、电台、电视台和广播电视发射转播台等公共文化服务机构的特点，分类制定建设标准和服务标准，加强绩效评估"。《国家"十二五"时期文化改革发展规划纲要》指出要"制定公共文化服务指标体系和绩效考核办法"。这些重要文件都对开展公共文化服务体系的绩效评估提出了要求，但是还没有形成健全的机制。浙江、上海、广东、江西、四川等地进行了公共文化服务绩效评估的探索。

建立科学完整的评估指标体系，是提升治理水平的重要方式。绩效评估对于检验公共文化服务政策体系建设的效果至关重要，因此，亟待建立科学的绩效评估体系。

一、绩效评估的目标

构建公共文化服务绩效评估体系的实质，是建立一个有关公共文化产品与服务信息的搜集和反馈模型，进而根据这些信息进行绩效评估。公共文化服务领域引入绩效管理的目的，就是提高公共部门和机构配置公共文化资源的效能，提升公共文化服务水平，以更好地维护人们的基本文化权益，满足社会公众的基本文化需求。社会公众是对公共文化服务绩效评估最客观、权威的评价主体。绩效评估过程中，需要将人民满意度与公共文化服务质量作为考核的核心，明确民众的主体地位，选取公民满意度、财政投入、设施开放率等关键性指标，专门建立一个由政府人员、专家学者、公民代表组成的评估机构，保证多元评估主体共同参与，以全方位、多角度地评估文化服务部门的工作，使评估得到更科学的结果，避免内部评估的形式主义。

绩效评估报告是完整的绩效评估流程中不可或缺的组成部分，也是绩效评估结束后的必要工作。通过定期发布绩效评估报告，社会公众可以了解文化服务绩效评估的相关结果以及公共文化服务政策建设的实际进展。部分欠发达地区还需将基层公共文化服务体系建设情况纳入政府人员绩效考核之中，以此提高基层政府有关人员建设公共文化服务体系的积极性。

二、绩效评估的原则

（1）科学性原则。要参照标准来设计评估指标。评估方法程序要科学，要从多个维度进行评估，实行动态化绩效管理，努力实现公共文化服务效益的最大化。

（2）客观性原则。客观性要求评估数据准确反映公共文化机构服务水平，公共文化服务绩效评估要制定明确的标准，吸收社会公众参与评估，评估结果要向社会公布。

（3）导向性原则。公共文化服务体系的服务对象是人民，核心功能是为公众提供公共文化产品。因此，必须把公民满意作为重要标准，设计出体现民众好恶取向的、科学有效的绩效指标体系。

三、绩效评估机制的构建

1. 绩效考核的方式和主体

首先，政府要对人民的文化需求结构进行研究分析，设计一个能准确反映公民精神文化需求满意度的具体指标体系，除了包含对公民满意度的评估指标外，同时还包含对公共文化服务工作效率、效果的评估指标，从而实现对公共文化服务工作进行有效评价。其次，采取积极措施，提升公共文化服务绩效评估的透明度和公开性。绩效评价信息向社会公布，充分发挥公民在绩效评估过程中的监督作用。最后，在实施过程中应随时听取公众意见，并将公众意见纳入下一个公共文化服务供给决策。

绩效考核的方式分内部评估和外部评估。前者指政府有关部门及公益性文化机构针对自身的公共文化服务行为开展的评估。后者指其他社会力量所开展的评估。公共文化服务的绩效评估要采取内部评估与外部评估相结合的方式。之所以采取外部评估，是因为公共文化服务和产品的提供具有很强的公共性。政府的公权力来源于公民个人权利的合理让渡，因此，公民或者社会力量有权监督政府行为。因此，公共文化服务的绩效评估，必须引入公众或者社会评估，至少应当是内部评估与外部评估（独立第三方评估）的结合，而不应当局限在内部评估（政府内部、行业内部）。

对于公共服务绩效评估，社会、公众应该共同参与，并逐步走向多元化。公民个体（公众或服务惠及群体）、专家学者、专业社会团体或学术机构、大众传媒、中介评估机构等都可采取各种方式，直接或间接、正式或非正式地独立评价和审视公共文化部门的绩效。其中，社会共同参与能够更直接地考查公共文化服务是否全覆盖，是否让公众满意；专家学者以及专业社会团体或学术机构的参与，对公共文化艺术项目中的绩效目标的科学化确定及考核，将起到推动作用；大众传媒可以利用网络资源检验公共文化机构的影响力，起到监督作用；中介评估机构则能以其丰富的专业经验确保评价工作更加高效公正。由此可见，社会、公众的共同参与，能使各群体有效表达文化需求和文化权益诉求，推动公共文化服务惠及全体公民。当然，为了使评估更具科学性与合理性，还要有机结合党委政府等多方主体意见，强化评估与监督效果，以提高评估的科学性、客观性与监督的有效性。

2. 绩效评估的对象

（1）有关政府部门。公共文化服务是以政府为主体的公共服务，文化、财政等部门负有规划布局、资源配置、政策引导、组织实施等职能，因此应该作为评估对象。

（2）公共文化机构。这里不仅包括具体提供公共文化服务的公益性文化事业单位（如图书馆、博物馆、美术馆、文化馆、广播电视机构等），也包括作为社会力量兴办的非营利公共文化服务机构。一方面，公益性文化事业单位作为政府提供公共文化服务的窗口和平台，能够提供便捷、有效的公共文化服务，直接关系到公共文化服务水平，因此，也是评估的重要对象。另一方面，社会力量兴办的非营利公共文化服务机构，如民办图书馆、博物馆、文艺协会等也承担了提供公共文化服务的责任，其服务质量也与社会公众密切相关，因此，也应纳入评估体系。

3. 公共文化服务绩效评估的主要内容和指标

1）公共文化服务绩效评估的主要内容

公共文化服务体系建设的终极目标是保障实现公民的文化权利，促进文化事业繁荣发展。因此，公共文化服务的绩效评价也应以此作为评判准则，来评判相关部门履职是否到位，工作效率和水平是否令公众满意，公共文化服务是否能够促进文化创造活力的迸发、推出了更多文化产品，是否增强了公共文化供给的能力，是否为公众提供更多文化参与、文化享受的机会，还要看是否有利于公民文明素质的提升和文化创造能力的提高，是否有利于塑造公民现代人格、弘扬国家精神，从而促进社会全面进步，等等。具体内容，可分为三个方面。

（1）效率评估。效率评估主要强调看公共文化服务的方案最终是否达到了预期目标，是否实现了最低支出前提下预期目标的实现，即文化事业管理机构对于公共文化服务的资金、人力等投入产生了什么样的效果，包括公共文化服务的建设规模、公共产品和服务的数量、服务水平和质量，以及各类公共文化服务活动开展的次数、各项服务的成本、公众参与程度等方面。效率评估是及时提供公共文化服务、满足公众文化需求的关键。

（2）效益评价。效益评价是指以图书馆、博物馆、纪念馆、文化馆等为主体的文化机构是否产生了良好的社会效益，公众是否从中获益，是否较好地满足社会公众对文化的需求，主要包括公众对于公共图书馆、博物馆等免费开放及服务情况的满意度等。

（3）公平度评估。公共文化服务绩效评估是为了保证公平，与此同时，公共文化服务绩效评估过程也需要坚持公平、公正原则，因此，公平度评估在指标确立、评估数据获取、评估结果公布等过程中尤为重要。公平度评估要求公平正义地对待不同群体、不同地域的文化需求，文化需求是公众的基本权益，绩效评估目的之一就是保障公平，而在绩效评估过程中，公平度也是衡量公共文化服务绩效的重要指标。

2）公共文化服务绩效评估的指标

绩效评估的关键是建立科学的评估指标体系。现在我国已经采取了一些考核方式，如全国文化先进县评比、图书馆评估定级、文化馆评估定级等，并设定了一些评估指标。在公共文化服务绩效评估的基本维度确定后，需要进一步确定评估的基本指标。这些基本指标的确定要具有很强的可操作性，同时能够最大限度地反映评估的价值取向。因此在确定这些指标时，第一，要注意目标的一致性，即公共文化服务体系的评估指标与被评估的对象（如文化行政机关、图书馆、博物馆等）的战略目标、绩效评价的目的三者应当是一致的。第二，要注意可测性，即公共文化服务绩效评估指标本身具有可测性和在评估过程中的现实可行性。量化的指标应该是可测的，非量化指标应该用可操作的语言进行定性描述，以使所规定的内容可以运用现有的统计工具获得明确的结论。第三，要注意整体性，即指标体系内部的指标能够全面、系统地反映公共文化服务绩效评估的数量和质量要求，各项指标之间的含义、口径、范围、计算方法、计算时间和空间范围等方面要相互衔接，以全面、系统、综合、有效地衡量公共文化服务的整体绩效水平。第四，要注意可比性，即公共文化服务绩效评估指标体系中的指标要具有独立性，同一层次上的指标之间必须相互独立，不能交叉重叠，否则就无法比较。第五，要注意可行性，即要根据不同的评估对象的特定职能和绩效目标来设定评价指标，同时要根据实际需要来设定指标，使指标建立在切实可行的基础上。因此，要科学合理制定政府部门绩效指标体系、博物馆服务绩效评估指标体系、公共图书馆服务绩效评估指标体系、文化馆绩效评估指标体系、文化遗产保护绩效评估指标体系、广播电视公共文化服务绩效指标体系等。要针对评估对象的特点，设定不同层次、不同功能的评估体系。

公共文化服务绩效评估要根据评估主体对评估的范围进行切块划分，而这种划分与评估主体的多元结构紧密关联。公共文化服务绩效评估既涉及责任主体，如政府文化行政主管部门，也涉及实施主体，即公共文化服务组织，如图书馆、博物馆等，而随着公共文化服务市场化程度的不断提高，也会涉及社会非营利文化机构和一些文化企业。应基于公共文化服务体系建设，保障财税、人才、技术、资源均衡供给，拓宽供给渠道，优化供给方式，保证公共文化服务政策的顺利实施。考虑到无论是评估主体还是评估对象都是多元化的，因此可以确立公共文化服务绩效评估指标，如表3-3所示。

表3-3　公共文化服务绩效评估指标

一级指标	二级指标	三级指标	考查要点/指标内涵
外部资源运用（O）	O1 政府资源运用	O11 政策资源运用	主动向上级部门争取政策资源
		O12 经费资源运用	积极申请各类专项经费，用于场馆建设与发展

续表

一级指标	二级指标	三级指标	考查要点/指标内涵
外部资源运用（O）	O2 社会资源运用	O21 第三方合作	积极与高校、科研院所、新闻媒体、科技公司、专业艺术机构、后勤服务企业等合作，将社会力量引入机构建设发展之中
		O22 志愿者	广泛吸引各类社会力量参与志愿服务，形成了一定规模、整体素质较高、能提供多元服务的志愿者队伍
		O23 外部专家	积极聘请外部专家，为机构建设发展提供智力支持
		O24 社会捐赠	积极争取社会捐赠，包括无偿赠送的物资（含古籍文献、实物资料）及赠款等
	O3 行业资源运用	O31 行业会议	积极参与全国性、行业性会议
		O32 馆际合作交流	积极组织参与馆际合作交流
内部资源支撑（I）	I1 人才队伍	I11 中高层管理人员	中高层管理人员职称、学历、学科背景结构合理，行业经验丰富
		I12 专业技术岗位	专业技术岗位占比科学，并定期参加培训
	I2 基础设施	I21 展厅与库房	场馆、库房、展厅等硬件设施满足保护、开放展览的需要
		I22 安防与服务设施	安全保障设施、开放服务设施等配套设备齐全
	I3 经费保障	I31 经费来源渠道	有多种经费来源渠道
		I32 经费保障力度	有充足的经费予以保障
	I4 信息资源	I41 信息系统与智慧化	建立了一整套适用于智慧保护、智慧管理、智慧服务的业务系统，能够通过信息化手段支撑业务流程
		I42 文献数据资源	建立了设施完善的图书资料室或信息资料中心，图书资料、电子文献数据库等可以满足日常科研和工作需求
管理与运行（M）	M1 党建与组织文化	M11 党建工作	重视党建工作，充分发挥党建在管理与业务发展中的带动引领作用
		M12 组织文化	重视组织文化建设，积极组织各项活动，营造自我奉献、自我驱动的团队氛围
	M2 组织架构与制度建设	M21 组织架构	组织架构清晰，部门机构、岗位设置科学合理
		M22 管理制度	制定了系统完整、灵活高效、科学合理的日常管理、考核激励、培训培养等制度
		M23 业务体系	建立了专业性、规范性、标准化的业务体系，包括各项业务管理制度、标准、规范等
	M3 规划与计划	M31 发展规划	结合党和政府的重要方针政策，编制了符合自身定位的中长期发展规划
		M32 工作报告	积极编制年度工作计划、年度报告，并积极向社会公布
	M4 组织人事	M41 培养培训	重视人才队伍培训培养工作，制定明确的培训培养计划，提供培训机会
		M42 人才引进	拥有系统完善的人才招聘引进计划，积极引进高级人才

续表

一级指标	二级指标	三级指标	考查要点/指标内涵
管理与运行（M）	M4 组织人事	M43 人才称号	组织人事工作成效显著，在职人员入职之后获得市级及以上人才称号或荣誉
	M5 协调控制	M51 部门合作	建立了完善的跨部门合作机制，拥有较强的跨部门协调协同能力
		M52 观众调查	定期开展观众调查，并积极公开调查结果
业务发展（P）	P1 资源建设	P11 价值与规模	具有一定规模，总体价值较高
		P12 保护管理	积极开展藏品保护管理工作，藏品保存状况良好、管理规范
		P13 资源数字化	积极推进数字化工作，建立了功能完善的数据库
	P2 陈列展览	P21 基本陈列	陈列主题鲜明，在深化研究的基础上体现时代精神
		P22 临时展览	每年积极举办临时展览并取得良好社会效益
		P23 网络展厅与云展览	依托增强现实技术、虚拟现实技术等各项新技术建设网络展厅，积极策划云展览
		P24 讲解服务	针对不同群众提供多种形式、多种语言的讲解服务
	P3 学术研究	P31 学术机构	贯彻学术立馆理念，成立学术委员会、专门学术研究部门以及研究会、学会、智库等学术组织
		P32 研究成果	积极开展学术研究，产出高质量学术成果
		P33 学术活动与刊物	积极主办学术刊物，定期举办学术性、行业性会议论坛等
	P4 社会教育	P41 教育活动数量	定期举办讲座、课堂、寒暑假特色活动等各类教育活动，深入开展爱国主义教育、党性教育、"四史"教育等
		P42 共建共享	与周边学校、党政机关、企事业单位、驻地部队、城乡社区等建立共建共享机制，参与社区文化建设，并取得良好成效
	P5 大众传播	P51 宣传平台与团队	综合运用网站、微信、微博、微视频等网络平台，并建立专门的宣传团队，负责各类宣传平台的工作
		P52 传播内容与形式	积极更新传播内容，创新传播形式与途径
		P53 品牌标志	积极注册场馆品牌标志，并应用于各类设施设备、产品、活动、展览之中
	P6 公共服务	P61 科研服务	面向社会公众、专家学者以及高等学校、科研院所等提供服务，包括但不限于提供文献、藏品资料和研究成果，提供科研设备，以及提供咨询等
		P62 平台服务	为开展党性教育、团队拓展、社会实践，或为当地举办重要活动、仪式庆典等提供空间场所与平台
		P63 文创	开发多种体现机构文化内涵和文化元素的文创产品
		P64 开放时间	每年开放时间不低于 300 天，并积极探索拓展开放时间
效益与影响（E）	E1 行业引领与示范	E11 行业引领	有较高的行业影响力与行业领导力

续表

一级指标	二级指标	三级指标	考查要点/指标内涵
效益与影响（E）	E1 行业引领与示范	E12 行业荣誉	获得了由政府或行业组织颁发的能体现公共机构行业引领与示范效应的荣誉，包括但不限于国家一、二、三级博物馆，各类教育基地，科研基地等
	E2 社会影响	E21 参观人数	近三年参观人数稳定或呈上升趋势
		E22 网络关注度	具有较高的网络显示度，传播平台具有较多的粉丝数量或较高的关注度
		E23 媒体显示度	场馆专家、展览、活动等受到省级及以上主流媒体推荐宣传

资料来源：王学琴. 我国公共文化服务绩效评估指标体系研究[D]. 南京：南京大学，2014.

参 考 文 献

冯秀丽，李智永，任民锋. 2022. 公共数字文化服务体系建设研究[J]. 合作经济与科技，（2）：170-172.

国务院办公厅. 2006. 《关于贯彻落实〈国务院关于解决农民工问题的若干意见〉有关问题的通知》[EB/OL].
　　http://www.gov.cn/govweb/ztzl/nmg/content_412335.htm，2006-10-13.

胡惠林. 2006. 文化政策学[M]. 太原：书海出版社.

胡锦涛. 坚定不移沿着中国特色社会主义道路前进 为全面建成小康社会而奋斗——在中国共产党第十八次全国
　　代表大会上的报告[EB/OL]. https://www.gov.cn/ldhd/2012-11/17/content_2268826.htm，2012-11-17.

金武刚，李国新. 2014. 公共文化政策法规解读[M]. 北京：北京师范大学出版社.

柯平. 2018. 《中华人民共和国公共图书馆法》全面保障我国公共图书馆体系化建设[J]. 图书馆建设，（1）：19-23，
　　36.

柯平，胡娟. 2018. 公共文化服务保障法与公共图书馆法比较研究[J]. 高校图书馆工作，38（3）：3-9.

李长春. 2011. 关于《中共中央关于深化文化体制改革推动社会主义文化大发展大繁荣若干重大问题的决定》的说
　　明[EB/OL]. http://www.most.gov.cn/zxgz/jgdj/djyw/201111/t20111102_90589.html，2011-10-27.

李景源，陈威. 2009. 文化蓝皮书：中国公共文化服务发展报告（2009）[M]. 北京：社会科学文献出版社.

李雪晴. 2018. 江苏省公共文化服务体系建设研究——基于公共管理的视角[D]. 南京：东南大学.

史宏成. 2018. 江苏省公共文化服务体系建设研究[D]. 长春：长春工业大学.

王鹤云. 2014. 我国公共文化服务政策研究[D]. 北京：中国艺术研究院.

王前，周纯义. 2016. 公共文化服务研究10年文献回顾——基于CSSCI数据库2005～2014年的数据分析[J]. 图书
　　馆理论与实践，（2）：34-37.

王晓晖. 2020. 提升公共文化服务水平（深入学习贯彻党的十九届五中全会精神）[N]. 人民日报，2020-12-30（09）.

王学琴. 2014. 我国公共文化服务绩效评估指标体系研究[D]. 南京：南京大学.

魏锦鹏. 2021. 中国公共文化服务政策的演进逻辑：基于2005年以来中央层面政策文本的分析[D]. 呼和浩特：内
　　蒙古大学.

文化部，财政部. 2011. 关于推进全国美术馆、公共图书馆、文化馆（站）免费开放工作的意见[EB/OL].
　　https://www.gov.cn/govweb/zwgk/2011-02/14/content_1803021.htm，2011-02-14.

文化部. 2010. 文化部下发意见要求公共图书馆都要设少儿阅览室[EB/OL]. http://www.gov.cn/gzdt/2010-12/21/
　　content_1770487.htm，2010-12-21.

习近平. 2014. 关于《中共中央关于全面深化改革若干重大问题的决定》的说明[J]. 学理论，（1）：11-15.

肖希明，曾粤亮. 2015. 新公共服务理论与公共数字文化服务资源整合[J]. 图书馆建设，（8）：38-43.

新华社. 2013. 中共中央关于全面深化改革若干重大问题的决定[EB/OL]. https://www.gov.cn/zhengce/2013-11/15/
  content_5407874.htm，2013-11-15.

新华社. 2020. 中共中央关于制定国民经济和社会发展第十四个五年规划和二〇三五年远景目标的建议[EB/OL].
  https://www.gov.cn/zhengce/2020-11/03/content_5556991.htm，2020-11-03.

徐望. 2018. 公共数字文化建设要求下的智慧文化服务体系建设研究[J]. 电子政务，（3）：54-63.

杨亚波. 2012. 建立有效的公共文化服务体制 切实保障人民群众基本文化权益[J]. 西藏研究，（6）：114-120.

于群，李国新，2012. 文化蓝皮书：中国公共文化服务发展报告（2012）[M]. 北京：社会科学文献出版社.

张永新. 2014. 构建现代公共文化服务体系的重点任务[J]. 行政管理改革，（4）：38-43.

中共中央办公厅，国务院办公厅. 2015. 关于加快构建现代公共文化服务体系的意见[EB/OL]. https://news.12371.cn/2015/
  01/14/ARTI1421246896530231.shtml，2015-01-14.

中共中央办公厅，国务院办公厅. 2012. 国家"十二五"文化改革发展规划纲要[EB/OL]. http://www.gov.cn/jrzg/2012-02/15/
  content_2067781.htm，2012-02-15.

中国图书馆学会. 2023. 图书馆服务宣言[EB/OL]. https://www.lsc.org.cn/cns/contents/1676363541657/1703426584604184576.
  html，2023-09-16.

中国国家文物局，中国博物馆协会. 2010. 博物馆法规文件选编[M]. 北京：科学出版社.

第四章 数字公共文化服务构建模式

第一节 政府主导的数字化供给模式

公共文化服务供给模式对国家或地区的公共文化服务水平会产生重要影响，选择适合本国或地区的公共文化服务模式，对保障公众文化权利和提升文化软实力都有着重要的意义。《公共文化服务保障法》明确规定了我国施行由"政府主导、社会力量参与"的公共文化服务供给模式。这种"政府主导+社会辅助"的模式构成了我国公共文化服务供给模式的宏观架构，一方面体现了我国在推进公共文化服务供给过程中，注重以常态化思维将党的方针政策落实到实践的全过程，对政府所属的公共文化服务机构具体的服务组织、管理、服务内容、服务保障等工作做出明确职责规定。另一方面为了进一步满足社会多元化、多样性的公共文化服务需求，在各级人民政府的指导、支持和帮助下，社会力量可以通过提供公共文化服务设施和捐赠相关产品、兴办文化经营生产实体、资助或赞助文化项目与活动等方式参与到公共文化服务供给中来，改变传统公共文化服务中由政府主导的单一模式，丰富公共文化服务的资源供给，提高公共文化服务的工作效能。

一、政府主导数字公共文化服务模式的要素

随着5G、人工智能、虚拟现实、区块链、大数据等技术的发展，充分运用数字技术、网络技术，可突破传统的公共文化服务来自资源数量、场地设施、人力财力，以及服务手段等的制约，以数字化形式实现更加丰富的公共文化服务资源建设和更加便捷的公共文化服务形式，使社会公众获取公共文化资源和服务的成本更加低廉，大大提升公共文化服务的效能，促进基本公共文化服务均等化的实现。2011年，文化部和财政部联合下发的《关于进一步加强公共数字文化建设的指导意见》指出"在数字化、信息化、全球化的时代背景下，深刻认识并准确把握国内外形势新变化新特点，结合人民群众不断增长的精神文化需求，将信息技术、数字技术、网络技术等现代科学技术和传播手段应用于公共文化服务体系建设，进一步加强公共数字文化建设，是适应时代发展的必然要求和战略选择"。随着公共数字文化服务与科技融合，公共文化服务模式需要若干紧密联系、协调互动的要素有机结合，形成具有特定结构和功能的开放式复杂网络服务系统，以数

字化形式实现公共文化资源获取、管理和服务，从而促进公共文化服务的合理配置和高效利用。与传统时期的公共文化服务要素相比，数字化视角下的公共文化服务模式存在明显差异。为了揭示数字化公共文化服务与传统公共文化服务的不同之处，有必要对这些服务要素进行详细分析，本书将数字化视角下公共文化服务的关键要素归纳为以下四个方面。

（一）服务在场主体

数字化视角下，公共数字文化服务的主体由服务主体、服务对象（客体）与服务中介三大关键要素组成。其中，服务主体包括公共文化服务机构、提供资源信息的社会公众；服务对象（客体）包括为满足基本需求的社会公众，进行项目研究的科研人员，或者公共文化服务机构的工作人员、企业、政府部门等；服务中介是指负责数字化系统设计及维护的供应商。三大关键要素在公共文化服务平台上，进行交互，发挥系统的协同效应。但需要强调的是，服务参与主体是动态变化的，个人或机构既可以是服务提供者，也可以是服务用户，关键在于特定服务行为中是服务接受方还是服务提供方。

（二）服务目标

服务理念是公共文化机构提供数字化公共文化服务的指导思想，反映了公共文化机构对其的理性认识。社会、经济、技术的发展以及公众文化素养、信息素养的提升催生了多样化的用户需求，也进一步推动了公共文化服务理念不断更新和演化。从需求量小且相对单一的基本公共文化服务，向均等化、数字化、多样化、差异化、专业化的服务转变，资源建设的广度和深度也在不断拓展，服务空间由实体走向到网络，服务形式也由"面对面式"向"网络交互式"转变，基于用户需求的智能化的数字化公共文化服务已成为当前公共文化机构的服务新理念。

（三）服务资源及服务内容

经过多年的发展，在国家政策引领和各级政府的大力推动下，我国公共数字文化资源建设呈几何指数增长，服务内容也不断丰富。各地公共文化机构立足于自身机构性质、特定服务群体和地域文化特色，建设了一批具有代表性的公共文化资源，并以此为基础提供了内容丰富、层次多样的服务。但随之而来的信息孤岛、重复建设、资源利用率低等状况也逐步显现，成为制约公共数字文化发展的关键问题。各级政府和学术界为积极应对这些问题，通过以国家为首面向广大基层群众，构建文化信息资源共享工程、数字图书馆推广工程等来集成全国所有公共文化机构的公共数字文化资源，实现资源整合，并以国家数字文化网的形式展现给公众。

（四）服务支撑技术与手段

传统环境下公共文化服务的资源开发与利用主要依赖人工实现，其全流程耗费大量人力、物力，且极易出现人为错误。元数据、云存储等技术的飞速发展，不仅节约了公共文化机构在资源开发利用过程中的人力损耗，还能高效提升资源质量；新媒体技术的发展则为公共文化服务拓宽了服务路径；电脑、手机、电视机等智能设备终端的普及，为公共数字文化服务的传播拓展新的媒介，使得更多的用户借助 APP、QQ、微信等手段随时随地享受公共数字文化服务的同时，与公共文化机构互动，让用户主动参与到公共文化服务的建设中来。

二、数字公共文化服务模式的基础

政府作为公共文化服务的供给主体，在政府主导型公共文化供给模式中扮演着政策制定者、资金供应者以及生产安排者等多元角色，面向基层，均衡布局，统筹城乡，我国陆续启动了包括全国文化信息资源共享工程、公共电子阅览室建设计划、数字图书馆推广工程在内的国家级公共数字文化工程建设，同时统筹实施直播卫星广播电视公共服务、数字农家书屋、数字电影放映、城乡电子阅报屏等项目，逐步实现了数字化的服务平台与网络的构建。在数字化视角下实现公共文化服务是一项实践性较强的工作，需要理论基础作指导。公共文化服务应从均等化的内涵、精神与目标出发，从公共产品理论、新公共管理理论、新公共服务理论视角出发，寻找理论支撑，对后续研究厘清基本概念，并提供理论指导。依托大数据、云计算等新一代信息技术，数字化公共文化服务应从用户管理、数据资源、应用服务等多个维度实现提档升级。从现有的数字化公共文化服务成果来看，技术基础主要涉及数字图书馆推广工程、一站式公共数字文化服务与新兴技术应用三个方面。

（一）数字公共文化服务模式的理论

1. 公共产品理论

公共产品理论以财政学和经济学为基础，研究公共产品的特征、分类与供给模式等问题。公共产品理论以公共性问题的讨论为研究起点，肇始于以大卫·休谟和亚当·斯密等学者为代表的古典学派关于公共性问题的讨论；形成于以萨缪尔森等学者为代表的传统经济学家对公共产品内涵的阐述；发展于以布坎南等学者为代表的公共选择学派对公共产品供给模式的探索。公共文化服务作为公共产品的组成部分，同样具备公共产品的内涵特性，且因其所包含的人文属性使之不再局限于单纯的物质形态，而成为传承历史、文化与价值的重要载体。基于公共产品理论，数字化视角下公共文化服务供给模式应注重政府的角色，政府在实现公共文化服务供给过程中，应起主导作用，兼顾均等性与经济性，保障公众基本文化权益，以税收的方式筹集资金，使公共文化服务具有合法性。在确保政府主导地位的前提下，积极发挥多元主体的作用，提高供给效率，增强公共文化服务的均等性。

2. 新公共管理理论

新公共管理理论起源于 20 世纪 80 年代初以美国的"重塑政府运动"为代表的公共行政改革运动，主张将市场经济和竞争手段引入政府部门，以效率、经济和效果作为目标，建立一种具有市场优势的公共管理模式。该理论强调对政府工作的绩效评估，重视政府活动的投入和产出，通过引入市场机制培育竞争关系，重视人民群众的选择权和满意度。基于新公共管理理论，在数字化视角下的政府主导的公共文化服务供给模式应注重公共文化服务的绩效评价，提高公共文化服务供给的有效性；利用市场竞争优势，以购买、外包等多种方式探索多元化供给模式，提高供给的社会性；鼓励公众参与公共文化服务供给，重视公众的反馈意见与满意度。

3. 新公共服务理论

新公共服务理论是通过批判新公共管理理论而提出的，以"服务"为基本内涵，以公众需求为中心，以公共利益为出发点和落脚点的新型公共行政理论。该理论强调在政府职责的权重排位中，服务大于管理，应关注公民权益，维护公共利益，强调以人为本，将公众置于治理中心地位，重视公众需求的表达与满足，推动政府与公众合作协商，鼓励公众参与制定公共政策。基于新公共服务理论，在数字化视角下的政府主导的公共文化服务供给模式应注重政府的角色定位，坚持"以人为本"的服务理念，强调公众的中心地位，采取民主化手段，鼓励公众表达文化诉求，并依托需求精准供给，提高公共文化服务的供求匹配性，为公众管理公共事务创造条件，搭建政府与公众之间的沟通平台，实现公共文化服务供给与需求的精准对接，提升公共文化服务的供给水平。

（二）数字公共文化服务模式的支撑技术

1. 数字图书馆推广工程和文化信息资源共享工程的支撑技术

数字图书馆推广工程以数字资源为中心、以整个数字资源生命周期的各个业务系统为重要内容，将从技术平台、资源传输渠道和终端设备三个方面建立起覆盖全国的全媒体信息服务平台，让更多用户使用数字图书馆。文化信息资源共享工程主要依托数字图书馆，以数字资源建设为核心、以公众群体的文化信息需求为导向、以多种传输网络为渠道、以系统化网络管理为保障，通过现代信息技术的合理搭配与组合，构建了文化信息资源共享工程双向互动的技术体系。数字图书馆推广工程旨在构建覆盖全国的数字图书馆虚拟网，借助互联网、广播电视、卫星等网络通道，实现数字资源快捷安全传输。数字图书馆推广工程与文化信息资源共享工程具有相似的技术平台、统一的标准规范、有着同一支管理队伍，为两个工程的紧密结合奠定了良好的基础。

目前，全国已经形成了数字图书馆系统和各类型数字资源库，使得建立覆盖全国的数字图书馆系统成为可能，为数字图书馆推广工程的实施打下了坚实的基础。但从整体上来看，各地区受经济发展水平不同等多种因素的影响，图书馆发展水平存在着区域发展不均衡、资源重复、标准不够统一、共享程度低、服务平台不统一等问题，使得在实施数字图书馆推广工程与文化信息资源共享工程的过程中，需要借鉴智能文档处理（intelligence document processing，IDP）严谨详细、便利互通的技术标准，全面统筹、统一规划、加强整合、集成服务，以解决全国数字图书馆现存问题，建立互联互通、共建共享的数字图书馆。

2. 公共数字文化一站式服务平台的支撑技术

技术与文化的融合成为推动文化服务发展的大趋势与强劲动力，中央财政支持地方公共数字文化建设，国家将建设区域综合性、公共数字文化一站式服务平台作为"十三五"时期公共数字文化建设规划的重要任务之一。为实现地区公共数字文化资源的共享、互联、互通，加强公众与公共文化服务提供者的互动，促进文化与科技的融合，创新传统文化数字出版和服务方式，正向引导数字出版产业良性新业态的建立，公共数字文化一站式服务平台的建设至关重要。公共数字文化一站式服务平台有助于推动移动互联时代个性化学习，完善文化传播体系，推动精品数字文化的生产和传播，提升我国文化软实力，促进文化产业的可持续发展。

构建公共数字文化一站式服务平台的难点在于以下四个方面：一是对海量资

源的互操作。现有的海量公共数字文化资源分散在各地和各单位，要实现资源共享，就必须建立资源的互操作标准，全国各地资源池要统一互操作接口。该互操作标准必须独立于应用，并且能够扩大 Web 上的资源共享范围和提高共享能力。二是面向多网络、多终端的数字文化资源的智能传输调度。三是应用统一认证。全国文化应用开发运营机构和各类文化特色应用为数众多，为各类特色应用提供统一的检索、统一的应用导航、统一的多终端访问接口与访问统计，需要统一的用户管理与认证。四是公共数字文化共享云服务平台的协同交互和互操作。公共数字文化共享云服务平台涉及至少国家级和省级两个层级，各层级都有不同的用户，不同用户之间有着复杂的数据整合和信息共享要求。该平台拥有三个针对不同目标的业务系统：资源共享系统、网络分发系统以及业务管理系统。随着不同角色的变化，系统之间的交互也会发生相应的变化。因此，平台必须建立不同角色、不同层级在不同业务系统之间的交互机制。

3. 新技术及应用

实施数字图书馆推广工程与文化信息资源共享工程和构建公共数字文化一站式服务平台均依托数字图书馆，需要应用互联网技术、数字技术等现代科学技术，实现与现代信息技术的合理搭配与组合，构建双向互动的技术体系，突破文化传播地域、时间限制。新兴技术在公共数字文化服务领域的应用研究涉及大数据、区块链、云计算等。

大数据的主要作用体现在智慧服务上，具体在于洞察文化需求、优化资源配置、精准靶向用户、拓展服务渠道等，借此打造出数据驱动的新型公共文化服务链及加快公共文化服务大数据应用。区块链技术依托于加密算法、智能合约、点对点通信等关键性的技术，可形成信任关系并摆脱中心组织的规则制约，其开放性、扁平化等技术特性符合公共数字文化服务的技术发展方向，可以从资源、管理以及服务三个维度入手实现区块链技术在公共数字文化服务中的应用。公共数字文化服务作为一个涉及跨区域、跨部门、多主体、多要素的协同的系统性工程，需要各公共文化机构及其所属的行政主管部门相互协调配合。而现阶段，我国一些公共文化机构存在管理错位、越位、缺位等问题，需要借助云技术拓展公共数字文化服务提供方式，辅以虚拟化技术、服务化技术等关键技术，对资源等进行统一管理和优化配置，以有效解决公共数字文化资源跨区域、跨部门的整合、集成等问题。此外，云技术还实现了资源存储的全面整合，从技术操作系统、硬件设施支撑，到平台结构设置和运营管理，对各级政府、各文化机构之间进行平台整合，使人们可以一站式获取公共数字文化资源。

三、数字公共文化服务模式需求与供给

（一）数字公共文化服务模式需求分析

2015 年 1 月，中共中央办公厅与国务院办公厅发布的《关于加快构建现代公共文化服务体系的意见》和《国家基本公共文化服务指导标准（2015—2020 年）》中阐述，公共文化服务要从群众需求出发，切实提升服务效能，把群众喜不喜欢、满不满意作为评判公共文化服务质量的重要标准。以群众需求为主要表现形式的公共文化是服务供给的出发点和落脚点，如何及时、准确地获取社会需求是整个公共文化服务供给最终得以实现的基础。在数字化视角下，通过现有的多种信息传播渠道，以及物联网、大数据技术可以大幅提高公共文化社会需求获取的效能，政府主导的公共文化服务模式需求侧的研究分析主要可以从需求主体、服务需求、需求内容三个部分展开。

1. 需求主体

公共文化社会需求的主体是人民群众，为从易于描述或捕捉的对象层面来认识这一主体，可以和文化市场细分概念相关联，将需求主体进行细分，通过文化差异区分消费者，实施不同的营销方略，提升文化消费市场份额。在传统的需求主体分类方法中，常根据单一标准，如依据经济、职业身份、家庭情况、健康情况等，对公共文化服务的目标人群进行划分，这有助于我们从聚焦共性的角度把握文化需求主体的特定行为方式和偏好习惯，但前提是这种行为方式和偏好习惯在时间、空间上能保持较强的稳定性，并且不同的分类主体间所反映的需求既不会出现较多的交叉与重复，也不会存在有大量的需求没有对号入座到具体分类中的情况。

在信息社会中，随着人们接受新事物和新概念的频次日益增多，对文化需求主体进行传统方式的分类已经很难继续成为一种有效的需求溯源方法，这时大数据技术的出现为我们快速实现需求主体细分提供了帮助，同时它还能够起到更为精准地定义用户角色的作用。大数据通过用户信息标签化来实现这一功能，这些标签一般被用于定义用户的高度精练的特征信息，如年龄、性别、爱好、使用习惯等，最后从标签集合中提取若干子集，勾画出"用户画像"。"用户画像"作为基于真实用户的虚拟代表，虽然不指向一个具体的人，但是根据数据链却可以很轻易追溯到"画像"标签信息的来源，大数据在公共文化需求主体细分与定位的能力是传统方法和工具无法达到的。

2. 服务需求

公共文化服务需求需要通过一定的表达渠道进行传递，需求表达渠道畅通是最终公共文化服务供给实施的关键因素。如若存在公共文化服务供需脱节等问题，那么就与需求表达渠道不完备、不畅通有直接关系。公共文化服务需求表达渠道主要分为由以政府性文化单位为主的传统渠道、搜索引擎渠道、用户自主生成内容的社会化媒体渠道，以及由文化单位开展监管与服务工作时所依托的综合信息平台、网站、应用程序、移动应用与微信小程序等构成的文化信息系统渠道和新兴的物联网渠道五种。通过以上五种公共文化服务需求表达的相关渠道，各种来源的需求信息将通过需求分析构建公共文化需求内容体系。数字化视角下，利用大数据技术对公共文化服务的需求进行可行性分析，通过对海量碎片化的、能够揭示公共文化用户行为与心理特征的信息进行筛选、整合与计算，最终可以形成表征公共文化用户需求的内容。

仅依靠"让数据说话"的做法是偏颇的，无方向的数据分析反而有可能造成错误的分析结果。就公共文化需求大数据分析而言，它的有效实施需要计算机专家、数据挖掘专家、统计分析专家和公共文化领域专家等共同参与才能完成，同时对于一些时间较长和空间跨度较大的公共文化需求大数据分析项目，还需要具备项目管理、组织领导和沟通协调能力的专家参与。此外，数据分析作为一项具有投资风险的活动，其结果常具有较强的不确定性，是否可以达到预期或者得到有价值的结果是无法预先确定。因此，在实际公共文化需求数据分析过程中，我们可以通过大数据分析寻找深层次隐含的规律性，通过小数据分析发现不同需求主体的差异性，从而寻求针对差异性需求的不同服务方案。

3. 需求内容

文化需求作为人对精神生活追求的一种外化，基于复杂的个人和社会的原因，其具体表现也显得纷繁复杂，公共文化社会需求的纷繁复杂使得具体界定公共文化社会需求的内容变得困难。首先，先从现有诸多文献中对文化需求的表述、公共文化服务法规政策和有关公共文化社会需求的调查材料中进行归纳与总结；其次，从若干公共文化活动与行为的相关性出发去探究隐匿的公共文化需求，对公共文化服务需求进行完善。根据需求表达的清晰程度和需求获取的难易程度，可以将公共文化需求划分为典型需求、新增需求和非典型需求三类。

（1）典型需求。典型需求主要涉及社会公众所接受的外部提供的公共文化服务或产品的需求或公众参与公共文化服务生产和供给活动的需求，大致包括：围绕利用公共文化服务设施所产生的公共文化需求；参加各级政府、单位组织的各类文化活动的需求；未成年人、老年人、残疾人和流动人口等所具有的特定需求；针对少数民族的文化需求与群众参与的需求。

（2）新增需求。新增需求是指以典型公共文化需求为基准对象，在针对该需求提供公共文化服务的过程中，或者对该需求进行更深入的分析后发现的新兴需求内容，基于网络和数字化平台的公共文化服务系统因其具有传递便捷和内容丰富的特质已成为主流的公共文化服务方式，也成为社会公众在满足自身公共文化需求时的事实首选。

（3）非典型需求。在整个社会都处于经济与科技飞速发展的背景下，非典型需求仅通过调查问卷或访谈这类传统的需求发现方式是难以获得的，因此需要通过创新手段或途径才能获取，这些手段包括人们在参与公共文化活动时采取的，以提升活动体验为目的的新技术与工作方式相融合。

（二）数字公共文化服务模式供给分析

从需求侧的分析来看，公共文化需求在内容上呈现出多样、多态和易变等特征，同时它还作为一种选择性需求而非刚性需求，要求公共文化服务也能相应地实现多载体、多方式、多形态和多渠道供给，并通过不断优化内部资源配置、应用新兴技术、创新体制机制，使供给结构不断适应需求结构，从而满足人民群众日益增长的精神文化需求。

1. 供给主体

1）政府主体

在公共文化服务供给主体中，从中央到地方的各级党委政府均需要承担不同程度的主导职能，如承担公共文化服务宏观指导规划职能、进行方针政策设计、制度安排和提供资金保障等。政府主体作为公共文化服务的供给主体，其建设功能主要体现在承担着各种公共文化服务设施设备、项目尤其是重点和大型项目的组织与建设，以及重点公共文化服务内容的生产与投放等工作。在以政府为主体的公共文化服务供给过程中，其管理和服务功能主要体现在对公共文化服务资源进行管理，通过相应的公共文化服务新业态方式向社会提供具体的服务和产品，功能承载者主要包括公益性文化单位和基层综合性文化服务中心等。

2）协同供给主体

文化企业是公共文化服务供给主体中的重要组成部分，从布局上来看，政府需要吸收文化企业参与到公共文化服务供给中来，并充分发挥企业在文化供给内容、供给数量和供给方式上的结构性优势，有效解决公共文化服务领域中出现的管理链条过长和程序烦琐等问题。此外，文化企业以营利为目的，在激烈的市场竞争中为追求其产品与服务内容在市场中占有更多份额，会更加积极地应对社会文化中的多样性需求，从而提升市场范围内的公共文化服务质量与水准。

3）多元供给主体

企业作为颇具活力的因素被引入公共文化服务供给体系中以弥补政府实施公共文化服务供给的不足，但企业的逐利本质会逐渐渗透到文化领域，有可能违背公共文化服务的初衷。因此，社会力量作为介于政府系统和市场系统之间的文化非营利组织，具有了参与公共文化服务供给的足够条件。

4）自主供给主体

人民群众在公共文化服务供给模式中的主体地位不容小觑，信息化的发展加速了社会的信息流动，面对政府主导的公共文化服务，公众所获取的公开信息日益增多，也促使人民群众参与公共文化服务发展建设的积极性不断提高。人民群众可以通过微博互动、小程序与APP等参与公共文化服务项目建设的意见征集与管理，拥有了更多参与成本低、使用便捷、社会监督效果较好的参与渠道，促使公众以网络为纽带，利用社会化媒体进行群众性的公共文化服务活动发起、组织、交流、宣传、推广和评价等工作。

2. 公共文化服务供给

公共文化服务供给主体作为资源操控者与配置者，在提供公共文化设施、产品、活动以及其他相关服务时需要拥有相应资源，即为完成公共文化服务供给需要具备必要的物质前提与劳动基础。公共文化资源被认为是公共文化服务体系建设所需的硬件与软件资源的统称。其中，硬件资源主要指包括基础设施在内的物质资源，软件资源则包括文化内容资源、人才资源、资金资源和制度资源。本书根据《公共文化资源分类》《公共文化服务保障法》等文件中的规定，将公共文化服务资源主要分为设施设备、服务资源，以及资金资源与知识资源三类。其中，设施设备资源是基础，服务资源是核心，资金资源是保障，知识资源是人类在长期的社会实践中对自然界和社会现象的理解和评价。它们是通过持续的收集、保护以及不断积累而形成的系统化的知识集合，以使抽象和增值的成果能够被人类应用于各种社会活动中。公共文化知识资源就是公共文化服务供给主体在长期公共文化服务实践积累中形成的系统化知识产物，具体而言，就是公共文化服务实践中产生的理论认知、行动规范、经验方法等，是公共文化服务新知识产生的源泉，其显著的非结构化特征反映了人们主观作用于客观后形成的认知，其能够有效提升人认知和改造世界的效能，是推动创新发展的最为主要的活力资源之一。

3. 公共文化服务供给过程

在数字化背景下，公共文化服务的供给环节是政府向公众提供文化产品和服务的最终阶段。这一环节对于满足社会对公共文化的需求具有决定性作用。具体而言，这一过程主要包括三个工作阶段：供需匹配阶段、业务变革阶段、供给实施阶段。在供需匹配阶段，完成公共文化需求和公共文化资源间的供需对接，在公共文化资源集成过程中，利用"互联网+"作为关键工具，信息集成技术和手段已经在很大程度上改变了公共文化服务供给的整体生态环境、传播渠道以及工作方法。公共文化服务供给转变为集信息传播、产品服务和体验反馈于一体的多层次的复杂服务体系，在该体系中进一步促进公共文化需求与资源的对接，有利于实现资源的优化配置。在业务变革阶段，用户环境、技术环境等因素的作用下所发生的从单主体业务到多主体协同业务的变革。虚拟现实等技术在公共文化服务中的应用，静态的公共文化资源以数字化的形态活跃在网络世界，用户和文化空间可以保持始终连线的状态，用户可以获得前所未有的感官体验。在供给实施阶段，对接交流渠道的拓宽为公共文化服务用户深入和广泛参与公共文化活动提供了更多机会，各个区域、社群的社会公众真实的文化需求到底是什么，以及对当前文化供给的满意程度，对具体文化服务的意见与建议等均能发布和接收，公共文化服务的供给实施早已超越活动与服务本身所在环境的限制。

四、公共文化服务数字化供给模式的构建方式

公共文化服务作为推进国家文化治理体系建设和治理能力现代化的重要支点，通过调动人力、财力和其他资源来解决公民的基本文化需求，保障文化权益。公共文化服务始建于国家"十一五"建设时期，《国家"十一五"时期文化发展规划纲要》对公共文化服务进行了专门阐述，此后公共文化服务规划成为国家文化规划的有机组成部分，文化行政主管部门与地方政府也开始制定和发布专门的公共文化服务规划。第十三届全国人民代表大会第四次会议中通过的《中华人民共和国国民经济和社会发展第十四个五年规划和2035年远景目标纲要》中，明确提出到2035年我国应建成文化强国的战略目标，将提升公共文化服务水平作为推进社会主义文化强国建设的三大任务之一，从顶层设计上为加快构建现代公共文化服务体系，也为以政府为主导的公共文化服务数字化供给模式的实施路径提供方向指引，奠定理论基础。

（一）政府主导公共文化服务数字化建设布局

公共文化服务作为推进新时代公共文化治理体系建设与治理能力现代化的重要内容，融合当前新媒体、新技术和新工具可为其带来深层次的供给模式创新。国内公共文化服务尽管在区域、层次、对象以及内容方面略有差异，但推动公共

文化服务数字化、网络化、智能化建设，需要加强数字文化内容资源和管理服务大数据资源建设。

1. 政府主导公共文化服务数字化供给的沿海模式

上海作为我国沿海直辖市，其高质量的经济发展模式与高水平的社会治理能力为公共文化服务发展奠定了坚实基础，"互联网+"、大数据以及人工智能等新型工具成为上海公共文化服务领跑全国的主要抓手。上海公共文化服务的政策供给、财政支持与实践成效显著，与之相匹配的一系列公共文化服务的地方性法规和指导性意见陆续出台，公共文化服务机构的专业化和社会管理水平显著提升，成为构建公共文化服务供给模式的主要标志。

党的十八大以来，浙江桐乡自治、法治与德治相融合的"三治融合"模式成为基层社会治理的新时代创新样板，为国内其他地区构建社会治理格局提供了典型示范和经验参考。随着"互联网+"、大数据应用以及党建引领等融入方式的出现，"互联网+法律文化服务"的创新模式已成为桐乡基层治理中更亲民、更智慧的重要抓手，以桐乡为代表的浙江省公共文化服务整体上形成了具有浙江地方特色的供给模式。

2. 政府主导公共文化服务数字化供给的内陆牧区模式

内陆牧区在经济社会发展、公共服务配套设施建设、公共文化服务资金投入以及相关人力资源配置等方面与沿海城市存在较大差异。因此，内陆牧区的公共文化服务将独特的地理环境、人文背景和气候条件作为其治理和发展的关键领域。在生活方式、文化服务需求量、交通便利程度、公共文化事务参与率以及人口地域分布等方面与沿海地区有所不同，公共文化服务方式也有所区别，这就形成了内陆牧区公共文化服务供给的特殊模式。国内最早的流动公共文化服务产生于沿海或边疆地区，以满足政府常规服务条件下难以辐射的群体或区域的基本需求。从驱动方式来看，内陆牧区的流动公共文化服务模式主要分为公益-志愿型、公益-参与型、权威-自觉型以及权威-回应型。科普e站文化服务模式作为内陆牧区贯彻、落实、科普中国政策，打通文化服务"最后一公里"的创新举措，可以以智能化、信息化和电子化的形式推进科学文化普及，其数据服务中心依托广播、电视、网络，打造一体化的公共文化服务平台，为内陆牧区以及偏远地区居民提供双语科普服务，实现文化精准入村和入户。

（二）自上而下推动国家级工程项目落地实施

公共数字文化服务供给是一个系统工程，涉及跨区域、跨部门、多主体、多要素的协同，需要各公共文化机构及其所属的行政主管部门相互协调、配合。然而现阶段我国部分公共文化机构存在多头管理、条块分割的多元化行政管理的情况，部分文化机构各自为政，管理存在错位、越位、缺位的情况。为实现资源和服务的统筹安排与合理布局，需要自上而下以顶层视角发布规章制度，使各机构明确自己的职责，共同完成合作任务，在一个组织框架下，以一个部门为主体，多个公共文化部门秉持相互作用、相互联系、相互制约的原则，以信息技术、数字化技术等技术融合为驱动，形成更加有效的统筹协调新机制和工作体系。在云技术融合下，建立公共文化协调创新机制，在实现有效统筹行政管理机构与公共文化机构的资源和服务的同时，突破部门机构间的独立性，为部门机构协调合作奠定基础，从而更好地实现公共文化服务数字化供给。但建立政府主导公共文化服务数字化供给的协调机制，是一项创新性的工作，不仅需要进行理论研究，还需要进行实践探索，"国家公共文化云"的建立为公共文化服务提供了较好的发展平台。

1. 公共文化机构及行政主管部门相互配合，协调推进资源与服务共建共享

政府部门之间以云技术为环境基础与主要沟通方式，打造国家公共文化云平台，能够有效避免由公共文化机构与社会力量之间因不同的运营与管理机制而产生的沟通不畅、协调不一致等问题，突破现有的传统行政部门界限和功能分割局限。促进"全国文化信息资源共享工程""数字图书馆推广工程""公共电子阅览室建设计划"三大数字文化工程的资源整合，协调全国各区域、各机构的公共文化服务，实现全国各级各类公共文化机构的互联互通、资源共建共享，打通公共数字文化服务的"最后一公里"，使其在新时代得以升级换代、统筹协调发展。国家公共文化云通过"云端"统一储存和管理全国所有的公共数字文化资源，为公共文化机构及其所属的行政管理部门之间的协调合作奠定了基础，为公众提供服务平台，做到全国范围内的跨区域资源共享。

2. 统筹推进全国公共数字文化资源整合，重点帮扶公共文化服务较为薄弱地区

国家公共文化云借助云计算、云存储、大数据等高新信息技术将原本分散在各公共文化服务机构或地区的资源整合到庞大的公共数字文化资源池中，实现集中存储和统一处理的公共数字文化一站式服务，通过云技术实现了政府转型与公共文化资源的整合，扩大了文化云的覆盖范围，改善了地区之间发展不均衡的状况，实现了政府部门、社会力量与基层人民群众三方对公共数字文化资源的整合。目前，国家公共文化云吸纳了全国文化馆、图书馆、博物馆、美术馆等场所的线上服务模式，还将乡镇文化站、文体活动中心、文化活动室等基层服务中心纳入

服务范畴，在国家公共文化服务体系中进行分阶段推广，对于少数民族或偏远地区，依托国家公共文化云在基层设立"文化共享边疆超市""文化共享藏区超市"，并有针对性地建设一批"文化共享（武警）超市"。此外，还借力文化睦邻工程推动"文化共享睦邻超市"走向海外，促进基层公共数字文化服务提质增效。

3. 大力推进公共数字文化服务供需对接，积极推动公共数字文化服务社会化

国家公共文化云的启动离不开各省级文化厅（局）的鼎力支持、全国文化信息资源共享工程各省级分中心和各级文化馆的携手相助，更加离不开社会各界的积极参与。在对接群众需求时有效聚集各平台的资源，真正实现全国各级各类服务平台资源和服务的共建共享，对公共数字文化服务的内容和形式进行创新，使移动终端成为公共数字文化服务的主要阵地和主要渠道，依托网络的优势，结合当地情况因地制宜地创建数字文化超市，创新公共数字文化资源的供给方式，不断推动服务方式转变，从根本上提高服务效能。这大大提高了公众参与公共文化服务的互动效能，旨在广泛动员社会各方面力量积极参与其中，努力提供高品质的公共数字文化服务，满足人民群众过上幸福、美好生活的期待。

（三）立足特色，推进区域性民族民俗文化建设

实施中华优秀传统文化传承发展工程，坚持保护利用、普及弘扬并重，切实加大对中华优秀传统文化的保护、研究、普及力度，"扬弃继承、转化创新"，加强对中华优秀传统文化思想价值的挖掘，赋予其新的时代内涵，让中华优秀传统文化拥有更多的传承载体、传播渠道和传习人群，使中华民族的文化基因与当代文化相适应，与现代社会相协调。现代公共文化服务体系建设，应注重对历史文化、民俗文化、本土文化的挖掘和传承，与本地区的传统文化、原创作品、文化活动紧密相连、相辅相成，为群众提供多渠道、多层次的文化产品和服务，从而激发传统文化的活力，为现代公共文化服务体系建设服务，解决现代公共文化服务体系建设中存在的问题。

1. 区域内公共文化服务体系的特色文化数字化建设

21世纪以来，数字经济成为不可阻挡的国际潮流，正在培育着新的社会生产力，创造出巨量数字资产，改变着人类的生产和生活方式。面对数字经济的潮流和数字文化产业的快速发展，国家将发展数字文化产业作为一项国家级方针政策，迅速地推动实施，并在《〈文化和旅游部关于推动数字文化产业高质量发展的意见〉解读》中进一步提出："文化产业以创新驱动推进供给侧结构性改革，与数字技术协同推进、融合发展，新型业态蓬勃兴起，为产业高质量发展注入新动能，数字

文化产业成为优化供给、满足人民美好生活需要的有效途径和文化产业转型升级的重要引擎。"我国以数字经济的发展为基础持续推进经济文化一体化的深入发展,不同的文化区开始与城市群发展相互重叠,在区域经济发展战略与文化战略相互促进的基础上,形成了长江三角洲经济圈、成渝地区双城经济圈、粤港澳大湾区等一批体现国家战略的区域性经济文化共同体。

其中,长三角区域作为中国城市群一体化发展中较早、较为成熟的地区,其数字文化产业的建设充分吸取国际先进经验,以推动"数字经济一体化"和"数字文创一体化"为目标,以构建高度一体化的资源体系、支持体系与环境体系,形成大城市群数字文化生态,并在优良的数字经济生态基础上,以"点、线、带、廊"为形式构建长三角数字文化生态空间,加强创新资源"在地、在场、在线"相结合的整合与培育,如江苏省把 5G 和人工智能技术融入大运河文化开发,打造"5G 大运河沉浸式体验馆",描绘"最精致"的江苏美感生活;浙江省建立"网络文学—数字出版—数字媒体—IP 衍生服务"全产业链条,形成以咪咕数媒、天翼阅读、浙报传媒等为代表的数字阅读产业中心;上海市大力发展音频服务消费市场,与喜马拉雅合作推出"有声城市"解决方案、小雅 AI 音箱等新业态、新产品,彰显了长三角数字文化产业在新时代惠民服务的广阔前景,推动了长三角数字文化产业一体化的快速发展。

2. 规划以特色文化为原动力的公共文化服务数字化供给

21 世纪以来,我国以提升城市文明程度、公民文明素质和满足人民日益增长的精神文化需求为出发点和落脚点,以发展公益性文化事业为主题,通过多种手段大力推动中华传统文化遗产的数字化保护,发布了一系列针对中华传统文化遗产数据库建立、特定中华传统文化遗产项目推进和中华传统文化遗产数字化专项经费的政策、法规。而中华传统文化遗产的保护和传承工作与公共文化服务体系建设有着密切的联系,通过创新传统文化为现代公共文化服务体系建设服务,注重对历史文化、民俗文化、本土文化的挖掘和传承,赋予其正能量的现代主旋律,推陈出新、创作精品,把优秀作品作为服务产品,以数字化的发展形式融入地区公共文化服务建设之中,用时代精神激活优秀传统文化的生命力,推动非物质文化遗产真正与当代城市文化建设融为一体。

针对《文化部、财政部关于进一步加强公共数字文化建设的指导意见》中"大力整合汇聚非物质文化遗产、国有艺术院团、民间文艺社团等方面的数字化资源"的要求,公共文化服务体系中的中华传统文化数字化工作取得显著进展。以完善文化基础设施为依托进一步整合文化资源,在文化创新工程和项目的基础上积极创新,推进公共数字文化惠民工程的建设,将特色文化以数字化形式融入区域内的非遗场馆,为群众提供开放文化空间,为中华传统优秀文化的普及与宣传提供优质平台；以数字图书馆推广工程和公共电子阅览室为资源基础，将文化传承与体验相结合，在丰富公共文化服务内容的同时拓宽文化获取途径。比如，成都图书馆建立了"蜀风雅韵——成都非物质文化遗产数字博物馆"，天津图书馆开发了非物质文化遗产数据库，山东省图书馆创建了"山东文史资料专题数据库"。

（四）综合创新，实现高水平公共文化服务数字化供给

1. 以文化治理能力现代化为发展方向

十八届三中全会首次提出推进国家治理体系和治理能力现代化的任务和要求，党的十九届四中全会就国家治理体系和治理能力现代化进一步进行战略部署，文化治理作为国家治理体系和治理能力现代化建设的重要组成部分，与政治、经济、社会、生态治理共同形成"五位一体"的治理格局。公共文化治理与公共文化服务作为一体两面的关系，只有将"治理"与"服务"相结合，才能实现公共文化的可持续发展。公共文化数字化作为数字时代公共文化与数字技术融合发展形成的智能化、网络化的新型文化范式，在形式上实现了数字文化与纸本文化等实体文化的区分，同时用公益性、公共性规范了数字文化的边界，赋予其内涵，最终通过公共服务实现其价值。

公共文化的数字化发展是数字文化与公共文化融合而成的新的文化类型，不仅具有社会服务的资源性质，也具有社会管理的政策性质。其文化治理能力作为一个复杂的综合概念，主要是指政府和社会等治理主体在公共数字文化建设和服务中的能力，体现在调度公共文化资源向偏远地区、特殊人群倾斜，将文化发展与现代化建设进一步有机结合，体现社会进步，追求公平正义，为全面实现小康社会助力。以文化治理能力现代化为发展方向，探究政府主导下的强化公共文化服务数字化功能的途径，是构建公共数字文化治理体系的核心力量，也是我们实现公共数字文化发展目标的重要方式；是宏观层面下公共数字文化现代化的重要表征，有助于强化国家文化治理的顶层设计，加强整体性部署，使文化制度改革中遇到的体制障碍、社会功能弱化等问题得到解决，进而解决因治理能力不足引起的地区文化发展失衡、社会公共文化获取不均等问题。基于公共文化数字化的发展特性，我们可将公共文化数字化的治理能力细分为制度建构能力、政策法规执行能力、监督管理能力、改革创新能力与公平保障能力五项。

2. 以产业融合、行业联动为创新依托

随着中国特色社会主义进入新时代，我国社会主要矛盾已经转化为人民日益增长的美好生活需要和不平衡不充分的发展之间的矛盾，人民对美好生活的追求

离不开文旅融合的滋养，离不开公共文化数字化带来的均等化与便捷性。随着新时代的技术创新变革，5G、大数据、云计算、物联网、人工智能等新技术不断涌现，技术迭代升级、数据化、融合重组、分享、连接、颠覆成为数字时代的鲜明特征，这也给公共文化服务体系建设带来了机会与发展空间，软件版本不断升级，工程所需的服务平台可以迅速应用这些最新技术，实现弯道超车。比如，文化馆在建设数字体验馆中引入的虚拟现实技术，给用户带来了时代感很强的服务体验；文化馆还依托微信平台快速建立微信服务号，让艺术普及服务迅速进入手机端；图书馆依托元数据理念，加工生成文化信息，进而梳理形成某类有用的海量知识集，以便为读者提供智慧服务。

随着 2018 年 4 月文化和旅游部的挂牌组建，我国文化和旅游融合发展正式拉开帷幕，文化和旅游的融合发展也为公共文化数字化发展带来了新契机。公共文化服务体系依托"互联网+公共服务"的优势，实现文化和旅游公共服务资源的快速汇聚，通过手机端应用，快速融入群众的文旅生活，让文旅资源和服务可查询、可收看、可预订、可体验、可互动、可评价，提升用户服务的获得感与幸福感。按照文旅融合发展思路，陕西省图书馆立足于古都丰富的历史文化元素和省级文献信息资源富集高地这一优势，尝试推动全省开展以"智能文化云地标"为核心的新型数字文化服务创新，促使古都长安的历史文化禀赋与省图书馆的文献信息资源深度融合。在全域旅游的视角下，"智能文化云地标"不仅实现了对景区景观的浅表性介绍，并进一步挖掘现有数字文化资源背后的地理信息，以 SaaS[①]模式，采用地理位置服务与人工智能技术，在"互联网+"与短视频传播助力下为具有更多文化需求的地区与大众提供更深层次的服务。

第二节　社会力量多元参与协同模式

一、社会化协同的概念及其背景

（一）社会化协同概念

公共物品性质的公共化服务发挥着对公民文化权益进行保障的功能，决定了政府作为责任主体，在公共文化服务体系建设中发挥着重要作用。但是，政府资源和能力的有限性，导致政府在公共文化服务体系建设中，传统的大包大揽的模式具有一定局限性，因此必须通过社会化协同，促使政府力量与社会力量共同发挥作用，来摆脱我国公共文化服务体系建设过程中所面临的困境，而在发达的国

---

① SaaS 英文全称是 software as a service，中文翻译为软件运营服务。

家和地区，公共文化服务的社会化协同，事实上已经形成较为成熟的模式。所以，公共文化服务在面临发展不平衡、供需不匹配与覆盖面窄的协同困境下，凸显了社会力量参与公共文化服务协同的紧迫性和急需性。同时，我国政府在引导和规范社会力量参与到公共文化服务协同过程中，制定并出台了一系列的政策法规。但在我国公共文化服务社会化协同的具体实践中，我国政府与社会力量之间的互动，尚未形成所期待的良性机制，这就对社会力量参与到我国公共文化服务中的协同的全新模式有所期许，以此推动双方优势的互补，从而能够达到摆脱我国公共文化服务协同困境的宏观目标。

针对公共文化服务的社会化而言，存在广义的社会化与狭义的社会化两种理解。其中，广义的社会化是指公共文化服务从单一依托政府的协同而转向由全社会力量共同参与来提供。狭义的社会化，可以理解为是与行政化相对应的民间化，也就是政府履行根本责任的前提下，公共文化服务的整体协同是以政府组织为主，进而向社会力量、市场组织以及公民个体等多元主体逐渐扩展的过程。而本书对于公共文化服务社会化的理解，主要是从狭义层面上的社会化概念开展相关研究的。

西方发达国家与地区，通常将公共文化服务纳入到社会服务的范畴中。西方国家和地区整体市场经济较为发达。国家、社会和市场三者之间的法律界定较为明确。因此，市场组织和非政府、非营利组织的整体体系较为完善，并在参与相应的公共事务管理方面，积累了比较丰富的经验，在公共文化服务协同方面，形成了较为成熟的社会化、市场化运营模式。比如，英国借鉴商业管理技术，引入市场竞争机制，进行以顾客导向为特征的公共服务改革，以此来减轻英国在财政方面的负担和提高整体的行政效率。在公共服务领域的改革过程中，先后引进了私人部门管理技术，经历了公共服务代理化和公共-私人部门伙伴化两个阶段。美国则是借助重塑政府的运动，对于公共文化服务的管理进行改革，以适度分权、放松管制，以建立花费更少、管理更多的新型管理和服务模式为原则，同样引进了相应的竞争机制，促进公共文化服务运行的市场化，将政府的职责定义为掌舵，而不是划桨，在整个公共化服务运行中，更多的是对政策进行制定以及对政策执行结果进行监督等，将公共服务政策的执行权力交给相应的公共部门、私营部门和非营利部门，借助竞争机制来打破部门之间的垄断，落实公共服务决策权与执行权的分离，从而提高了政府的整体效率，并为公众提供了高质量的公共服务，从而提升了顾客的整体满意度。此外，新西兰和澳大利亚等国家则是采用相对激进的措施来推进政府管理和公共服务的改革，如采取了结构改革、分权化、商业化等举措。

在我国受到传统的文化、管理体制和管理观念的影响，社会主义市场经济的发展时间相对较短。此外，非政府与非营利性组织的发展也有待于进一步成熟。因此，公共文化服务的社会化协同，整体上处于初级阶段。虽然在具体的实践中，我国多数地方政府已经在公共文化服务社会化协同方式上进行了积极的探索，如采用了竞争招标、契约外包和社区提供等举措。另外，有些地区近些年陆续出台了相关的政策法规，主要是通过政府购买服务等方式，积极地来扶持社会力量参与公共文化服务，通过相应的体制和机制创新，整合非政府文化资源，来共同提升公共文化服务的协同能力。但总体而言，我国公共文化服务的社会化协同在理论等方面有待进一步发展和完善，具体实践服务有待于进一步提升。

（二）社会化协同缘起

我国公共文化服务的社会化协同提出的背景，主要是基于以下三个方面：一是伴随着我国改革开放 40 多年来,经济社会的快速发展对公共文化服务社会化协同的内在要求；二是伴随政府职能的转变，我国在努力构建文化治理结构的过程中，对公共文化服务社会化协同的需求；三是在推进我国社会管理创新、深化文化体制改革以及推动我国文化大发展大繁荣过程中，公共文化服务社会化协同在其中发挥着重要的作用。

随我国计划经济的解体、市场经济的建立及经济全球化发展，改革开放以来我国传统的一体化社会逐渐向国家、市场和社会三元共治的格局进行转变，形成了三者之间既相互联系又彼此独立的状态。其中，国家称为公共权力领域，通常称为社会第一部门，属于政治领域；市场是营利组织的一部分，也是私人领域，通常称为第二部门，属于经济领域；社会则是公共领域，是与前两者之外的第三领域，通常称作第三部门，从属于狭义的社会领域。而伴随改革开放的不断深化以及市场化和全球化的深入发展，市场的力量在逐渐强大，并不断催生社会力量的成长，市场和社会形成了相对独立于政府之外的力量。与此同时，三者之间的关系在不断调整，并在深刻地推动着当代政府的职能转型。而"公共文化服务"这一概念本身兼具有公共性和服务性双重特征，尤其是公共文化服务的价值目标是保障公民文化权益、促进文化平等，因此从整个社会发展角度分析，在公共文化服务发展的整个进程中，各种社会力量显然发挥着重要的作用。伴随着我国社会主义市场经济的快速发展、市场社会力量的不断壮大，我国逐渐形成了一个日趋扩展的公共空间，而对于公共文化服务体系建设而言，政府在兑现其在文化责任方面的相应承诺的同时，在积极动员相应的社会力量、参与公共文化服务体系的建设以及相应公共空间的塑造等方面，可发挥其重要的作用。经济社会的快速发展为各种社会力量、市场、市场组织和个人发挥服务社会的作用提供了多种途径。因此，社会化将成为公共文化服务发展中的必然过程。

随着我国政府机构的改革，为了更好地适应改革开放和市场经济发展的需求，我国政府已经先后启动了七次大的机构改革，而机构改革的核心，是实现政府职能的转变。我国政府从计划体制下的全能政府向市场体制下的有限政府进行转变是最为显著的特征。通俗来说，全能政府向有限政府的转变，主要表现为政府职能、职权的分化。具体上来说，就是政府的职权与第二部门、第三部门之间的权力关系进行相应的调整，实现由过去一切公共事务都在政府的职能范围内转为将更多的公共事务交给第二部门、第三部门进行管理。伴随政府职能的转变，我国政府在肩负传统的经济调节、市场监管和社会管理等历史性重要任务的同时，更加强调对于公共服务的职能发挥。与此同时，在社会主义市场经济下，社会力量日益强大、社会市场日益壮大，对于政府进行分权化的要求日益迫切。因此，市场要能够进行相应的自我调节，社会力量可以借助自律来自主解决相应的问题，从而减轻政府在公共职责方面所承担的责任，政府各个部门各自承担相应的职能，进行相应的公共服务的梳理和分解，从而为我国政府职能向服务型转型奠定坚实的基础。

从社会管理创新方面来分析，公共文化服务的社会化协同，一方面是源于政府职能的转变，而另一方面则是基于社会管理和公共服务内在发展的需要。尤其是近年来，伴随着我国社会经济的快速发展，有效创新社会管理的方式，借助多元力量进行整合，提供相应公共服务，进而维护社会的整体和谐稳定，将有利于促进整体的社会经济发展。而非政府、非营利性组织以其相对灵活性、社会性和独立性成为重要的选择。从文化体制改革方面来看，我国的文化体制改革于改革开放之初就已经启动。深化文化体制改革，有利于推动社会主义文化的大发展和大繁荣。推动公共文化服务的社会化发展，是社会主义文化发展的应有之义。对于文化体制的改革而言，公共文化服务的社会化发展是破除其传统文化体制的重要体现，也是促进文化繁荣的创新路径，能够改变政府大包大揽的垄断格局，逐渐形成引导市场和社会力量积极参与的新格局。可以说，我国文化体制的改革是促进我国公共文化服务社会化兴起的重要背景，也是推动我国公共文化服务社会化发展的最为直接的驱动力。

公共文化服务的社会化协同，在发达国家和地区有着成功的实践经验，对于我国而言有着重要的借鉴价值，值得我国公共文化服务领域专家学者积极进行探索。

二、社会化协同的可行性分析

（一）社会化协同是平衡发展的基础

从本质上分析，公共文化服务社会化协同的必要性主要是由传统公共文化服务模式的弊端所导致的。换而言之，政府垄断公共文化服务的协同存在历史性的局限。21 世纪以来，我国公共文化服务体系建设整体上取得了较为显著的成绩，但同时也存在一些不足，针对公共文化服务体系建设过程中存在的问题，从治理的角度来分析，其根本原因是过度依靠政府这一单一主体，尚未形成多元共建的发展格局，因此是制约我国公共文化服务更快发展的重要原因。我国各地区经济发展程度和水平不同，从而导致我国公共文化服务发展存在较大的地区和城乡差异。党的十六大之后，我国明显加大了公共文化服务的政府资源的投入，但是对于借助社会经济力量共同发展，尚未形成良好的空间格局。结合治理理论而言，在公共事务的治理过程中，需要形成多元主体合作的网络，即政府组织、市场组织和社会力量等共同发挥作用，在深入了解政府组织、市场组织和社会力量各自优势和不足的同时，形成良好的互动关系，共同推动我国公共文化服务的社会化发展。良好的互动对于我国公共文化服务体系和服务型政府的建设而言，具有重大的推动作用，能有效解决地区、城乡之间的发展不平衡问题。对于公共文化服务体系建设而言，如果主要依靠政府的公共财政投入，将会给公共部门带来较大的财政压力，而我国市场经济的发展和社会力量的迅速崛起，为公共文化服务体系建设提供了强有力的支撑。因此，借助市场组织与社会力量，使其共同参与到我国公共文化服务体系建设具有必然性和迫切性。

（二）社会化协同的特征

公共文化服务社会化协同，对于我国体制改革和政府职能转变而言，有着重要的意义，同时也给公共文化服务社会化协同带来了新的发展机遇。公共文化服务社会化协同对我国公共文化服务体系建设的重要作用主要体现在以下四个方面。

第一，推动政府职能转变，形成多元共建的公共文化服务体系社会化协同模式。在社会主义市场经济体制下，政府职能转变成功与否，直接关系到我国未来经济社会发展。公共文化服务社会化协同实现的过程，是政府文化职能分权不断落实的过程。一方面，促进非政府、非营利性组织的快速发展，同时也会推动政府自身职能的转变。对于政府而言，非营利组织和非政府的积极参与将会为公共化服务的协同提供充足的动力。另一方面，有助于政府有效地进行职能转变，缩减机构规模，提升整体的办事效率，减轻相应的压力。从治理的角度分析，政府组织、非政府以及非营利组织等社会力量共同参与到公共文化服务的过程，是相互间建立合作关系的过程，由此可形成政府的政策、资金优势与非政府和非营利组织的机制优势等相互弥补的良性发展状态，从而有利于公共文化服务体系建设过程中的多元共建格局的形成，解决传统的公共文化服务协同主体单一的问题。

第二，提高公共文化服务社会化协同的灵活性，有助于提升政府对公共文化服务需求的应对能力，从而整体推进我国公共文化服务体制和机制的改革与创新。

在推进社会主义市场经济发展过程中，由于在制度上存在一定的僵化、路径上存在一定依赖的问题，我国公共文化服务未能较好地体现其公共性的职能。在公共文化服务协同过程中存在一定程度政府职能失灵现象，为了有效地解决政府失灵所导致的公共文化服务和产品协同不足、协同效率低下、资源浪费、回应性不灵敏等问题，积极地引入市场组织和社会力量，能够帮助政府提升对于公共文化服务需求的灵敏度，必要时政府应建立相应制度来引导社会力量和市场组织等非政府资源合理合法地参与到公共文化服务的协同中。由于社会力量和市场组织等社会力量对于公众的个体文化需求有着较高的敏感度，社会力量的参与将有助于提升公共文化服务机构对公众文化需求的回应能力。因此大力培育非政府、非营利性组织等社会力量参与到我国公共文化服务体系中，有利于推进我国公共文化服务体制和机制的改革与创新。

第三，满足公民的文化需求，保障公民文化权益的实现。在依托政府力量的同时，积极地引导社会力量进入公共化服务领域，有助于推动公共文化服务社会化发展，从而为服务型政府的建设提供补充性力量。从根本上来说，社会力量的积极加入，可以为社会公众提供更多、更好的公共文化服务和产品，更好地满足公民对于基本公共文化的需求，保障公民文化权益更大程度地实现。社会力量在积极参与到公共文化服务协同的过程中，也会激发更多公民的志愿意识以及参与到公共文化服务的热情，从而有助于形成全社会积极参与公共文化服务体系建设中的氛围，有助于提升社会公众自我管理、自我服务和自我发展的能力，构建更大的公共文化服务空间，保障公民权利的实现，提升公民的责任意识，推动更多的社会公众参与到公共事务中，为我国社会主义文化的快速发展奠定坚实基础。

第四，公共文化服务的社会化协同，实现公共文化服务地区均衡化和城乡一体化发展，推动我国公共文化服务的大繁荣。伴随我国经济社会的快速发展，城乡之间的发展不平衡所带来的公共文化服务领域之间的失衡是较为明显的，影响了公共文化服务发展水平的均衡性和均等性。为了缓解这种城乡和地区之间的不均衡，需要积极地引入社会资本和市场组织进入到公共文化服务领域，以减轻政府投资的压力。此外，要大力发展社会公益组织、志愿服务等，以此能够突破地区、城乡的地域局限性，推动公共文化服务地区均衡化和城乡一体化发展，进而推动我国公共文化服务的繁荣发展。

三、社会力量参与公共文化服务协同模式

（一）协同主体

公共文化服务社会化协同的主体主要包括政府、企业、非政府组织和社会公

众，除政府外的其余主体，可以统称为社会力量。其中，政府是我国公共文化服务开展中最为重要的协同主体。有关政府的定义有广义和狭义之分，广义的政府一般指国家的一切政权机关，狭义的政府一般指的是中央和地方行政机关，本书中是结合广义的政府概念进行分析的。政府一般具有公共性、合法性、强制性和非营利性等特征，由此政府必须要以公共利益为行为目标。而公共产品的非排他性和非竞争性，是私人部门在协同时会出现"市场失灵"现象的重要原因，而政府在公共产品协同过程中容易出现效率低下、财政压力增加等问题。《公共文化服务保障法》指出，公共文化服务是由政府主导、社会力量参与，以满足公民基本文化需求为主要目的而提供的公共文化设施、文化产品、文化活动以及其他相关服务。政府并不是公共文化服务供给中的唯一主体，政府需要依靠集权进行管理。在公共文化服务协同过程中，政府主要是在维护社会公众的公共利益等方面发挥主导作用。

企业是社会力量中的重要组成部分，是以营利为目的的市场主体，其中包括国有企业和民营企业，在我国公共文化服务体系中，国有企业倾向于公益性，而民营企业则会更加重视获取利润。企业除了具有社会力量一般的特征之外，还表现出经济性、商品性和独立性的特征，通过围绕市场开展相应的经济活动，不断提升经济效益。企业参与公共文化服务协同具有很大的效用价值，企业向公共文化服务领域进行资本投入，可以缓解政府财政的压力，同时企业对于公众的社会需求较为敏感，且企业自身具有较为强劲的生产能力，因此企业可以为社会公众提供高匹配度且较为专业的公共文化服务产品和服务。与此同时，公共文化服务的非营利性与企业的营利性行为目标相矛盾，导致企业参与公共文化服务社会化协同的积极性不高，而企业以经济利益最大化为行为目标导向，致使公共文化服务的协同效率降低和公共价值偏离。

非政府组织最为显著的特征就是公益性，其行为活动是不以营利为目的的，因此非政府组织通常是指以追求公共利益为目标，具有非营利性、非政府性、志愿性和自治性特征的公益组织。非政府组织在公共文化服务社会化协同中，不仅可以有效缓解"政府失灵"，还可以弥补"市场失灵"在协同中存在的不足。目前，我国的非政府组织整体数量呈现不断增长的态势，但是非政府组织的整体规模是比较小的，同时不少文化类非政府组织是经由政府主导而成立的，对于自上而下形成的非政府组织，其自身的独立性相对较差。

社会公众与非政府组织共同构成我国公共关系的客体。新公共管理理论强调的是将公众视为"顾客"。本书对于社会公众的定义为：区别于政府、企业和非政府组织的个体或群体。社会公众具有消费的属性和社会群体性的特征。社会公众是公共文化服务的最终消费者，即公共文化服务协同的重要目的就是满足社会公众对于公共文化服务的需求，或者说满足社会公众的精神文化需求。社会公众参与公共文化服务的社会协同中，主要通过自我协同的方式，在一定程度上借助共建共享机制和反馈机制，在满足自身文化需求的同时，提升公共文化服务协同的有效性，缓解政府的财政压力。但是社会公众的营利性目标较弱，还存在"搭便车"现象，因此社会公众参与公共文化服务协同的热情不高。

（二）多元协同的模式种类

公共文化服务协同的理想状态是，政府主动作为、社会力量能够全面积极参与，多元主体互动，相互间形成合作的协同模式。政府协同、市场协同和其他主体的协同，都各具一定的优势和局限性。任何一种单一的协同模式是很难满足当下社会公众的多样化的文化需求的。由此，需要适度引入市场竞争机制，提高公共文化服务协同的效率和质量，充分发挥多元主体的力量，以满足社会公众的文化需求为出发点和落脚点，开展公共文化服务协同工作。因此，我国公共文化服务社会化协同主体多元发展可能存在的模式为：以社会公众需求为目标，充分发挥多元主体的优势，多元主体之间协作，共同提高我国公共文化服务协同的效能。

目前的公共文化服务协同模式中，社会力量与政府之间的关系主要表现为被支配与支配的关系，对社会力量的自主性造成一定的约束，从而影响社会力量参与的积极性和公共文化服务协同效率。当前公共文化服务协同的基本模式，主要表现为以政府与社会力量为协同主体，向社会公众提供相应的公共文化服务。在公共文化服务协同的过程中，协同资金主要来源于政府资金、企业资金和社会公众的文化消费及捐赠等。在政策制定方面，政府处于主导地位，是政策的制定者；在决策过程中，则是遵循政府与社会力量平等协商原则，相互之间独立且地位相对平等；在公共文化服务协同的过程中，政府和社会公众共同参与到公共文化服务监督中来。

1. 以政府为主的合作协同模式

社会转型期间，公共服务是我国政府的主要职能，在公共文化服务协同的过程中，政府处于主导地位，可以保障基本的公共文化服务协同，同时能够引导社会力量提供相对优质的公共文化服务。以政府为主的合作协同模式，主要包括计划、融资、生产和监控等四个环节。以政府为主的合作协同模式主要是以政府政策为导向实行的，包括政府安排公共文化服务或者政府直接进行公共文化产品的生产与协同；政府安排协同，委托进行生产或者按照合同进行外包、特许经营。整体上，政府借助招标的形式，对合作伙伴进行选择，通过签订有关的合作协议，对公共文化服务协同过程所需的经费进行整合，结合公共文化服务协同的现状、社会公众的需求以及当下的经济发展状况，制定相应的公共文化服务协同计划并进行相应的生产，政府加强整个过程中的监督，对其进行相应的验收，对于生产合格的产品，会投入到社会中进行尝试性运营，以免费或者相对低的价位提供给公众使用，定期对公共文化服务的协同状况进行监督评价。

2. 以市场为主的合作协同模式

以市场为主的公共文化服务协同模式，是对于传统的政府与市场之间的管制与被管制的关系进行的改变，从而形成一种基于公共文化服务利益归属的新型公私合作伙伴关系。但是政府必须做好相应的工作安排，一方面，要为以市场为主的公共文化服务协同提供相应的制度保障或者鼓励性的政策，用以吸引更多的私人企业和民间资本参与到公共文化服务协同中来，如通过增加企业补助或者减免企业税收等方式提高私人企业和民间资本参与公共文化服务的积极性。另一方面，强化有关公共文化服务协同市场化的规章制度，市场化的协同过程时常会由信息不对称或者市场合作中存在的不足导致社会公众利益不能得到充分保障，因此需要政府在协同或者生产环节进行适度的介入，用以保障公共文化服务协同符合公益性、均等性，以及在规模和质量等方面能够满足要求。以市场为主的合作协同模式，能够发挥市场优势，相对清楚地对于公众的需求进行精准的判读和分析，并制定相对高效的公共文化服务协同计划。在以政府为主导的情况下，以市场为主的合作协同模式主要包括四种具体的合作模式：市场协同，公共生产；政府协同，非公共生产；混合协同，非公共生产；市场协同，非公共生产。市场各方签订相应的合作协同协议，完成资金的筹备，制定协同计划，在政府、社会公众和媒体等共同参与的情况下，生产合格的公共文化服务产品，投入使用，并进行市场化的管理，按照一定的市场价值进行收费，但是政府会定期对安全、公众反馈等情况进行相应的数据收集和总体评价。

3. 以非政府组织为主的合作协同模式

以非政府组织为主的合作协同模式，主要以非营利性组织为典型代表，这些组织具有较强的社会使命感，对于维护社会公众的公共文化权益具有强烈的责任感，为了更好地满足社会公众对于多元文化的需求，同时考虑公共文化服务协同的公平性与社会效益，提供公共文化服务。政府主要是为非政府组织提供相应的专项法规和优惠政策支持，保障非政府组织能够提供高质量的公共文化服务。同时，采取以非政府组织为主的合作协同模式是有效解决政府和市场双重失灵的有效路径，非政府组织在参与社会化协同的过程中，其具体模式包括以下几种：非政府组织独立提供和生产；非政府组织协同，政府生产；非政府组织协同，私人部门生产。按照正常的流程，完成合同协议的签订、经费的筹集、现状的调研、计划的制定，以及生产、验收、协同与监督反馈等流程。

4. 社区自治型的协同模式

社会公众自主实行的公共文化服务协同的模式，可以概括为社区自治型的协同模式，目前社区主要包括城市社区和农村社区，公共文化服务是社会公众较为关心的，因为其直接关系到公众的精神文化生活。社区自治型的协同模式是以社区居民为主导的，该类公共文化服务的受众是社区居民。在资金筹集等方面，主要依靠社区内部的力量或者地方资助，政府给予必要的引导和扶持。社区居民较为集中，为社区居民提供便捷性的服务能够较为精准地进行公共文化服务协同，并获得公众认可。所以，社区自治型的协同模式，主要包括以下几种：社区进行直接的协同和生产；社区进行协同，市场进行相应的生产；混合进行相应的协同，市场进行生产；混合进行协同，非社区进行生产。该模式按照其他协同模式相同的流程进行公共文化服务产品的生产与供给。

（三）各种模式中的协同的内涵

社会力量参与公共文化服务协同的过程，从其本质上分析，是政府与社会力量之间形成合作。在合作的过程中，可以弱化政府与社会力量之间的依赖和被依赖的关系，从而形成政府与社会力量之间的平等互惠的良好合作关系。采取合作协同模式能够促进政府职能的转变，同时，增强社会力量在公共文化服务协同过程中的自主性，促成政府与社会力量之间的合作，并形成良性互动，从整体上提升公共文化服务的性能。政府与社会力量的合作在结构上达到了"去结构化"的效果，政府与社会力量的合作协同模式与政府的主导作用之间并不矛盾。政府的主导作用是使公众利益得到有效的保障，主要是借助客观权威性。由此根据社会力量与政府之间的具体合作关系，我们可以将社会力量参与公共文化服务协同的模式划分为两种样态：非合作协同和合作协同。其中，在非合作协同模式中，政府主要是处于整个协同的中心地位，社会力量相比之下处于比较边缘的地位，政府与社会力量之间的关系，主要表现为中心与边缘化的结构关系。社会力量在公共文化服务协同过程中，并不是以合作的形式加入其中的，而是以协作的方式，如政府购买服务，社会力量不具有生产经营权，即使在公共文化服务协同过程中产生一定的收益，社会力量也不具有分配的权利，社会力量只能够通过契约的形式参与到公共文化服务协同中，对其公共文化服务协同的内容和形式等按照政府的要求执行。非合作协同模式会在一定程度上限制社会力量效能价值的发挥，进而影响公共文化服务协同效能的提升。在合作协同模式中，政府与社会力量之间的关系处于相对平等的地位，可以解决公共文化服务不均衡的问题，政府与社会力量之间的合作可以实现公共文化服务高品质的供需匹配。社会力量享有一定的收益分配权利，在公共文化服务生产过程中，社会力量具有一定的自主性，能够有效整合政府与社会力量各自的优势，弥补政府单一模式协同导致垄断以及协同效率低下的问题，调动社会力量的积极性，提高公共文化服务协同的匹配度，提升公共文化服务协同的效能。

（四）协同模式的角色定位

在社会力量与政府共同参与的公共文化服务协同模式中，政府扮演掌舵者角色，具体表现为公共文化服务协同的政策法规的制定者、公共文化服务协同过程的监督者以及公共文化服务协同的资金重要来源。在具体实践中，政府利用自身的职能价值以及属性特征，有义务和有责任对于公共文化服务协同的相关政策法规进行制定，并为社会力量参与公共文化服务的协同建构配套的参与机制和相应的评价指标体系。在公共文化服务协同的过程中，对于公共文化服务协同、生产过程，政府要充分发挥对于社会力量的监督作用，对公共文化服务协同的数量、质量进行严格把关和评估，并对社会力量参与过程中可能存在的机会主义、利己主义等行为进行监督和管制，以切实维护好广大社会公众的权益。同时，公共文化服务协同的非营利性，决定了公共文化服务协同过程中的大部分经费依然来自政府。因此，社会力量参与公共文化服务协同过程中，政府依然起到主导作用，但平等地同社会力量进行协商和沟通，共同维护公众的基本文化权益，政府与社会力量之间不再是单方面的依赖关系。

在公共文化服务协同模式中，社会力量的角色变化主要是为了更好地实现与政府之间的合作，不管是协作，还是严格意义上的合作，社会力量主要扮演公共文化服务的生产者、资金的提供者以及公共文化服务的监督者的角色。社会力量的主体中，企业可以利用自身的专业优势，实现对于公共文化服务协同的专业化生产，并且社会力量具有自主性，为企业灵活生产公共文化服务提供可能。社会力量借助一定的自筹模式进行相应的资金筹备，以满足公共文化服务协同的资金需求，尤其是企业对于资金的筹集能力是比较强的，同时企业在享有一定的收益分权的同时，会有助于企业将其转化为相应的市场化运行模式，不仅可以提升企业自身的经济收益，还可以缓解政府在公共文化服务协同方面的财政压力。而在实践过程中，社会公众是公共文化服务的消费者，对于公共文化服务供给起着监督作用，通过社会公众的反馈可以提升公共文化服务协同的效能。

（五）协同模式的比较

公共文化服务社会化协同模式中，最为重要的是政府与社会力量之间建立了合作关系，根据社会力量参与主体的不同，可以将公共文化服务社会化协同模式分为三类：其一是以企业为主导的社会化力量协同模式；其二是以文化类的非政府组织为主导的社会化力量协同模式；其三是以公众为主导的社会化协同模式。其中，以企业为主导的社会化协同模式，主要是指由企业发起的，企业是主要的决策者，并借助市场机制，为社会公众提供公共文化服务的协同模式。以非政府组织为主导的协同模式，则是指由文化类的非政府组织发起，文化类的非政府组织承担一定的决策职责，并借助社会机制进行公共文化服务的协同，而文化类的非政府组织主要是为社会公众提供能够满足其需求的公共文化服务。以公众为主导的社会化协同模式，主要包括公共文化服务的生产与协同，在提供公共文化服务过程中，政府与社会力量之间地位平等，公众也能够对公共文化产品提出具体需求，由此公众拥有一定的生产自主性。三种模式的协同中，政府与社会力量都是重要的公共文化服务协同的生产主体，不同点在于其公共文化服务协同目的存在差异。

四、社会力量参与协同模式的实施

（一）加快服务型政府建设进程

1. 转变政府职能，政策性支持合作协同

公共文化服务多元主体合作提供公共文化服务协同是时代发展的重要趋势，在借鉴发达国家在公共文化服务协同方面所积累的丰富经验的同时，我们要结合具体实践，从我国的政府管理变革着手，积极地吸引多元主体参与到公共文化服务的协同中，政府通过制定相应的标准对公共文化服务有关的资源进行合理配置，政府根据转型期间社会发展的需求和政府自身自主性需求，有针对性地对公共文化服务进行引导与扶持。比如，行政上进行帮助、经济上进行支持。具体而言，在政府部门设置专门的部门或者专人进行项目指导，通过制定相应的法律法规维持合作项目的正常建设与运行，同时可以为合作协同的过程，提供一定的政府补助、后勤保障以及公共文化服务基础设施与场地等。

2. 社会公共文化服务管理机制体制改革

为了提供优质的公共文化服务，必须推进公共文化服务协同模式的改革。最为重要的是深化我国公共文化服务管理体制改革，强化公共服务职能，在公共文化服务协同过程中，应建立相对独立、健全的监督机制。深化我国公共文化服务

管理体制改革，优化我国公共文化服务行政部门组织结构、梳理权力运行机制，推动政府职能的转变，为多元主体共同参与到社会化的协同中提供具有发展性的制度环境。政府在进行宏观调控的同时，注意将微观的经济事务一定程度上让渡给市场和社会，在具体实践生活中，政府职能的转变并不是一蹴而就的，因此在公共文化服务协同的过程中，需要参照社会发展实际情况，进行公共文化服务管理体制的改革，建立有效的政府监管机制，并进行合理的资源配置，促进公共文化服务管理运行机制的正常运转，强化政府政策制定的职能，加大对于基础公共文化服务的协同力度，实现公共文化服务协同的均衡化发展，减少政府对于公共文化服务的直接干预等。以此，调动市场和社会的积极性，大力推进公共文化服务多元合作协同内容的层次化和差异化生产，与此同时，多元主体的共同参与，会带来一定的竞争与合作，这样做可以进一步优化资源配置，实现公共文化服务的有效协同。

（二）构建多元主体间的合作关系

1. 多元主体合作协同

多样化的公共文化服务需求决定了协同主体朝着多元化的方向发展，但是长期以来我国政府在公共文化服务协同中占据主导地位，社会力量起辅助作用。随着我国经济的快速发展，政府和社会力量的运作机制虽然不同，但是在提供公共文化服务的过程中，频繁的资源互换逐渐模糊了各主体之间的界限，促使多元主体之间合作关系的形成。第一，政府的主导作用。政府在公共文化服务体系中扮演着主导角色，负责制定政策、规划和标准。政府通过财政投入、政策支持和监管来确保公共文化服务的质量和普及。政府还负责推动社会力量参与公共文化服务的创新路径。第二，市场的辅助作用。市场在公共文化服务体系中的作用是提供多样化的服务和产品。通过引入市场机制，可以激发社会主体参与公共文化服务的积极性，提供多样化的产品和服务。政府可以通过购买服务、公私合作等方式，引导市场力量参与公共文化服务的提供。第三，社会力量的参与。社会力量，包括非政府组织、私营部门和志愿者等，是公共文化服务体系的重要补充。社会力量可以通过投资、捐助、兴办实体、资助项目、赞助活动等方式参与公共文化服务体系建设。社会力量的参与有助于提高公共文化服务的效率和质量。政府、市场和社会力量之间的关系需要通过政策引导、法规规范和合作机制来协调和优化。例如，政府可以通过制定相关政策，鼓励和引导社会力量参与公共文化服务协同。同时，政府也需要通过监管和评估来确保市场和社会力量提供的公共文化服务符合标准和要求。公共文化服务体系的有效运行需要政府、市场和社会力量的共同努力和协调合作。通过这种合作，可以更好地满足公众的文化需求，提高公共文化服务的质量和扩大覆盖面。

2. 规范主体责任关系

在公共文化服务协同中，政府扮演着重要角色，发挥主导作用。在公共文化服务协同中，生产和供应的划分有助于更好地厘清政府职能。政府的基本职责是制定公共文化服务相关法律法规和设定市场准入条件，引导社会力量提供相应服务。政府要转换角色，由主导者转变为服务购买者、监管者和评估者。政府部门要调整工作重点，把相关法律法规和服务标准的制定、监督管理等作为工作重点。政府在供给中要以确定提供者的职责、确保公共文化服务质量等为主要职责，做好发展规划，针对相关参与主体进行合理的制度设计和安排，使其在制度框架下共同发挥作用。除了明确公共文化服务协同中政府的责任外，还要增强社会力量的责任感，降低合作风险，通过契约方式规范多元主体间的责任关系。

3. 引导社会力量参与服务协同

我国对社会力量的管制逐渐放开，并加强对于其的培育，促使社会力量成为我国公共文化服务协同的重要力量。但是目前我国公共文化服务协同中，社会力量的数量相对较少，因此需要政府进一步完善关于社会力量的管理制度，重点培养公共文化服务类社会力量，并加大对于公共文化服务类社会力量的扶持力度，培育有影响力、有实力和有发展潜力的社会文化组织，使其在更好地为当地公共文化服务提供相应协同的同时，减轻政府的财政压力，摆脱公共文化服务协同不足的困境。伴随公众公共文化服务需求的增加，单一的协同模式是很难满足公众需求的，因此要强化多元主体的共同参与，突破政府在公共文化服务协同方面可能存在的人力、财力和能力的局限性，积极引导社会力量参与其中，发挥社会力量的优势：一方面，可以积极推进社会力量的参与，借助其直接面对市场时的快速反应，以及在公共文化服务专业化协同方面的灵活性，可以进行公共文化服务协同的专业人才的引进，运用先进的管理手段和方法，进行技术创新；另一方面，推进公民个体的参与，公民个体不仅是公共文化服务的享受者，还是公共文化服务的协同主体。因此首先要鼓励公民积极参与到公共文化服务的协同中，并采取有效的鼓励措施，发动公民积极参加各种公益性的公共文化服务组织。与此同时，公民个体在参与公共文化服务协同的过程中，可以更为直接地表达需求诉求，政府相关部门可以结合公民的诉求表达，制定更为实际的公共文化服务内容。为了更加充分地了解公民的公共文化服务需求，政府可以建立多方的对话协商机制与监督机制，这样做不仅可以调动公民的参与积极性，还可以提升公共文化服务的回应度，加大社会支持力度。

（三）协同模式工具优化要素

公共文化服务社会化协同模式的优化，除了多元主体参与、多元协同方式优化以及多元协同保障之外，还需要对协同模式的工具要素进行优化，以建立相应的运行机制。

1. 决策

公共文化服务协同主体构成以及如何具体实施是由决策机制决定的。决策机制的正常运行是公共文化服务社会化协同模式运行的前提条件，进行科学化的决策时要避免决策的随意性和盲目性，促使公共文化服务的协同能够保持在正确的发展轨道上，从而提高协同的质量和效率，提升公共文化服务的整体水平。长期以来，自上而下的单向决策机制在一定程度上制约了公共文化服务的发展，如存在无法准确地反映农民的文化需求、公共文化服务协同存在供需不匹配、政府与社会公众缺乏有效沟通等问题，其根本原因是缺乏科学的决策机制，因此对于决策机制进行改革是必要的。目前，我国政府的治理研究越来越强调坚持构建科学化和民主化的决策机制，决策机制在公共文化服务协同中也具有一定的适用性。

2. 资金筹集

公共文化服务建设与协同，需要一定的资金作为经费保障，健全公共文化服务的资金筹集机制，可以为公共文化服务的开展奠定坚实的物质基础。我国公共文化服务建设主要是通过政府的财政拨款实现的，虽然政府一直在强调加大财政支持力度，呼吁建立健全我国文化事业费用的稳定增长机制，但是在公共文化服务建设的实际操作过程中，经费问题依旧是长期存在的。随改革开放的不断深入和我国社会经济发展模式的不断升级，我国社会积攒了较多的财富，但是由于信息不对称以及制度不健全等客观现实因素，影响到项目与经费之间的对接，因此需要建立多元社会力量参与的资金筹集机制，创新资金筹集新途径。

3. 需求反馈

科学的决策机制相互配合而产生的是需求反馈机制。建立科学民主的决策机制需要广泛吸纳社会民众的意见和建议，需求反馈机制则是为社会公众提供传播声音的途径。建立需求反馈机制，有助于形成信息畅通的表达社会公众对公共文化服务需求的渠道，为政府与社会公众之间的有效沟通提供适宜的环境。需求反馈机制主要包括社会公众对于公共文化服务需求的信息反馈、服务协同效果的反馈两个方面。需求反馈机制应以社会公众对于公共文化服务的需求为导向进行构建与完善。需求反馈机制有利于提高社会公众参与的积极性，监督政府对反馈进行有效回应，从而能够提升社会公众对于公共文化服务需求表达的自信，增强社会公众的参与意识，提高其参与的素质能力。

4. 监督考核

为了确保公共文化服务协同的效果与水平能够满足社会公众的需求，需要建立公共文化服务协同中与公共文化服务协同后的监督与考核机制。任何公共文化服务协同模式的顺利运行都需要一定的外在力量，而监督考核是最为常见的一种。当公共文化服务协同的主体、方式以及协同的内容相对确定时，提升公共文化服务协同效果则是促进公共文化服务协同形成良性循环的关键环节。公共文化服务协同过程中，对于相关的活动内容或者文化设施建设进行监督考核，可以有效把握协同进度与效果，及时总结经验，促进公共文化服务协同的可持续发展。

5. 文化联动

文化联动是指公共文化服务在协同过程中，纵横方向的联动与内外部的联动。所谓的联动是指公共文化服务协同主体各要素之间联合，以促进文化资源的流动。现代公共文化服务体系的构建是符合当下社会发展实际的，能够促进人力、物力、财力等文化资源的有效流通，实现基层与顶层的融会贯通，真正做到公共文化服务协同的"不脱节"。横向联动，可以促进公共文化服务资源的共建共享，相互学习，实现信息的共享。而内外部联动则可以促进社会力量的加入，为公共文化服务的协同奠定坚实的基础。

第三节　基于智慧城市的公共文化服务模式

一、智慧城市要素对公共文化服务的影响

智慧城市是一个复杂的系统，通过对构成智慧城市核心要素的分析，可以发现智慧城市体系的走向、建设内容与运动逻辑，将这一总体结构投影于公共文化服务上，分别探索智慧城市诸要素对公共文化服务的影响，将为智慧城市视角下公共文化服务模式的构建奠定逻辑基础。

（一）智慧城市的要素

无论是在城市的数字化和技术层面，还是在利益相关者参与方面，智慧城市

都借助互动与参与式的城市环境,共同创造数字化城市。城市的可持续发展有利于对社会公众的生活质量以及整个生活环境进行提升。在未来的城市发展中,环境、人文和技术将以一种综合性、可持续的方式渗透到城市建设中,这也是智慧城市的理念。在未来,政府在智慧城市的战略定位、实际运营、绩效评估等方面会存在一定的差异。智慧城市的核心要素包括以下四个方面。

第一,智慧城市的核心要素之一是现代公共文化服务体系的建成。在数字城市转向智慧城市的过程中,公共化服务体系的建设理念必然也要经历从数字化向智慧化的转变。公共文化服务体系建设与智慧城市建设协同发展的过程,是时代发展的必然性体现。公共文化服务体系的建设,是智慧城市发展过程中不可缺少的部分,提升整个城市的活力是智慧城市建设的主要目标,而在提升城市活力的同时也要满足公众日益增长的文化需求,而城市的公共文化服务水平则成为衡量智慧城市建设水平的重要标准之一。

第二,技术革新是实现智慧城市的关键。随着信息通信技术的快速发展,智慧城市作为集各种高新科技于一体的城市发展模式,需要借助新技术手段,将社会公众、信息、城市等多种元素进行关联,创建绿色环保、可持续的城市新业态,以此来提升整个城市的竞争力和创造力,为提高民众的生活质量提供保障。智慧城市以健全、透明、充分的信息获取方式保障智慧城市内部信息的通畅、安全,有利于信息利用的有效性、规范性和科学性。借助智慧城市的建设,政府可以更加高效地进行决策和执行决策,保证社会公众在享受相对便捷舒适的城市服务的同时,能够以更加高效便捷和低成本的方式来保证居民的正常生活。智慧城市的建设与信息技术服务业的发展相互促进、协同共治,不仅能够保护城市内部的生态环境,还可以为公共文化服务的发展提供更好的外部环境。

第三,环境要素是智慧城市的重要组成部分。从国际大都市的发展经验来看,智慧城市能够利用新技术对城市资源进行有效利用。在城市发展进程中,特别是在交通和城市建设方面,智能化技术的应用显得尤为重要。智慧城市的规划与建设不仅需要融入绿色和智能化理念,还要将这些理念与城市规划完美融合。通过这种方式,我们能够显著提高居民的日常生活标准,并最终实现以生态保护为核心目标的智慧城市愿景。与此同时,智慧城市建设可为公共文化服务供给提供相对优良的外部环境,有效降低相应的公共文化服务成本,满足社会公众日益增长的文化需求,提高公共文化服务建设的效率,推进绿色生活理念深入人心。

第四,人是智慧城市建设的重要因素。智慧城市主要包括支持终身学习、社会多元化发展、开放的思想以及社会公众积极参与公共生活等等内容,在激发城市各主体的创造力的同时,促进利益相关者进行合作。因此,智慧城市建设应该拥有多元化的人才,这些人才为解决智慧城市建设中遇到的问题提供更加巧妙的方案,也为公共文化服务的发展提供人才支撑和智力保障。在智慧城市的发展过程中，人才培养和能力建设是关键。其中，终身学习的理念和开放的思维模式对于人才发展至关重要。此外，公众的广泛参与也是构建公共文化服务体系的重要组成部分，需要得到充分重视和满足。

在智慧城市建设过程中，各种利益相关者的积极参与，是智慧治理的表现，借助信息通信技术向社会公众提供智慧化服务的举措，能够促使政府在决策制定和实施过程中保持相应的透明度。因此，在智慧城市的治理过程中，始终要坚持以社会公众为中心，以社会公众的需求为导向来明确智慧城市的发展愿景，并将智慧城市的建设和公共文化服务的发展进行结合，以保证成功实施智慧城市发展规划。

（二）智慧城市要素与公共文化服务的关联性分析

利用各种技术条件进行有效的资源整合与开发，是智慧城市建设过程中的重要内容，能够满足社会公众的生活需求。在城市资源全面数字化的过程中，社会公众和政府之间的联系在增强，提升了公共服务的效能，能够全方位、深层次地促进惠民工程的开展。在智慧城市建设过程中，为了进一步缩短公共服务与群众之间的距离，提升公共服务的效能，实现人们对于美好城市生活的愿望，政府作出了诸多努力。公共文化服务是文化建设领域的重要组成部分，在公共文化服务发展过程中，提升公共文化服务基础设施的生产力可以丰富社会公众的文化生活，并为之提供相应的保障。公共文化服务具有公共性，与智慧城市所具备的公共服务职能有着一脉相承的关系，因此，公共文化服务业属于智慧城市建设的重要范畴。在智慧城市建设过程中，提升城市的物质文明、科技文明是智慧城市建设的重要任务，而伴随着技术的发展以及城市塑造能力的增强，智慧城市的人文优势也在逐渐凸显，公共文化服务作为社会精神文明建设的重要方式，离不开智慧城市的技术支持。

1. 理念要素的影响

智慧城市发展的理念是融真、善、和、美于一体，在高度抽象的系统化认识框架内，作用于公共文化服务。智慧城市所强调的真，就公共文化服务方面来说，就是要认清公共文化服务的现实同步发展问题。要结合社会公众的实际文化需求，做好文化需求的调查研究，认清当前公共文化服务发展的现实问题，从而瞄准公共文化服务发展的目标方向，找准公共文化服务建设的关键切入点，将公共文化服务与社会经济发展的现实诉求结合。智慧城市所强调的善与和，则是有助于公共文化服务寻求提升其服务效能的有效方法，能够实现各个文化组织基于信息技术的服务效率的提升和业务的协同。智慧城市的美则强调公共文化服务过程中，要始终以满足社会公众的需求为导向。智慧城市的美，强调的是科技文明、制度文明和人文精神高度统一的美。

因此，智慧城市与公共文化服务努力的方向是一致的，在智慧城市与公共文化服务过程中，都体现出以人为本的公共需求。智慧城市建设过程中，对于资源配置以满足公共需求为根本指导，以便为智慧城市建设提供指引方向。而公共文化服务反映公共需求，其提出来的均等化发展目标则体现了公共需求的平等性。因此，公共文化服务作为智慧城市公共服务的重要组成部分，在资源配置方面，公共文化服务与智慧城市建设具有统一性。

2. 技术要素的影响

从信息化的角度分析，智慧城市建设需要具备三种关键能力：其一是信息全面感知的能力，其二是海量数据处理的能力，其三是智能管理服务的能力。智慧城市将城市中广为分布的传感设备组成传感器网络，对于城市运行过程中的各种信息和数据进行捕获和传输，并对跨部门与行业之间存在的海量异构的数据进行存储，借助高效的计算、分析和处理，从而建立起面向服务的智慧城市综合化公共管理平台，为各行各业提供便捷和智能化的服务。智慧城市建设是这三种能力的具体实现，而在当下的智慧城市建设中，建立了融合物联网、云计算、大数据等内在的新型技术体系。这一新型技术体系对公共文化服务建设和供给产生了直接影响。

在当下的公共文化服务中，物联网将公共文化服务的物料资源与信息互联网进行连接，实现信息通信与交换。物联网可以对公共文化服务的资源进行智能化的定位、识别、追踪、监控与管理，能够提高公共文化服务效能。在公共文化服务领域，云计算对于公共文化服务的影响，主要体现在能够有效解决公共化服务过程中所面临的信息化支撑效率不高、信息共享难度大、公共文化服务领域资源整合能力差以及信息安全程度低等问题。大数据对于公共文化服务领域的影响，在研究与实践过程中逐渐得到重视，最主要的原因是，公共文化服务是面向全社会的，利用大数据可以有效地提升公共化服务的质量，帮助公共文化服务主体拥有丰富的公共文化数字信息资源。而这些数字资源是公共化服务大数据的主要组成部分，也是进一步深化公共服务的重要支撑。公共文化服务领域中大数据的应用，可以有效提升公共文化服务的主动性、精确性和科学性。

3. 人员要素的影响

智慧城市建设的目的是更好地实现万物互联，以跨界合作的方式来支撑城市功能的顺利实现，从大数据中发掘城市的创新点，让更多人从物质和精神双重方面上获得幸福感。在智慧城市的空间中，人的存在，对公共文化服务同样起着重要的作用。对于公共文化服务的目标，是为了满足社会公众的基本文化需求。因此，保障人的基本文化权益是依法实施公共文化服务的基本出发点和落脚点。人的发展与公共文化服务发展密切相关，公共文化服务能够直接影响到社会公众的文明发展程度。社会的发展是为了人的发展，而人的发展会推动社会的发展，促使社会向着更加明确的方向发展，并规范社会发展的方向和内容。公共文化服务的发展会随着人的发展而不断发生变化，在人获得相应的物质满足之后，会对精神生活提出更高的要求，因此伴随着人类社会的发展、智慧城市时代的到来以及科学技术的进步，物质生活得到丰富的同时，人们对于精神生活的需求表现得日益强烈。

4. 组织要素的影响

智慧城市的构建形式包括他组织和自组织两种，两者的结合形成了智慧城市规划和创新体系。在信息技术的作用下，智慧城市的组织结构及其工作方式也会发生相应的变化，促使组织具有更高的效率和竞争力。公共文化服务过程中，主要体现在公共文化服务的单位能够对自身工作有清楚的定位，借助信息技术来实现组织单位内部的变革，从而实现公共文化服务的不断优化。公共文化服务的总体发展是有序的，必须在党的领导和国家法律的框架下进行。自组织有利于实现多元主体之间的利益结合，不断地以创新的方式来弥补单一主体存在的不足。这一过程是公共文化服务的各个组织在整体上追求创新的过程。组织是公共文化服务的基本单元，在整个公共文化服务体系中具有不同功能的组织单元，对公共文化服务会产生不同的影响。

5. 治理要素的影响

治理是一个内涵不断丰富的概念，在追求现代化治理能力日益迫切的当今，实现治理能力现代化尤为重要。而在外部环境因素中，信息技术居于首要地位。在智慧城市的建设过程中，治理是需要融入的重要因素之一。在公共文化服务过程中，借助信息技术提升治理能力，能为解决功能不强、内容碎片化问题提供新的动能。组织的边缘化、人员执行能力的弱化和公共文化服务设施的分散等，导致公共文化服务薄弱化、服务内容僵化等，尤其是在我国基层公共文化服务中，为解决以上问题，采用信息技术至少可以从逻辑上缓解功能弱化的问题，从而提升服务管理链条的效能价值。此外，通过信息整合，可以实现在公共文化服务过程中多元主体之间的信息共享，解决信息不对称的问题，并对业务流程进行相应的优化与重组，以完善业务流程从而进行整体化的信息处理，解决传统公共文化服务过程中的服务分散、效率不高等问题。

二、智慧城市视角下，公共文化服务模式分析

（一）智慧城市重塑政府功能定位

在智慧城市建设的背景下，厘清政府与社会在智慧城市中的关系，有助于准确定位智慧城市的建设方向，而政府功能的定位会进一步影响公共文化服务的协同。推动城市智慧化建设，应更加关注影响智慧城市建设的核心要素，主要包括有效性、环境和创新等方面。智慧城市能够根据社会公众、企业和非营利性组织等主体的需求，提供相应的公共服务，同时细分社会公众的具体需求以满足其主观意愿。智慧城市虽本身可能不智慧，但能创造公共价值。环境质量等因素会影响智慧城市的可持续发展，所以对于智慧城市建设而言，环境因素至关重要。另外，推动智慧城市建设应减少一切负面影响以保证环境质量，同时采用新兴技术提高智慧城市建设的质量。创新是智慧城市建设的关键要素，技术是智慧城市建设的核心内容，可用于提高智慧城市居民的生活质量。智慧城市建设在于创造公共价值，这意味着要组合其发展过程中的大量变量因素，依据组合要素形成明确的总体框架，满足社会公众对智慧城市的需求，整体衡量公众对智慧城市的期望和看法，从而构建实施智慧城市计划的重要任务。近年来，随着城市建设的智能化和便捷化，为确保城市信息通信技术更便捷地运行，需要及时、准确、全面地获取智慧城市运转过程中产生的各项数据，促使相关主体了解和规划城市，提高城市的运行效率。在此过程中，信息和通信技术能为公众、社会力量和政府构建良好的合作关系，为政府提供新的服务机会，促使政府与公共组织、社会公众形成有效的沟通方式，增强有效对话。智慧城市建设对公共文化服务协同有重要影响，影响市民的整体生活质量。智慧城市的建设方式影响人们的生活方式，能提供真正的社会公平，保持环境可持续、经济快速增长。尽管不同城市的智慧城市建设模式不同，但智慧城市建设总体上需与所在地区的经济发展、公共服务规划相结合，并以大量项目投资为导向进行务实建设。同时，智慧城市建设需要广泛的社会群众参与，从共性因素看，智慧城市建设对公共文化服务协同起着重要作用。

（二）智慧治理推动政府公共文化服务创新

伴随着大数据研究的持续升温，如何有效地利用大数据技术促进公共文化服务的发展成为当下研究的热点。政府在公共文化服务政策制定方面应有所倾

斜，因为公共文化服务政策既能利用大数据提高政策水平和质量，又能适应当下愈发数据化的环境。借助大数据网络平台，政府可以实现政策决策的民主化和科学化。在具体实践中，大数据技术已得到较多推广和应用，对分析公共问题的复杂性和多样性大有帮助，能够提升政府决策能力。整体而言，政府在大数据分析方面的水平落后于企业。在目前的公共治理和公共政策研究中，研究者普遍认为大数据技术承接了传统电子政务和电子治理有关信息技术方面的具体应用，致力于利用海量数据改善政府与公民、企业及其他非政府部门之间的关系，促使社会公众参与到政府政策制定和实施的各个阶段，为公共政策决策提供相对开放的环境。在确保公共政策的制定和实际运行具有高度可操作性和执行性方面，公民可借助大量信息技术、网络技术表达自身利益需求，以此弱化政策执行、制定过程中可能存在的问题。这种开放的参与机制为社会公众参与公共文化服务提供了良好的政策环境。

（三）智慧治理工具引领政府决策变革

不同城市的经济结构、社会样态、文化历史、自然地理环境等都具有各自的特征。在智慧城市建设的过程中，政府会面临不同的问题和挑战，也决定了地方政府在优化智慧城市建设的道路上，要结合具体的发展，采取有针对性的政策和措施。与此同时，政府通过重塑有关公共文化服务的模式可以回应社会公众的相关诉求，从而促进政府有关公共服务模式的创新。在智慧城市的发展建设中，值得借鉴和倡导的政府公共文化服务模式有多种，其中包括多元共治的学习型智慧城市建设模式。在政府实际运行的过程中，社会公众及其相关利益者积极地参与到智慧城市的建设和治理中，有助于推动智慧城市的建设。而在具体的治理层面，利益相关主体积极参与协商，能够在有关政策的制定中表达自身诉求，从而推动治理价值和目标的实现。此外，在某种程度上，优化智慧城市数据的开发与共享，即数据的开发、共享和利用，可以直接影响智慧城市的建设步伐。在智慧城市构建的过程中，政府积极为社会公众提供查询、下载和使用相关资源的服务，能够实现智慧城市数据信息在网络空间的公开、开放与共享，同时让智慧城市变得更加透明，让社会公众享受到智慧城市开发和建设的成果。具体到公共文化服务协同领域，这为公共文化服务提供了良好的群众基础，从而提高整个城市的智能化水平，带动城市经济增长，促进城市公共文化服务水平提升，更好地满足社会公众需求，实现公共文化服务信息资源的有效传播与共享。

三、智慧城市视角下，公共文化服务模式构建

（一）智慧城市视角下，提出公共文化服务模式的背景

1. 基本情况

各国对于公共文化服务建设一直保持较为重视的态度，从宏观角度观察公共文化服务模式，不同的国家采取的措施不尽相同，如美国采取的"民间主导"的公共文化服务模式，美国政府充当环境塑造者参与到公共文化服务的发展中来。整体而言，美国的公共文化服务主要借助非营利性组织供给，公共文化服务的经费主要来自政府与社会，所以美国公共文化服务效能会随着美国经济周期性变动呈现波动性。英国和澳大利亚的公共文化服务模式被称为"一臂之距"模式，其实质是一种政府与民间共建的"分权化"模式，政府的文化部门下放公共文化资源配置权力。而法国、意大利、西班牙、葡萄牙、巴西、阿根廷、俄罗斯、日本等国家，实施的是"政府主导"模式。不同国家的公共文化服务资源配置机制与该国的政治经济制度以及文化传统息息相关。目前，我国的公共文化服务模式，是以政府为主导、社会力量进行辅助的模式，由此构成我国公共文化服务的宏观架构。这种模式的形成，一方面是基于我国公共文化服务体系建设的相关方针、政策的要求，在坚持以人为本、坚持政府在公共文化服务中的主导作用的同时，明确我国政府所属的公共文化服务部门的职责。另一方面，这种模式可以满足社会多元化的公共文化服务需求，融合社会力量，既能够精准把握社会公众的需求，又能改变传统的公共文化服务模式，为社会公众提供多元的公共文化服务。在具体的实践过程中，我国经济比较发达的地区公共文化服务水平较高。在上海智慧城市建设总体发展布局的推动下，上海公共文化服务资源一站式数字平台"文化上海云"取得了显著成绩。上海公共文化服务实践模式主要包括：形成比较完善的公共文化服务配送体系；推动不同文化单位之间的资源共享；创新公共文化服务的方式与手段；融合多元社会力量参与到公共文化服务体系中。但是我国公共文化服务实践中依然存在较多的问题，从用户体验角度分析，公共文化服务存在供需匹配率有待提升的问题，需要结合用户的具体需求，进行分层分级分类对待。在实现公共文化服务资源共建共享方面，公共文化服务还存在对于公共文化服务资源利用率低效的问题，因此需要政府探明根源，通过盘活现有的公共文化服务资源，对公共文化服务的资源结构和资源的配置方式进行创新，有效地降低公共文化服务的成本，推动公共文化服务的大发展。

2. 模式优势

随着社会的发展以及社会公众需求的变化，我国一直在寻求最适宜公共文化服务模式的发展模式，主要体现在公共文化服务在资源开发利用、文化管理体制与机制等方面的优化。智慧城市的建设，为解决公共文化服务存在的问题提供了良好的途径。借助智慧城市的发展，融合高新智能信息技术，实现公共文化服务科学、合理、高品质的发展。智慧城市的建设要素对公共文化服务产生着重要影响，有助于公共文化服务体系的系统化发展，助力公共文化服务始终坚持以用户需求为导向的服务宗旨，对公共文化服务的业务流程进行优化重组，推动公共文化服务治理体系和治理能力的现代化发展。智慧城市建设中的公共文化服务模式，利用智慧城市建设中的信息技术，实现对公共文化服务资源的普遍感知与获取，促进公共文化服务资源的共建共享，为社会公众提供精准的公共文化服务。在此基础上，充分发挥智慧城市建设中公共文化服务模式人本、全面、精准和智能的优势。

3. 总体设计

在智慧城市视角下，公共文化服务模式的总体架构可借助多层次、嵌套化与迭代化的结构模型来阐述。此模式以满足社会公众需求为出发点，在公共文化服务理念的指导下，借助新兴信息技术对文化资源进行存储与传递。公共文化服务主体依据社会公众需求生产相应的公共文化服务产品并提供服务，通过一定方式处理与优化公共文化服务资源，最终形成系统的过程。政府及文化机构把与公共文化服务相关的内容信息传递给社会公众，以满足其基本文化需求。智慧城市视角下的公共文化服务模式是将传统公共文化服务模式与智慧城市的理念和信息技术相融合，构建成融需求层、存储传输层与供给层为一体的结构框架。

（二）智慧城市视角下，公共文化服务模式需求分析

1. 需求主体

社会公众是公共文化服务需求的主体，但社会公众的概念较为宽泛。因此，需要对公共文化服务需求主体进行细化，要结合细化后的公共文化服务主体的需求，提供更具针对性的服务。公共文化服务需求主体的细化，需要与文化市场细分的概念相关联，也可按照实际的经济、职业、身份、家庭情况、健康情况等标准进行分类。只是针对特定人群时，需要关注其比较显著的特征，根据其个性化需求进行划分。传统的公共文化服务需求主体分类方法，是从共性的角度去把握公共文化服务需求主体的特定行为和偏好习惯。智慧城市建设视角下公共文化服

务需求主体的划分，可以借助大数据技术、用户画像、AI 技术等相关信息技术，快速实现公共文化服务需求主体的细分。同时，利用这些技术能够精准地对公共文化服务需求主体的用户角色进行定义，依据需求主体在整个网络体系中留存的信息特征进行聚类。因此，利用大数据技术进行公共文化服务需求主体的分类，能够帮助公共文化服务需求主体掌握用户画像，根据用户画像（即用户的信息化标签）提供更具针对性的公共文化服务。

2. 表达渠道

公共文化服务需求的表达需要通过一定的渠道进行传递，而公共文化需求表达的渠道是公共文化服务能否得到有效实施的关键因素。针对当前公共文化服务存在的供需匹配度低的问题，需要对公共文化服务需求表达渠道进行完善和疏通。传统的公共文化服务需求表达渠道，主要是由政府的文化部门或者机构为主的公共文化服务主体构建的，这种渠道具有一定集成度的组织体制和机制。传统渠道是文化机构在具体的实践工作中形成的，传递方式比较直接，具有针对性且操作简单。但与社会实际发展的需求相比，传统渠道在信息获取面上比较狭窄，空间受限，时效性差，需要对传统渠道进行改善。智慧城市建设视角下的公共文化服务表达渠道，可以有效地借助信息技术，如搜索引擎、社会化媒体、文化信息系统、物联网系统等，利用这些信息技术搭建公共文化服务信息交流和沟通平台。

3. 需求分析

传统的公共文化服务需求分析，主要借助传统的用户需求表达和获取渠道，对社会公众的基本文化需求进行信息搜集。这些信息往往基于结构化和关系型的小数据集，可借助常见的数据分析方法，对社会公众的需求进行分析判断。智慧城市建设视角下的公共文化需求分析，可以借助大数据分析方法挖掘公共文化需求，通过分析海量的碎片化数据，揭示公共文化服务用户的行为和心理特征，从而形成表征公共文化服务用户需求的内容。在大数据分析过程中开展跨领域专家的协同合作，注重大数据分析与小数据分析的结合以及对数据分析结果的审视，以此实现需求的科学分析。

4. 需求内容

社会公众的文化需求是社会公众精神生活追求的一种外在显示，而基于复杂的个人和社会环境等原因，社会公众的文化需求呈现得比较复杂。为了更好地认识和把握这一复杂现象，需要根据社会公众文化需求的内容进行多角度的划分。

从公共文化服务的受众群体分析,可将需求划分为大众文化需求和个性文化需求;从文化需求的存在时效性来观察,可界定为常态文化需求和暂时性文化需求;从文化需求的空间变化来看,有祖居地文化需求和移居地文化需求;而根据文化需求的表达清晰度和获取的难易度,可将公共文化需求划分为典型需求、新增需求和非典型需求。

(三)智慧城市视角下,公共文化服务模式供给分析

智慧城市视角下,公共文化服务的供给主体主要包括政府、文化企业、公益性文化组织、群众。而在公共化服务供给模式中,不同的主体承担着不同的职能,共同构成了公共文化服务供给主体的功能体系,决定了公共文化服务供给的最基本的运行方向。例如,政府主体主要发挥着主导、建设和管理公共文化服务的功能,比如承担公共文化服务宏观指导规划职能,进行公共文化服务供给过程中的有关政策设计、制度安排和供给保障等。文化类企业主要承担着竞争式参与和追求社会价值的职能。在传统的政府供给模式中,公共文化服务供给效率低下,文化企业作为供给主体,主要能够解决公共文化服务领域的政府失灵问题。社会力量则发挥着弥补政府与企业不足的作用,作为颇具活力的因素,融入公共文化服务供给主体系统内,为解决市场失灵而发挥一定的功能价值。社会公众则发挥着群众性建构的功能,确立公共文化服务供给模式中人民群众的主体地位,促使智慧城市优势条件得到有力的支撑。社会公众参与公共文化服务的供给,借助智慧城市的信息化来加速信息的流动,从而提高公众获取政府信息的便捷性,提升公众参与公共文化服务的积极性。智慧城市借助网络信息平台,为公众参与公共文化服务提供更多的渠道,进行公共文化服务的宣传、推广等工作,提高群众公共文化服务活动的知名度和参与度,以此提升公共文化服务的效能价值。同时,政府及文化机构要关注公共文化服务资源的分类与整合,对公共文化服务的设施设备、资源、产品、服务、资金进行有效的整合;在明确公共文化服务供给主体、厘清公共文化服务资源的基础上,进一步开展公共文化服务资源的开发与利用。借助信息技术对公共文化服务资源进行开发,实现资源的集约化利用,完成公共文化服务资源结构重组、业务流程重组,构建标准化、数字化处理流程和数据集中平台化的模式。

四、智慧城市视角下,公共文化服务模式实施策略

(一)注重公共文化服务平台的迭代更新

智慧城市视角下的公共文化服务模式,能够实现公共文化服务信息资源与

信息系统的集成。社会公众的需求不断发生变化，与此同时，公共文化服务业务也在不断自我优化，通过构建人机系统，为社会公众提供空间足、覆盖广、业务跨度大、变革发展多、影响持久的公共文化服务产品。智慧城市视角下的公共文化服务模式的构建是一个不断完善的可持续的过程。因此，从系统角度分析公共文化服务模式，需要强化公共文化服务平台的迭代发展。智慧城市时代，在公共文化服务过程中应用信息技术较为常见。目前，各地普遍采用公共文化服务信息系统或平台，用以提供数字化的公共文化服务产品，传递公共文化服务活动的相关信息，而用于支撑的后台或者系统运行相关软件系统必须持续迭代，才能满足不断变化的公共文化服务发展需求。信息发展具有阶段性差异，智慧城市时代有望借助新型信息技术打破信息化发展过程中的信息壁垒或者信息孤岛现象，从而实现公共文化服务信息资源的共享以及各类型信息系统间的无缝对接，提升公共文化服务的持续性和灵活性，为公共文化服务提供动力驱动和技术支撑。

（二）推进公共文化服务整体性治理

国外关于智慧城市中的公共文化服务整体性治理的研究路径主要是从实践到理论，再到实践；国内主要遵循从理论到问题，再到实践的研究路径。借鉴国外整体性治理研究成果，结合我国政府改革和社会治理的重点、难点，在公共文化服务领域探索具有本土化的整体性治理实践路径，而整体性治理实践目前尚处于理论与实践探索的初级阶段。智慧城市公共文化服务过程中的整体性治理，可有效解决公共文化服务内容碎片化的难题。与智慧城市建设中的信息技术相匹配的整体性治理理论方式具有一定优越性，能与快速发展的信息技术有效融合。因此，整体性治理在公共文化服务过程中具有很强的理论价值和实践意义。整体性治理符合公共管理追求高效与高品质服务的初衷，始终以民主价值和功利为治理的核心理念与价值目标，运用整体性思维和数字化、网络化技术力量批判纯粹的效率至上主义。在智慧城市建设过程中，实施公共文化服务时，在突出政府主导作用的同时，应强调社会力量和社会民众等参与主体的积极意义。整体性治理能够增强公共文化服务在政府体系内的协作，实现内部层次与功能的整合，推动政府部门与社会力量合作，从而增强公共文化服务的灵活性和有效性，为社会公众提供一站式公共文化服务，解决公共文化服务碎片化问题。

（三）探索公共文化服务分类建设的渠道

我国公共文化服务体系的发展，会依据当期制定的国民经济和社会发展改革规划制定相应的文化发展改革规划纲要，以此指导全国文化事业建设的具体发展改革规划，为公共文化服务建设提供发展方向。在具体建设过程中，要结合地方发展实际，寻求因地制宜的公共文化服务规划与实施策略。从具体实践层面看，结合国家公共文化服务体系建设示范区和示范项目，能够推动各地公共文化服务建设。智慧城市视角下的公共文化服务模式可视为系统化的方法结构，结合具体应用路径，尝试从技术角度对公共文化服务模式进行迭代和完善，并从管理角度构建全局性的调控机制，以保证公共文化服务的因地制宜性。与此同时，建立科学合理的执行机制，提升公共文化服务行政人员的综合素质，明确执行不力问题的责任追究等，可在一定程度上提升公共文化服务的效能价值。此外，开发我国特色的民族民俗文化，可丰富公共文化服务的资源内容，并制定特色发展的公共文化服务规划，保障特色领域公共文化服务的智慧化发展与资源配置，从而实现综合创新，达成公共文化服务的高水平发展。

第四节　公共文化服务融合创新模式

近年来，公共文化成为人民美好生活需要的重要组成部分，随着《公共文化服务保障法》和《公共图书馆法》的出台及实施，公共文化建设目标更加明确、体系逐步完善、步伐日趋稳健。2018年3月国家文化部和国家旅游局的正式合并，标志着我国文化和旅游发展步入新阶段，形成文化产业与旅游部门的全面、深度融合，着力实现"1+1＞2"的融合创新效应。公共文化服务体系作为文旅融合的重要集合域，在国家相继出台的相关政策措施带动下，其主体机构关于文旅融合在中观层面及微观层面的融合模式实践探索逐渐增多，融合程度也逐渐加深。但就目前发展情况来看，文化和旅游二者的融合还处于初步探索的叠加式融合阶段。虽然通过深入实施文化惠民工程、丰富群众性文化活动，不断完善囊括图书馆、博物馆、文化馆、美术馆等公共文化场馆的公共文化服务体系，但在公共文化服务创新模式和工作思路上大多仍停留在原来的工作方式上。文化中的旅游功能的增加显得较为生硬且同质化现象严重，难以充分满足人民日益丰富的多样化需求。因此，在融合发展的创新时代，公共文化服务体系应借助自身基础优势与融合路径，调整现有供给模式，充实文化旅游基础设施，合理延长旅游时间、拓展服务对象和服务领域，在旅游功能开发、旅游信息服务开展、文化旅游活动组织、信息素养培育等过程中坚定新时代文化自信、推动社会主义文化繁荣兴盛。政府要以丰富的精神食粮满足人民过上美好生活的新期待，通过深化文化体制改革，完善文化管理体制，实现公共文化服务的全覆盖，形成把社会效益放在首位、社会效益和经济效益相统一的体制机制。

一、公共文化服务融合创新的底层维度

目前，我国公共文化体系建构的过程较为缓慢，相较于我国当前的国际地位和综合国力，其发展相对滞后，存在服务效能低下、社会化程度不高等问题。通过对公共文化服务融合创新的底层维度与实践案例进行梳理与归纳，能有效健全公共文化服务体系，推动公共文化服务机构拓展职能。在公共文化服务融合创新与优化升级的过程中催生出产业新业态，将文化的内涵与意义从不同视角渗透到公共服务的各个方面，通过深化供给侧结构性改革，积极开发与探索具有丰富文化内涵的创意产品与文娱体验形式，促进行业内与不同产业间的消费有机结合，促进经济水平高质量发展。公共文化服务在实现融合创新的过程中要充分利用传统文化资源，立足于当地独具特色的非物质文化遗产，将当地打造成别具特色的旅游目的地，实现地区文化资源保护性开发和合理性利用的同时，在市场融合中将文化和旅游相结合，注重公众体验，针对不同人群的消费需求，推动跨产业的持续健康发展。

（一）公共文化服务融合创新的理论维度

1. 服务创新与四维度模型

国外经济学家熊彼特提出，"创新"是生产要素的重新组合，就是将以前没有的生产要素和条件的"新组合"引入到现有组合体系中，从而实现引入新产品、使用新方法、拓展新市场、获取新供应来源、实现新组织这五类情形。在此基础上提出的"服务创新"意味着通过生产要素的变革及生产要素间关系的变化来满足服务对象的动态化的新需求，提高服务质量，创造新的市场价值。公共文化服务创新是指公共文化服务提供者在满足用户需求的同时，通过对服务内容、类型进行创新提高服务质量。服务创新四维度模型是 Bilderbeek 等在 1998 年[1]共同提出的创新整合模型，包含"新服务概念"、"新顾客界面"、"新传递系统"以及"技术"四个维度，旨在促使服务团体用新的服务理念、服务方法、服务技术发掘创新来源，满足顾客需求，重构组织内部管理，为服务创新提供支持和保障。服务创新四维度模型较为全面地概括了服务创新的四个切入点，为公共文化服务的融合创新提供更加全面的方法。

2. 信息集群生命周期理论

信息集群是指基于信息技术将资源和应用聚集成一个协同工作的整体，包括

---

① 李钰. 基于四维度模型的客舱服务创新研究[D]. 泉州：华侨大学，2020.

功能交互、信息共享和数据通信等方面的管理与控制，分为技术集成、资源集成、组织集成和人员集成。通过对集群中各种类型的信息资源进行程序化、共享化、协调化的统一处理，以消除不必要的资源冗余，从而实现集群资源配置最优化，拓宽集群资源的应用范围，挖掘信息的潜在价值。公共文化服务体系内的融合创新正是信息集群的典型代表，借助于先进的网络技术和组织管理，促使公共文化服务体系内的组织结构网络化、管理扁平化、决策实时化，各服务主体间的关系开放协调化，对不同公共文化服务主体中分散无序、相对独立的资源进行重组、类聚和融合，从而形成一个效能更好、效率更高、资源互补、优势互补、互惠互利的服务体系，为不同层次用户提供一步到位的公共文化服务，以极富生命力的有机整体形式自我适应日益变化的信息环境。信息集群生命周期作为信息集群研究中的一个全新理论概念，相应的管理模型是一种公共文化服务创新融合体系建立的重要举措和实施平台。这种管理模型可以根据主体信息整合运用的要求贯穿信息集群创建、保护、访问、迁移、归档的全过程，根据不同的应用环境在最适当的时间选择最合适的策略，提供数据价值的分级部署管理，帮助公共文化服务体系实现创新融合，更好地管理信息集群资源，从而有效降低成本并实现高效的数据整合、升级、保护和备份，完成信息集群的价值最大化。

（二）公共文化服务融合创新的国家战略逻辑

1. 以人民为中心的人本逻辑

为了彰显以人民为中心的发展思想，让人民真正享受到文化发展的成果，积极发展公共文化服务体系、推进群众文化建设，成为我国文化建设的重要任务。公共文化服务是我国当下建设社会主义文化系统工程的重要组成部分，它是以政府为核心、相关公共部门为保障社会公众或社会共同体的文化利益而实施的公共行为，其服务主体是当地政府、文化组织，供给客体为我国全体人民，其服务内容包括物质层面上的公共文化设施建设和公共文化产品建设、制度层面上的公共文化服务制度建设、精神层面上的公共文化活动建设等。首先，以人民为中心的公共文化服务建设的任务是充分满足人民群众的精神文化需求，推动人民群众进一步充实自我，使群众在丰富精神世界的同时提升自我综合素质。其次，实现基于群众文化的公共文化服务建设有助于增强我国文化软实力，增强文化自信。一方面，以群众为中心建设公共文化服务可以促进社会主义文化的传播与发展，在文化建设中融入社会主义核心价值体系的内容，可以让群众有更多机会接触和感悟社会主义文化的先进性，进而增强对中国特色文化事业的认可；另一方面，通过公共文化服务为广大人民群众提供文化活动参与机会，不仅有利于促进我国特色文化的传播，让群众更加深入地了解我国制度文化、传统道德文化等，而且有助于人民群众坚定文化自信，正确看待我国文化体系并理性看待外来文化。最后，以人民为中心建设公共文化服务体系能够进一步推进和谐社会的构建以及经济社会的发展，吸引人民群众参与文化建设，通过群众之间的互动与联系增进感情、化解矛盾，在一定程度上增强社会的稳定性与和谐性。除此之外，以人民为中心的人本逻辑还有助于促进我国文化相关产业（如文化设施建设产业、文化宣传产业、文化设备制造产业等）的发展，在理论层面上提供战略指导。

2. 以服务为中心的治理逻辑

自党的十八大以来，习近平总书记非常重视国家文化软实力建设工作。公共文化服务作为中国特色社会主义文化强国建设的重要内容，肩负着保障人民群众基本文化权益的重要职责。政府的重要职责是提供基本的公共文化服务以保障广大人民群众的基本文化权益，同时必须鼓励和支持社会民间资本的介入，从而保障公共文化服务更好地供给。公共文化服务作为公民文化权实现的重要途径，与公民的文化权相伴而生，是文化权得以落实的主要方式，文化权的主要内容包括从事科学研究和文学艺术创作、享受文化设施和服务、选择文化生活方式、保持和发展文化特性、表现和传播文化等。在当代中国公共行政和公共政策的研究领域，公共文化服务是一个价值正在被深入挖掘且内容日渐丰富的概念，其具体内容为文化产品与服务。公共文化服务从本质上来说是为了保障公民的文化权利，满足人民群众美好文化生活的需求，给予民众文化参与的空间与机会。深入贯彻以人民为中心的发展思想，供给高质量的公共文化产品及服务是基本要求，提高公众的满意度及获得感则是根本目标。而公共文化服务机构作为空间实体，承担着为社会公众提供服务设施及资源配置平台的职能。在中国语境下，公共文化服务机构主要包括公共图书馆、文化馆、基层综合文化站、主题博物馆、展览馆、美术馆等。建立公共文化服务设施、场所，实现公共文化组织、机构与服务主体的交互联系是公共文化服务得以实现的基础。

3. 以产业为中心的资本逻辑

多元主体的平等参与是公共文化服务融合创新的一大核心理念。治理意味着政府不再是唯一的权力所有者、发号施令方，权力和责任由政府一方转向政府与社会力量共同分享、共同承担。在公共文化服务网络治理中，多元主体的参与不是某一个环节、某一个阶段的事情，而是贯穿于决策制定、资金投入、实施过程、结果评估与改进等各阶段的全程参与，社会公众的知情权、表达权、选择权甚至在一些环节上的决策权应得到充分的彰显。十八届三中全会提出，处理好政府和市场的关系，解决好经济体制改革的核心问题，就是要在更好地发挥政府作用的同时，重视市场在资源配置中的决定性作用，这对构建现代公共文化服务体系具有较大的启发指导意义。构建现代化的公共文化服务体系，就是既要尊重和运用市场规律，又要更好地发挥政府的作用。在非基本的公共文化服务方面，市场在配置文化资源、调节文化供给、提升服务质量方面起决定性作用；在基本公共文化服务方面，应由政府主导、财政保障，在实现保基本、兜底线、广覆盖的基础上，引入市场力量和社会力量，依靠市场机制来实现基本公共文化服务的生产与供给，处理好政府与市场的关系。一方面，政府应发挥市场在文化资源配置、满足文化需求、调节文化服务中的积极作用，运用政府购买服务、服务外包、定向补助、委托经营等多种形式，引导市场力量参与基本公共文化服务的创作生产、供给服务以及公共文化服务设施的建设、管理、使用和运营。另一方面，政府还应发挥在导向调控、市场监管、质量监控等方面的职能和作用，实现由办文化向管文化转变，建立健全非基本公共文化服务开放目录，培育和壮大公共文化服务市场主体和社会主体，引导和鼓励市场和社会力量全面进入公共文化服务的各领域各环节。

4. 以效能为中心的评价逻辑

针对公共文化服务工作开展绩效评估是提升政府公共文化服务能力、保障公众文化权益的重要途径，建立科学的绩效评估体系是提升公众公共文化服务获得感和满意度的保障。投入是否能够得到有效产出、服务效果能否满足公众的基本文化需求，有赖于绩效评估模型与方法的选择。我国公共文化服务指标体系的测评模型与方法研究中，传统方法和创新方式在同步发展。我国公共文化服务绩效评估是政府行政改革中的一个热点，由于传统的文化统计研究相对滞后，且暂无系统科学的公共文化服务评估指标体系，因此在公共文化服务融合创新发展过程中，需要设计一套合理的评价指标体系，对公共文化服务的过程和结果进行监测，评价公共文化服务体系中相应主体应承担的责任和义务，以反映融合创新过程中各文化机构的建设程度和绩效水平。根据各种标准的性质、特点和所涉及的时间范围，区分各种衡量标准的相关性和相依性。公共文化服务评价指标体系设计的本质就是质的标准和量的标准的统一，要综合考虑数量标准、行为标准与功能标准，以价值取向为准绳，综合考虑各主体单位的公共服务职能、发展战略和规划、外部环境及规范化程度等因素。明确区分公共文化服务水平、公共文化服务均等化、专业机构公共文化服务绩效等，并根据科学性、系统性、可比性和前瞻性的原则，从政府投入、服务产出、效果以及公平性维度构建综合性的公共文化服务指标体系。在自主评估及社会评估的基础上要适度引入第三方评估机制，提升评估技术的科学性、专业性，解决绩效评估存在的"主体缺位"的问题，促使评估机制向专业化方向转变。秉持"以人民为中心"的服务理念，重视评估结果的运用，使用标杆机制、市场机制及使用者介入质量管理机制等方式加以改进，提供更为精准的公共文化服务，以满足人民群众对公共文化的美好生活需要。

二、公共文化服务融合创新的实践项目

（一）全球项目

1. 世界数字图书馆项目概述

世界数字图书馆由联合国教科文组织和美国国会图书馆与 32 个合作机构于 2009 年 4 月 21 日发起成立。它旨在促进国际交流和跨文化理解，扩大互联网上文化内容的数量和种类，为教育工作者、学者和普通受众提供资源，并通过合作缩小国家内部和国家之间的信息鸿沟。世界数字图书馆致力于在互联网上扩展非英语和非西方的内容，对学术研究作出贡献，以多语种形式在互联网上免费提供源于世界各地不同国家历史文化的重要原始资料。截至 2021 年 6 月 28 日，世界数字图书馆共吸纳了来自 60 个国家的 158 个合作机构，其中 118 个是图书馆，还有 19 家博物馆、5 家档案馆与 16 家其他机构。[①]。

2. 数字资源的建设情况

截至 2023 年 8 月，世界数字图书馆提供来自 193 个国家的图书馆、档案馆、博物馆、教育机构和国际组织的独特文化资料。这些文化宝藏包括书本、期刊、手稿、地图、乐谱、电影、录音、印刷品、照片和建筑图纸等，每个专题中的每个条目都有清晰完整的描述，并且能链接到专题中的类似条目和一些外部资源。目前，世界数字图书馆共有 19147 个条目，绝大部分条目内容都可以以不同的格式下载，如图片可采用 TIFF 格式下载、图书和手稿可采用 PDF 格式下载、视频和音频可采用 MPEG 和 MP3 等格式下载。世界数字图书馆的数字藏品大部分十分古老，例如，来自中国国家图书馆的约出自公元前 1200 年的甲骨文"四方风"，是世界数字图书馆收藏的最古老的数字资源之一。另外，在藏品的详情页面能够查看文物的介绍，包括所属专题、关键字、来源、物理描述和收藏单位等，页面还能链接到类似条目，并附有文物出土地点的地图，该文物各方面信息的录入十分翔实。

3. 世界数字图书馆的建设特点

1）元数据规范统一

世界数字图书馆中的每一个条目都由一组相同的元数据来进行描述，这些元数据与收录条目的时间、地点以及主题范围相关。每个条目包含 13 个元数据标签，

---

① 联合国教科文组织正式推出"世界数字图书馆"[EB/OL]. https://www.gmw.cn/01gmrb/2009-04/23/content_912656.htm，2009-04-23.

如创建者、创建日期、语言、标题原文、内容所属时代、出版信息、地点、专题、主题、条目类型、物理描述、典藏机构和外部资源。这些元数据不仅使得每个条目的信息更加清晰直观、易于比较，而且使条目之间的连接更加便捷可行。

2）先进技术支撑

世界数字图书馆为新条目的元数据录入专门编写了一个编目应用程序，以支持录入工作。该程序同时具有翻译记忆功能，保障了元数据中各项专有名词的准确翻译，使得世界各国的用户在世界数字图书馆中都能得到相同的阅读体验。截至 2023 年，世界数字图书馆支持 7 种语言。为了完成电子图书的跨语种检索，编目应用程序还需要不断完善。这样的技术支持使得元数据能更好地发挥其预定的作用，不仅优化了母语的检索结果使其更加全面，而且鼓励用户进行跨文化的检索和学习，促进国际交流。

3）专业内容解读

世界数字图书馆的每一条收录条目都有专家或馆员撰写的专业解说文字，向访客介绍这个数字资料是什么，以及它背后更加深层的文化背景和内涵意义，让来访者对其有一个全面客观的认识。以《巴比伦塔木德》收录页面为例，该条目的专业解读简明扼要地告诉来访者这份手稿是世界上唯一保存完整的《巴比伦塔木德》手稿，是巴伐利亚图书馆收藏的近 500 份手稿中最珍贵的一份，在让用户了解其重要性的同时，还介绍了这份手稿从诞生至今在多个地方辗转保存的脉络。此外，世界数字图书馆的条目页面还提供了多达 1158 张该手稿的清晰照片，用户可以对图片进行下载或者在线阅览，页面还支持放大或缩小、变焦、全屏或网格阅览模式等功能。通过这些简要而专业的介绍以及生动翔实的资料，访问者可以更多地接触和吸收世界文化，从而达到世界数字图书馆发扬各国文化的目的。

4. 世界数字图书馆对中国国家公共文化云平台建设的启示

（1）技术层面。从技术角度看，世界数字图书馆选择自己构建数据库，同时开发专门的编目应用程序以适应条目收录时多语种翻译和元数据的要求，这使得其网站具有很强的结构完整性和一体化的特点，既方便内容的不断更新补充，也便于条目之间构建超链接，从而增强用户对网站信息的访问深度和广度，提升数据库的使用效率。这一点值得我国建立文化云平台借鉴，如此不仅可以从根本上提升数据库的质量，还可以提升用户使用体验。

（2）内容层面。从内容角度来说，世界数字图书馆拥有更专业的条目解读。条目解读由对该文化相当了解的专业人士撰写，相比国内大部分公共文化云平台简单基础的介绍更有说服力，并且排版简洁直观，方便阅读，能给访客留下深刻的印象。每一项著录内容的解说文字都向读者说明了"这是什么"和"它为什么珍贵和伟大"，还为读者提供了重要的参考信息。另外，世界数字图书馆的条目除了图片和文字，大多配有视频和音频一同讲解，相比国内公共文化云平台以媒介来设置栏目，多种媒体形式并行对文献进行深度解读，能使其内容更加完整和一致。

（3）结构层面。世界数字图书馆使用统一标准的元数据对来自世界各地的数字资源进行编目，确保了来自不同图书馆、档案馆和博物馆的资源在数据结构上的统一性。其中的"主题"元数据标签列举了该条目可能所属的所有主题。例如，关于《佛罗伦萨手抄本》的"主题"包括"中部美洲""仪式""土著居民""手抄本""自然史""阿兹特克人"和"阿兹特克神话"等11个主题词，这使得馆藏分类更加清晰合理，且有助于读者深入探索学习。世界数字图书馆使用杜威十进分类法进行馆藏分类，各合作机构基于统一的元数据和分类标准提供更加详尽、规范的数字资源信息，便于读者浏览阅读。

（4）信息导航。世界数字图书馆有着明确的自身定位，馆藏以世界各地富有民族特色的历史文物等文化资源为主，这也是其特色资源，而目标用户则是全球读者。因此世界数字图书馆的网站从栏目设置到功能服务都是为了便于全球读者使用而设计的。例如，可以按主页的时间线依次列举全世界范围内的重要文物并配以图片和解说文字，从约公元前8000年至公元前1900年的非洲岩石艺术绘画到公元1949年的《印度共和国宪法》尽数收入其中。此外馆藏还可以按地理位置进行分类检索，如检索中国或者美国等国家和地区。在互动式地图中，读者可在世界地图上自由缩放（以城市为最小单位），选择来自具体国家和地区的文献。这些信息导航功能的设计不仅将特色资源进行了充分展示，同时优化了网站结构，避免内容杂乱无章，方便了全球读者的使用，非常值得我国公共文化云平台借鉴。

（二）地区项目

1. 欧洲 CALIMERA 项目

CALIMERA（本地机构协调电子资源获取）是一个文化应用项目。该项目收集并在互联网上公布了隶属于44个欧洲国家的文化机构（包括政策制定者、运营商和供应商）的相关信息。其服务包括主站（提供项目和专业文献的目录）、一本政策工具手册和一份最佳方法指南。该项目于2005年启动，到2008年基本完成，并且得到了欧洲委员会的资助。欧洲 CALIMERA 项目最初由英国博物馆、图书馆、档案馆理事会、法国文化厅和意大利文化厅联合开展，随后又有更多的欧洲国家加入其中。该项目的目的是通过提供信息服务以及潜在的教育、研究或旅游方面的服务，让地区乃至全球公众获取到欧洲数字资源。该项目提供包括英语在内的多种语言服务，通过项目的多语言服务，公众可以找到欧洲范围内的博物馆、档案馆、图书馆和其他文化机构的数字馆藏。

2. 欧洲数字图书馆

欧洲数字图书馆的馆名"Europeana"是由英语单词"European"派生而来的拉丁词，它是"Bibliotheca Europeana"的缩写，意为欧洲图书馆。"Europeana"同时也指代"European things"（欧洲事务），包含丰富的文化内涵和不同类别的媒体（如书籍、报纸、音乐、电影和地图），同时也有共享的含义。欧洲数字图书馆网站于 2008 年 11 月 20 日正式开通服务，其对外服务名称为"Europeana"，其含义为欧洲的数字图书馆、博物馆、档案馆，为全欧洲民众提供约 450 万项数字化文化遗产资源的在线获取[①]，其中包括电影资料、照片、绘画作品、音频文件、地图、手稿、书籍、报纸以及档案材料等多种资源类型，涉及欧洲范围内的所有主要语种[②]。全欧洲有超过 1000 家文化机构为其提供数据。比如，巴黎卢浮宫和阿姆斯特丹国立博物馆等欧洲各大博物馆为其提供了馆藏艺术品和绘画的数字版本；法国国立视听资料馆提供了全套记录法国的广播节目；其他欧洲各国的国家图书馆还为其提供了诸多印刷或手写材料，以及一些曾启迪世界的伟大著作的数字版本。欧洲数字图书馆是一个横跨欧洲 27 个成员国、纵跨欧洲 2000 多年人文历史，内容涉及文学、历史、艺术、电影和音乐等多个领域，集数字图书馆、博物馆和档案馆于一身的综合性网站。根据其分类标准，欧洲数字图书馆旨在为使用者提供探索从史前文明到欧洲现代文明的人类文化和科学遗产的机会。其中的作品按主题被分为建筑、艺术、时尚、手稿、地图和地形、移民、音乐、自然历史、报纸、摄影及体育等类别。其中，达·芬奇的《蒙娜丽莎》、J. 弗美尔的《带珍珠耳环的少女》、C. R. 达尔文及 I. 牛顿的作品，以及 W. A. 莫扎特的音乐等更是欧洲数字图书馆的馆藏精品。

欧洲数字图书馆的创建，为全世界人民了解欧洲历史和文化开辟了新的途径。并且，欧洲数字图书馆作为欧洲"一站式"全方位信息服务网站，在一定程度上维持着与美国的制衡关系，以其立体化的信息资源共享优势，成为美国谷歌这一强大搜索引擎的有力对手。谷歌通过与世界 10 多家图书馆合作，获得了数百万本书籍的搜索资格，吸引了更多网民使用谷歌搜索引擎，但其搜索仅局限于图书，远远不及欧洲数字图书馆全面。不过，欧洲数字图书馆的建设也存在一些问题，如各欧盟成员国之间的协调不够完善，出现了信息资源集中偏向和不均衡等问题，另外著作权的保护问题尚未完全解决。

目前，我国的数字博物馆建设正处于蓬勃发展阶段，人们对数字博物馆的概念、形态、内容和技术等各方面还不够熟悉和理解。由于没有大规模的集中策划，

---

① 欧洲历史文化遗产数字化举措概述[EB/OL]. http://www.sanyamuseum.com/a/chenliexuanjiao/2024/0724/7595. html，2024-07-24.

② 唐义. 我国公共数字文化资源整合模式研究[M]. 武汉：武汉大学出版社：2017.

所以存在博物馆各自为政的现象，国家投入常常也是广撒"芝麻盐"，既浪费了有限的宝贵资源，又使各类信息资源分散，很难形成系统化的知识。

（三）国家项目

1. 美国数字公共图书馆

美国数字公共图书馆（Digital Public Library of America，DPLA）是数字图书馆建设方面最新、最重要的成果之一，其特色在于整合了包含图书馆、档案馆、博物馆、文化遗产中心等全美范围内的丰富的数字资源，便于用户一站式检索利用；另外还搭建了用户与资源之间的交流平台，最大限度地将资源及其元数据等开放共享，保证了公众接触优质文化内容的机会平等和资源利用的最大化。对美国数字公共图书馆进行研究，有助于了解数字图书馆建设从门户到平台的变化趋势，以及美国数字公共图书馆在公共数字文化资源整合、公共文化服务等方面的经验，能够为我国建设大规模、高水平、符合国情的数字图书馆提供参考。

作为一个非营利性质的项目，DPLA 最初于 2010 年 10 月提出构想，历时 3 年于 2013 年 4 月运行，最初的馆藏包括超 200 万部公共领域的图书，以及大量特别的藏书，内容丰富程度远远超过谷歌所提供的内容。2011 年 10 月美国数字公共图书馆宣布与欧洲数字图书馆合作，双方决定建立联合数据库，建立可互操作的数字模型、共享的源代码、资源规范及可开放获取的馆藏资源，使得美国与欧洲两地用户可随时随地获得两个系统的丰富馆藏，并免费获得数以百万计的书籍、报纸、期刊、手稿、图片、音像以及众多格式的其他资源。

2. 英国博物馆、图书馆及档案馆理事会

2000 年 4 月，英国的 4500 个博物馆、1300 个档案馆和 5000 多个图书馆成立了一个简称为"Resource"的理事会，这个公共的战略性组织希望博物馆、档案馆、图书馆成为人们生活的中心，起到娱乐和激励的作用，展现文化价值，挖掘学习潜力并助力经济繁荣和社会公正。随着社会的发展，诸如人口老化、多媒体利用服务和电子服务、越来越多的公共休闲时间及政务联合等问题对博物馆、档案馆、图书馆的服务提出了挑战，用户行为的改变和对公共服务质量的期望值增高，再加上更多的休闲时间和其他产品及服务竞争的增强，要求博物馆、档案馆、图书馆加强合作，规范和提高公众服务。Resource 的三个主要目的是：提供战略指导、推动交流；成为权威的倡导者和行业的领导者；树立最好的范例并提供具体的目标。英国博物馆、图书馆及档案馆理事会作为负责英国博物馆、图书馆和档案馆的非政府机构，于 2000 年取代了英国博物馆与美术馆委员会和英国图书馆与信息委员会，与此同

时档案馆也归入其管理范围。其目标是通过研究和创新项目、广泛的合作（包括国内外教育和学术伙伴）以及促进机构获取包括配套资金和筹措资金在内的资助，向不同年龄和不同文化背景的读者提供服务，从而扩大影响，为各个地区的文化发展提供便利。

3. 德国图书馆、档案馆和博物馆门户

德国与文化机构开展合作较早，建立了图书馆、档案馆和博物馆合作的专业组织，积累了丰富的实践经验，为我国进行相关工作提供了有益的借鉴。联邦和各州工作组（Europaische Angelegenheiten für Bibliotheken，Archive und Museen，EUBAM）创建于 2001 年，由文化部长会议代表、联邦和各州部长、德国研究协会，以及来自图书馆、档案馆、博物馆和文物保护领域的专家组成。联邦和各州工作组为本国的文化机构提供必要的帮助并且在面对欧洲官方机构时代表本国文化机构的利益；在欧洲的框架内，德国政府承担着代表国家的职责，致力于实现政策目标。通过提供信息、咨询服务以及促进合作，联邦和各州的工作组致力于全方位提升德国文化机构的竞争力，并创造新的机遇。这些工作组遵循合作联邦制的原则，支持联邦和各州在"保持欧洲精力充沛"这一道路上的相关措施，旨在加强德国在欧洲文化领域的影响力。德国图书馆、档案馆和博物馆门户是为了获取图书馆、档案馆和博物馆的数字化资源而设计的一个共同的门户，该平台通过集成元数据格式、搜索引擎、在线实况调查和指南以及数字化档案资料，展现了其多功能模块。这些组件共同构成了一个综合系统，旨在为用户提供一个全面的资源访问和信息检索平台。德国图书馆、档案馆和博物馆门户于 2001 年 5 月启动，由德国研究基金会资助，项目整合了图书馆、档案馆、博物馆的数字目录（digital catalogues）、索引（finding aids）、清单（inventories），提供统一检索，目的是为有需求的公民提供获得文化信息资源的网络平台。检索结果界面提供数据来源机构的链接，方便用户获取更详细的信息。

4. 丹麦图书馆资源共享

丹麦文化搜索数据库中可以搜索到丹麦档案馆、图书馆和博物馆的收藏。该数据库拥有 11.5 万条关于图片、图书、小册子、报纸剪报、档案和博物馆展品的记录，所有在丹麦的文化机构（包括电子注册机构）和所有自从 2000 年 3 月开始登记的参与机构，都能在丹麦文化搜索找到它们的资源。

丹麦电子研究数据库（Denmark's Electronic Research Library，DEFF）是政府在 2000 年投资开发的一个学术资源数据库，它联合了分散于全国各地的研究型图书馆资源，其作用是使学术图书馆之间实现数据资源的免费传递。通过丹麦电子研究数据库网站界面，丹麦建立起了全国性的学术资源虚拟图书馆服务。用户无

须再打开不同的学术图书馆网站查找资料，只要从网站首页进入统一的登录系统，就能查询全国的数字资源，包括期刊文章、会议论文、博士论文等。搜索结果会显示出文献的题名、文摘等信息，以及来自丹麦的哪所学术图书馆——用户如果是该图书馆成员，可以通过账号直接获取原文；如果不是，则可以申请付费的文献传递。这里也集成了相当部分的开放获取的资源，用户能够通过一站式的文献搜索器直接获取所需的专业文献全文。目前，丹麦电子研究数据库已经发展成为一个专门为国家数字资源建设服务的机构。

5. 全国文化信息资源共享工程

2002 年 4 月建立的全国文化信息资源共享工程，是我国图书馆、博物馆数字服务融合的标志性工程。该工程由文化部、财政部共同组织实施，它将全国范围内的图书馆、博物馆、美术馆、艺术院团及教育、科技、农业等部门拥有的各种类型的文化信息资源，充分利用现代信息技术手段进行数字化加工处理与融合，建成互联网上的中华文化信息中心，并通过覆盖全国的文化信息资源网络传输系统，实现优秀文化信息资源在全国范围内的广泛整合与共享。

全国文化信息资源共享工程国家中心于 2002 年 5 月 10 日正式成立。该中心设在国家图书馆内，主要负责规划工程的总体技术方案，组织有关技术标准规范的研发、制定和推广工作；负责文化信息资源整合总体方案的设计和分步实施、资源库的管理；负责指导省（区、市）分中心的业务建设；负责国家中心与各分中心之间数字资源的同步与更新，保障"全国文化信息资源共享工程"系统正常运转的各项工作；根据全国文化信息资源共享工程领导小组的要求，制定具体项目的实施细则，负责项目质量控制和验收工作。

三、公共文化服务融合创新分析

（一）公共文化服务融合创新的原则

结合公共文化服务融合创新的开展以及信息资源组织的现实情况，对公共文化服务体系内各主体相对独立和分散的数字对象进行类聚、融合和重组，建立一个统一的有机整体，形成一个效能更好、效率更高的新的数字资源体系，为用户提供一步到位的文化信息服务。实现这一目标需要充分了解广大人民群众的各种需求，使资源更贴近真实需求；利用数字化信息技术，依托国家信息基础设施，建立以用户为中心的公共文化服务体系的信息资源组织网络，构建整合各种载体、各种类型信息资源的信息资源系统，提高信息资源的可用性，实现用户与信息资源的交互以及资源与服务的融合；对符合用户信息需求的信息资源进行深层组织与揭示，挖掘信息资源的潜在价值，形成深层次信息产品。公共文化服务融合创新注重用户的需求，重视信息易用性，同时也关注系统开发的整体化和开放性，其具体实现原则主要有以下四点。

1. 以用户需求为中心原则

用户需求是公共文化服务融合创新的基础和出发点，在实现服务多样化集成的资源建设过程中既要充分考虑到广大人民群众的各种需求，也要对各地区综合发展的需求进行宏观把握，包括历史文化、经济水平、数字资源建设现状、用户特点等，从而使资源建设更贴近公众的真实需求。以用户需求为中心，需要调查用户的信息需求与信息资源利用情况，据此设计信息资源组织体系的用户界面与服务功能，注重主动的资源推送和知识导航技术的研发，以便以优质的服务吸引用户，此外还应加强对用户信息空间的管理，通过收集用户的评价与反馈意见发现问题，找出解决办法以提高服务质量。

2. 系统化组织原则

公共文化服务融合创新体系的建设必须通过系统规划来保障，这就要求实现资源跨系统、跨层次、跨地域的无缝链接，并对其进行开放性整合。在公共文化服务融合创新的数字信息资源体系建设过程中，应充分利用国内外已有资源和技术，提升服务能力、提高建设效益，加强信息服务系统间、信息产业链的有关机构和相关系统的合作。在实现资源共享过程中，要处理好链接资源和本地资源等关系，将服务主体的内容资源与外部链接资源进行统一规划，处理好"存取"与"拥有"的关系。在信息资源迅速变化的同时，要保持系统的相对稳定性，并注意及时更新信息，在"变"与"稳"之间达到一定的平衡。

3. 开放性服务原则

在公共文化服务融合创新过程中，信息资源组织体系功能的发挥主要依赖于现有技术中的分布式信息资源体系。在现有的分布式异构系统中，要实现独立系统的互操作，从而达到资源共享的目的。在此过程中，应加强信息服务系统、信息产业链相关机构和厂商间的合作，把合作、共建、共享作为公共文化服务融合创新追求的目标。

4. 信息易用性原则

公共文化服务融合创新过程中的信息资源组织的目的是提供集成化的信息服务，满足用户对公共文化服务的需求。因此在信息资源组织过程中，不仅要依据普通用户的需要，使信息资源尽量简单易用，让普通用户用最少的时间学会使用，还要根据有较强信息能力用户的需要，提供较为高级的使用功能。由此可见，使用方便是任何类型的信息资源组织系统中都必须遵守的一条通则，在界面设计上这一规范被体现得淋漓尽致。

（二）公共文化服务创新融合的特征

文明转型、现代性建构以及与现代信息技术的融合正在改变中国文化发展的趋势。近年来，全国范围内实施的文化信息资源共享工程包含流动图书馆、流动演出等项目，还有结合互联网传输及分享技术的网上博物馆、网上文化培训等，很大程度上都是技术推动公共文化服务创新发展的体现。公共文化服务的融合创新需要对体系内各主体间不同类型的资源进行标准化整合。所谓服务融合创新就是在数据整合和知识整合的基础上，整合分布式异构的资源，然后根据用户需求，提供动态的统一服务，还可以根据用户的个性化定制，提供具有个性化特征的融合服务，其特点及内容主要有以下四个方面。

1. 以用户需求为导向

公共文化服务创新融合的基本定位是向用户提供集成化的信息服务，其创新融合的出发点和目标是不断提高用户资源利用和服务体验的满意度。基于资源共享的公共文化服务创新融合服务，既能够实现用户的信息需求与系统资源之间的完全映射，又能够将符合用户需求的信息整合后，按需提取知识传递给用户。集成化的信息服务根据用户需求的变化，以资源的动态聚合和优化重构为基础进行调整。

2. 以网络环境为依托

公共文化服务创新融合需要依托网络环境来实现，要基于资源共享实现公共文化服务的创新融合，以充分发挥分散分布的数字信息资源的价值，更好地为用户提供服务。只有依托网络环境，综合利用现代信息技术，使跨系统的数字信息资源共享更加便捷，才能解决公共文化服务体系中各服务主体的网络海量资源的共享和分布系统互操作问题，实现数字信息资源的跨系统共享和服务融合。

3. 以资源的标准化组织为基础

因分散异构的数字信息在没有整合处理之前很难被服务系统调用与共享，所以需要建立格式统一、标准化的信息组织，整合各种类型的信息资源，并进行深度挖掘和基于语义的组织，建立知识网络，为用户提供统一的知识资源体系和服务环境。因此，以资源的标准化组织，特别是基于语义的组织为基础是公共文化服务创新融合的重要特点。

4. 资源的一体化展示与智能化获取

在公共文化服务领域，资源共享基础上的服务创新融合的一个显著特征是其能够实现资源的集成展示和智能访问。这种融合不仅涉及后台数据、信息和知识的整合处理，还强调在服务层面对用户需求和体验的关注，旨在最大限度地提升现有数字信息资源的价值。通过整合不同数据库中的资源，并建立统一的元数据标准，服务融合为资源的集成展示提供了坚实的基础。此外，通过集成多种服务要素和服务功能，服务融合也为用户提供了智能化获取资源的有效途径。

四、公共文化服务的融合创新模式的表现形式

融合发展战略作为服务创新的突破口，消除了传统行业间的沟通障碍，打破了合作机制的束缚。通过升级转型服务设施，公共文化服务得以实现其在社会教育方面的功能和价值，为利用优势文化资源、传承地方特色文化来传承中华优秀传统文化提供了新机遇。从系统化视角出发，公共文化服务体系的融合创新基于对数字信息资源的共识、共建和共享，同时对体系内分散的数字资源、组织管理和人力资源进行整合和重组，构建一个更高效、更有效的有机整体，为用户提供一站式的公共文化信息服务。在公共文化服务体系中，资源的组织和服务的开展需要有计划地进行。这种融合创新模式涉及三个层面的系统化视角：基于信息资源共享的水平合作、基于信息价值链整合的垂直合作，以及基于虚拟组织的混合联盟。我们需要结合中国的国情，分别探索这些模式的实现机制、运行环境和价值实现。

（一）基于信息资源共享的水平合作形式

针对跨组织信息资源共享信息系统构建的基于信息资源共享的水平合作模式，既能实现规模经济、成本风险分担与特定的外部性效应，又能对公共文化服务体系内的各类资源进行整合，丰富信息服务内容、类型及表现形式，为用户提供更加全面和多样化的创新服务。这种系统内各主体间的纵向联盟与水平合作利用资源聚合的过程加强体系内参与各方的共享依赖性，实现了相关资源的数字化融合与互补。

在水平合作的初期，政府及文化机构应从整体结构层面着手，对公共文化服务体系中的数字化内容进行整合。通过分布式系统实现信息资源的逻辑集中，构建以主题为导向的关联数据集，并提供兼容的信息抽取与传输接口。这一过程无须对现有信息资源的组织结构进行根本性改变，即可实现资源的整合。为了扩大融合的范围和深度，基于资源共享的水平合作模式应逐步过渡到语义层面。在中

期阶段，应采用统一的资源描述框架对资源进行整合，实现多维度、深层次、自动化的信息抽取与展示，以特定主题为中心。随着信息共享与重组的不断深化，我们最终将进入语用推荐层。这一阶段是语义层工作的延伸，重点在于提供以用户为中心的定制化服务。通过数据挖掘和语义网技术，分析用户的使用记录，提取用户兴趣，并进行智能化推荐。

（二）基于信息价值链整合的垂直合作形式

根据波特的价值链理论，信息被视为价值增加过程中的一个辅助因素，而非价值创造的根源。价值链强调信息资源开发所带来的内在价值，信息流通过整合物流、资金流和商流来提升商业价值。从系统化的角度来看，公共文化服务体系中的各主体可以被视为同一产业或行业内的各部门，或者是在同一市场上相互竞争的产品或服务提供者所形成的横向联盟。垂直合作的深化涉及业务整合和核心业务能力在信息价值链上的价值增加。随着公共文化服务体系内各主体间合作的深化，基于信息价值链整合的垂直合作模式主要关注各服务主体在自身价值创造过程中的信息整合。然而，不同服务主体在信息资源开发各环节的能力存在差异，导致组织信息价值链增值过程的不同。

该合作可表现为两个方面：一是公共文化服务体系内专业人员个体跨组织的个人隐性知识传递、共享并螺旋式上升的过程；二是公共文化服务体系内专业管理业务能力的整体能力与技术整合。前者作为自发的或无意识的知识流运动，是个人层次的交流；后者则是对前者的深化与发展，是实现垂直合作的保障。例如，公共图书馆与博物馆均为我国公共文化服务体系内重要的信息服务主体，其在信息服务的内容上既有重复也存在互补性，具备良好的业务整合基础，在以资源共享为基础，加强馆员知识交流的基础上，重点发挥图书馆在信息检索、远程教育中的作用以及博物馆在信息动态展示与情景模拟中的技术优势，为受众提供类型丰富且便利的信息服务，同时增强其趣味性与新颖性。

（三）基于虚拟组织的互融共建形式

企业联盟是超越了正常的市场交易但并非直接合作的长期协议，它无须扩大企业规模而可以扩展企业的市场边界，是介于市场和企业之间的一种特殊的组织机构。企业之间进行长期合作，虽然超出了正常的市场交易范畴，但没有达到合并的程度。战略联盟作为市场活动与行政整合的产物，以战略为目的的合作协议（或具有战略目的的合作协议）对参与各方的行为进行规划和约束。相对于设置统一的理事会或官方机构，采用横向联盟和纵向联盟混合的联盟方式，将两个或两个以上没有直接投入产出关系、技术经济联系，产品与市场也无关系的现有联盟或个体相互结合，实现公共文化服务体系内的创新融合更符合我国管理条块分割的现状，这样做管理成本低于市场交易成本，且可最大限度地保持各服务主体较大的独立性和灵活性。

基于虚拟组织的公共文化服务混合联盟构建或将成为资源共建、共知、共享，满足人民群众基本文化需求、保障人民群众基本文化权利的重要途径。美国跨系统图书馆联盟由美国东南部图书馆网络联盟（South Eastern Library Network，SOLINET）、宾夕法尼亚地区图书馆网络（Pennsylvania Area Library Network，PALINET）、丹佛文献研究中心（the Bibliographical Center for Research，BCR）和新英格兰图书馆联盟（the New England Library Network，NELINET）合并而成，LYRASIS①已逐渐取代 BCR 的位置，加入国际图书馆协会联合会（简称"国际图联"，International Federation of Library Associations and Institutions，IFLA）馆际互借计划，还与档案馆、博物馆以及其他文化遗产组织合作，通过开发数字内容、建立和维持合作、增强业务和技术能力以及增加购买力等来访问和管理信息，成为一个非营利的跨类型、跨机构领域合作的"超级联盟"。目前，国内也已有一些地区尝试在区域内组建公共文化服务联盟，如东北地区公共文化服务体系建设合作联盟、浦东新区公共文化服务协作联盟、"京津冀公共文化服务示范走廊"发展联盟等。但与发达国家类似联盟的运行情况相比，我国大多仍停留在具体工作的协作开展层面，如联盟成员单位的相关区（市）主管部门联合编制专题发展规划、制定实施方案、开展文艺展演等方面的交流与合作，并没有打破原有的体制、机制界限，也没有从根本上实现公共文化服务资源的共享与利益互惠。

五、公共文化服务创新融合模式产业联动

公共文化服务建设的目的是为公众提供公共文化产品，以满足不同群体人群的精神和文化需求，其模式决定着区域范围内公共文化服务的供给水平，对保障人民大众的公共文化权利和提升国家或地区的文化软实力至关重要。公共文化服务的产出大致可划分为以下三种：一是隶属纯公共产品范畴，这类公共文化服务的产出具有全民适用性，包括公共图书馆、文化馆、历史博物馆等公共文化产品；二是带有俱乐部性质的产品，可以形成经济效益和品牌效应，是为社会中具有某种个别偏好的人群所提供的服务，这类公共文化产品包括公益性文化厅、演艺厅、相关的艺术展览等；三是为具有较高文化消费能力和欣赏能力的人群所提供的文

---

① 2009 年，LYRASIS 由 SOLINET 和 PALINET 合并而成。LYRASIS 是全球性的非营利组织，其使命是凭借在开放技术、内容服务和数字解决方案方面的领导力，支持全球共享的学术、科学和文化遗产的持久访问。

化服务，这种文化产品与第二种文化产品一样，可以形成经济效益，并且在未来可以形成文化品牌效应，这类产品主要包括歌剧院、音乐厅、舞剧院等。在国家推进文化"统筹规划，融合发展"（2019 年 4 月文化和旅游部办公厅关于印发《公共数字文化工程融合创新发展实施方案》）的背景下，将上述三类公共文化服务产出相融合，以综合性服务平台实现公共文化服务的转型升级与融合创新，在保障人民群众基本文化权益的同时，融合社会文化资源、旅游资源，结合新技术发展，提供与产业相融、与区域相融、与乡村相伴的专业性文化服务，以统一标准、融入智慧型技术为服务平台间的交互整合创造更好的条件。

（一）基于特色文化品牌效应的产业联动

品牌塑造是否成功很大程度取决于品牌生命力和竞争力的强弱。在融合创新大背景下，特色文化品牌建设下的公共文化服务的生命力与竞争力来源于其创新力，有创新就能赢得品牌发展的主动权。随着公共数字文化工程的持续推进，数字图书馆、数字文化馆、数字博物馆等建设的兴起，我国公共文化建设取得了显著成效，逐渐形成相应的品牌。目前，特色文化公共文化服务品牌建设的主体主要是公共文化工程的管理机构、公共图书馆、博物馆、文化馆等公共文化机构。随着社会力量深入参与公共文化建设，多元主体参与共建品牌的趋势明显，企业、媒体、高校、公益组织、个人等也都逐渐参与其中。公共文化服务的融合创新发展为特色文化的公共文化服务品牌建设提供了机遇和条件，对突破公共文化服务建设瓶颈、促进公共文化服务融合发展的创新升级具有重要意义。为实现特色文化的公共文化服务品牌转型升级，可将品牌划分为工程品牌、服务与产品品牌两个层级，从目标定位、建设主体、建设方式入手，实现长远发展、长期价值等宏观性目标与高质量服务、个性化需求的有效满足等微观性目标的协同发展，有效推动两种层级品牌实现优势互补，打造高质量、有影响力的公共文化服务。政府鼓励不同地域与不同级别、类型机构之间加强互联互通，拓展服务品牌与工程品牌类型，并有效利用品牌融合创新开拓的参与渠道，完善参与机制、提供参与福利，吸纳社会力量主动参与公共文化服务品牌建设，实现公共文化机构与社会力量的互利共赢。加大对现有宣传渠道的整合力度、拓展资源传输渠道，不断扩大公共文化服务的宣传覆盖面，提升服务效能，为公共文化服务品牌的营销渠道整合提供有利条件。

1. 品牌建设主体

目前，建设公共数字文化服务品牌的主体是公共数字文化工程的管理机构、公共图书馆、博物馆、文化馆等公共文化机构，多由各公共文化机构自办或承办。

例如，国家图书馆自 2015 年开展的"春雨工程 网络书香"数字阅读推广活动，由国家图书馆主办、地方公共图书馆承办；"2019 年'我们的中国梦'——公共数字文化进万家"系列活动由国家图书馆与文化和旅游部全国公共文化发展中心主办、地方各级图书馆承办。

除公共文化机构外，企业、媒体、高校、公益组织、个人等也参与了公共数字文化服务品牌的建设。随着社会力量参与公共文化建设的深入推进，多元主体参与共建品牌的趋势明显。比如，2018 年度由广西壮族自治区图书馆和广西民族大学图书馆联合主办的"广图筋斗云"之"广西与'一带一路'"系列讲座，依托驻邕高等院校的学术资源优势，邀请 10 位知名专家举办 10 期讲座，并依托国家图书馆专网直播 4 场[①]。2018 年端午节期间，广西壮族自治区图书馆分别走进南宁学院、广西教育学院、广西财经学院，围绕"万水千山'粽'是情，广西图书馆伴你行"主题开展"广图筋斗云"2018 年第三期广西公共数字文化服务推广系列活动。活动还设计了一些与学生互动的小游戏，如在合影墙、时间轴前拍照发朋友圈，或者关注广西图书馆 App、微信公众号，进入"数字资源"专题页并分享至朋友圈即可获得一份端午节礼物，这些活动受到学生的广泛欢迎。从公共数字文化服务品牌建设现状来看，在多主体合作共建方面仍存在不足之处。一方面，不同地域与不同级别、类型机构之间的互联互通不畅，资源共建共享程度有待进一步提高；另一方面，各主体不够重视媒体、相关社会机构与名人对宣传推广、扩大品牌活动影响力的作用，没有与它们保持密切联系和合作，缺乏关于建设公共数字文化服务品牌的默契。除此之外，各公共文化机构之间的合作以及公共文化机构与外界主体之间的合作，主要存在于单个机构的服务品牌建设中，缺乏对公共数字文化工程品牌的建设。

2. 品牌建设类型

1）培训

培训是各公共文化机构开展品牌建设的常规途径，内容主要围绕公共数字文化服务技能的掌握以及素养的提升，旨在提高公众的数字文化素养，提高公众使用数字文化资源的能力。2023 年 12 月 6 日至 7 日，首届湖北省高校图书馆馆员数字素养培训会议在湖北十堰召开，在本次培训会议中，专家们分享的实践经验与思考为图书馆数字素养教育工作者提供了宝贵的借鉴和启示，既有助于提升馆员们开展数字素养教育的针对性与效果，又可为图书馆数字素养教育注入新的动力，进而推动湖北省高校信息素养教育水平的整体提升。为帮助新疆开放大学办学体系师生进一步了解国家开放大学数字图书馆近期新上线资源和服务，同时掌

---

① 李臻. "广图筋斗云"公共数字文化服务品牌创设案例研究[J]. 国家图书馆学刊，2020，29（1）：20-25.

握新疆开放大学数字图书馆电子图书和期刊文献数据库的使用技巧，提升师生信息检索和学术研究的能力，发挥图书馆资源在教学和研究中的作用，2024 年 4 月 11 日新疆开放大学发展规划与科研管理处开展了以"数字图书馆新上线资源介绍"为主题的数字图书馆线上培训。

2）竞赛

竞赛是公共文化机构开展品牌建设的常用途径之一，旨在吸引公众注意力，提高其参与公共数字文化服务活动的积极性和利用公共数字文化资源的能力。如浙江温州市图书馆"电子书阅读达人竞赛"、广西图书馆学会"广西壮族自治区全民阅读网络答题竞赛"、首都图书馆"北京市文化共享工程网络知识竞赛"、上海图书馆"开放数据应用开发竞赛"、深圳图书馆"诗词大闯关"掌上竞赛等都是公共文化机构开展品牌建设的有益尝试。

3）展览

展览是让社会公众近距离了解公共数字文化资源的一种直接有效的方式。各公共文化机构通过线上或者现场展览，宣传推广数字文化资源，已使其成为开展品牌宣传活动的常用途径。例如，2023 上海书展暨"书香中国"上海周中主题为"数字阅读：开启阅读新体验"的浦东分会场活动、首都图书馆的数字阅读推荐专题展览、"笔墨文心五百年——中国国家博物馆藏明清书画展"以及借助数字化互动设备的博物馆奇妙夜展览等，为公众提供直观有效的公共文化服务。

4）体验

体验活动以其独特新颖的形式深受公众的喜爱，各公共文化机构也紧跟时代潮流，陆续开展了一系列的体验活动。例如，天津图书馆举办的以"科技造就未来 体验放飞梦想"为主题的全国科普日系列活动，选取 VR[①]科普之旅、3D 互动知识模型、体感互动拍照、互动机器人等多项互动性强、体验效果佳的项目，让读者零距离感知科学的奥秘；广东省立中山图书馆的畅享 3D 立体阅读体验活动，将静态知识与 AR 技术相结合，激发参与者感受知识跃出平面进而产生的立体阅读兴趣；重庆图书馆开展的"探索恐龙世界 裸眼 4D 互动阅读"体验活动，通过全新的视频阅读方式，全息成像，全方位、立体化地展现百科知识，让小朋友们在娱乐互动中学习百科知识。

5）演出

演出活动也是当下比较流行的公共数字文化服务品牌建设形式，对于丰富群众文化生活起着重要作用。这种活动多是通过录制现场演出，进行线上直播完成的。例如，重庆市 2019 "百姓大舞台"走进柠檬之都文艺演出活动，通过国家公

---

① VR 是指虚拟现实技术（英文名称：virtual reality），又称虚拟实境或灵境技术，是 20 世纪发展起来的一项全新的实用技术。

共文化云、国家数字文化网、重庆群众文化云等平台和媒体终端进行全程直播。全国文化信息资源共享工程"百姓大舞台"对陕西省文化馆承办的"我和我的祖国"——文化新生活 2019 陕西省群众文化节暨全省广场舞展演活动进行了全程直播。"陕西省渭南市第二届非遗传承人绝活才艺展示"活动，通过国家公共文化云、中国文化网络电视等多终端平台的全程直播吸引了数十万名观众。一个品牌塑造得是否成功很大程度上取决于其生命力和竞争力的强弱。在融合创新的大背景下，公共数字文化服务品牌的生命力与竞争力来源于其创新力，有创新才能赢得品牌发展的主动权。就目前我国的发展实践来看，虽然一些公共文化机构建设公共数字文化品牌的步伐不断加快，但整体而言，品牌建设类型单调，固守原来诸如培训、讲座、竞赛、展览等几种形式，缺乏创新意识，跟不上当前公众需求变化的速度，所开展的活动无法吸引公众的注意力，导致公众参与度不高，无法在全国或者地区形成有影响力和辨识度的品牌活动。

（二）区域一体化的产业联动

区域一体化下的公共文化服务创新融合是政府保障人民群众基本文化权益的要求，是新时代我国公共文化服务深化改革、走上高质量发展的必由之路，关系着我国现代公共文化服务体系的建设成效。"十四五"时期是开启全面建设社会主义现代化国家新征程的第一个五年，科学把握新发展阶段，深入贯彻新发展理念，《中华人民共和国国民经济和社会发展第十四个五年规划和 2035 年远景目标纲要》提出，要"深入实施区域重大战略""以京津冀、长三角、粤港澳大湾区为重点，提升创新策源能力和全球资源配置能力，加快打造引领高质量发展的第一梯队"，影响着中国较长一段时间内政治、经济、文化等方面的发展。区域一体化的发展离不开文化一体化，新时代区域的协同发展为公共文化服务重新融合过程中的产业联动提供了新的发展契机，便于推动区域文化软实力的整体提升。

区域一体化下的公共文化服务创新融合是实现文化资源与用户的精准交互，在文化资源建设上，需要精准分析区域的文化特色，精准供给资源；在用户层面，需要利用用户画像精准分析个体用户和群体用户的特征，精准识别不同用户的公共文化需求。其本质是构建一个的公共文化服务一体化平台以连接公共文化资源和用户，打破城市现有资源条块分割的现状，建立资源互联互通的发展新格局，实现文化资源的泛在化。这个平台区别于一般的互联网平台，有政府及其职能部门的参与组织，有公共文化服务机构提供资源支撑，有广大的基层群众作为用户，其目的不是为了盈利而是为了推动整个区域的公共文化服务体系的建设。文化产业的发展需要创新驱动，在实现"科创+产业"的道路上更是需要提高创新在文化产业中的地位。随着新技术的发展和社会环境的变化，文化产业呈现新型业态，产业布局发生了变化，需要推动文化产业与创新的深度结合，大力发展创意文化产业。而文化产业布局需要反映区域经济文化发展水平，需要确定区域核心文化产业，合理配置区域文化资源，最大限度地开发关联产业，形成文化产业与其他产业的联动。

推进城市公共文化资源向农村辐射、输送，实现城乡区域公共文化服务一体化，必须要处理好以下三种关系。

1. 普及与提高的关系

随着经济社会的发展、物质生活水平的提高，人民群众对精神文化的需求快速增长。丰富健康的文化生活已成为衡量人们生活质量的重要标志，成为促进社会全面进步和人的全面发展的重要因素。当前，广大农村群众对文化的需求刚刚起步，图书、报刊、影视、文艺作品、文化活动等方面的人均需求量和拥有量还不高。随着经济、社会的进一步发展，这方面的需求会大量增加，公共文化服务的普及和提高有很大空间。推进城市文化向农村辐射、输送，是一个"普及—提高—再普及—再提高"的螺旋式上升过程。全面建设基层文化阵地、组建基层文化队伍，做的就是普及工作；在这个普及过程中，群众的文化需求和品位将随之进一步提高，对文化阵地、文化队伍的建设势必会提出更高要求，这将推动更高层次的新一轮文化普及工作。

2. 阵地建设与活动开展的关系

我国部分区域公共文化网络已经初步形成，尤其是东部经济发达地区，如嘉兴市已初步建立起布局合理、功能健全、覆盖城乡的公共文化基础设施网络体系。在城乡基层文化阵地建设实现全覆盖后，如何充分发挥文化阵地的功能与作用，是当前推进城市公共文化资源向农村辐射、输送过程中需要着力解决的重点问题。阵地建设的终极目标不是配备一定的硬件设施，而是为丰富的群众文化活动提供一个平台。全面开展城乡互动的文化活动，就是要改变"为建而建"的观念误区，促使基层认真应对经费、人才等方面的客观困难，解决基层阵地管理不善的实际问题，激发基层文化工作的活力，使基层文化阵地真正成为群众喜闻乐见的文化活动舞台。

3. 整体谋划与重点推进的关系

消除城乡公共文化差别、实现城乡公共文化服务一体化，这是城乡一体化发展战略的重要内容，是一项复杂的系统工程。必须结合工作实际，讲求科学方法，整体谋划、重点推进。我国要立足城乡一体化的大局，对文化阵地、文化活动、特色工程进行总体布局，平稳推进各项文化工作。同时，要抓住乡镇（街道）综合文化站、图书馆乡镇分馆、文化茶馆、新建居民小区文化设施缺失等基层文化建设中的重点项目、新型载体、薄弱环节，进行重点突破，提升城乡文化一体发展的总体水平。

（三）基于乡村振兴战略的产业联动

党的十九大报告中提出实施乡村振兴战略，指出要坚持农业农村优先发展，按照产业兴旺、生态宜居、乡风文明、治理有效、生活富裕的总要求，建立健全城乡融合发展体制机制和政策体系，加快推进农业农村现代化。其中，文化振兴既是乡村振兴的重要目标和任务，也是乡村振兴战略得以顺利实施的精神动力。农村公共文化服务体系是丰富农村文化生活的重要载体，具有十分重要的意义，加强农村公共文化服务体系建设是乡村文化振兴的必由路径。加强农村公共文化服务体系建设有利于乡村振兴的实践推进，能够助力乡村产业兴旺、生态宜居、乡风文明、治理有效、生活富裕，对满足广大农民的基本文化需求、提高农民素质、发展农村经济、稳定农村社会、巩固执政之基等具有重大的理论和实践意义。随着我国社会的整体发展，各级政府大力推进公共文化服务工程建设，市县镇村四级公共文化服务体系建设水平不断提高，在一定程度上保障了农村群众的文化需求。比照有统一标准、有健全网络、有充实内容、有专业人才的"四有"标准进行规划，在征求广大农民意见的基础上，从需求主体的角度出发，打造升级版本的农村公共文化服务体系。充分利用县级机构的扩散作用，联通县镇村文化网络，实现文化服务全覆盖，资源配置优先向乡村倾斜，升级乡村文化服务品质。通过制定相关制度，打造农村文化服务线上互动平台，定期收集居民对文化建设的意见建议，构建精准的需求识别与表达机制，对不同农民群体的需求进行收集、整理和提炼，构建需求反馈机制，对已实施的服务项目进行满意度调查，及时调整供给策略，构建精准化的供给机制。

乡村公共文化服务体系存在体系建设不均衡、联动不足；精准扶持有待提升；乡风民俗存在陈规陋习；县级媒体融合机遇与挑战并存等问题。为了解决上述问题，需要从以下四个方面进行改善。

1. 结合乡村振兴战略，优化乡村文化体系

"百里不同风，十里不同俗。"乡村建设必须尊重乡村人文特点和生活习俗，保留静谧舒适的田园风光，避免城市建设中千篇一律、贪大求全等弊病。比如，素有"京师锁钥"之称的北京密云古北口镇，在古村文保开发上颇有建树，秉持"修旧如旧，因地制宜"原则，充分挖掘庙宇古刹、边塞长城、林深泉清、峰峦环抱等特色元素，尤其是在古北水镇度假村建成后，北国风光中平添了一抹江南灵韵，水镇泛舟和山城夜景堪称一绝，目前已成为京郊旅游地标景区，彻底激发了

当地村集体经济的聚集效应和辐射效应，让山水田间荡起古朴雅风，焕发出新时代传统文化魅力。在文化建设上，按照《公共文化服务保障法》规定，结合乡村实际情况建设兼具现代文娱和乡俗传统的综合文化服务中心，为阅读研讨、技能培训、文体休闲、集会庆典提供硬件保障。在乡村教育上，坚守育人初心，提升教育素质，培育自尊自强人格，提倡劳模精神和工匠精神，树立"晴耕雨读，胸怀锦绣"的情怀；紧密结合"十四五"规划和"双减"政策，积极化解"教育内卷"和"阶层固化"等社会现象给乡村孩子带来的压迫感和焦虑感。在职业教育方面，聚焦职业教育，引入高水平师资，优化职称制度，重视农科教育，注重劳动实践，通过理论和实践相配合，推动新时代职业教育在深耕厚植中迈上新台阶，提升职业技能人才的社会地位和待遇。在生态文明建设上，树立环保意识，开展美化家园行动，保持房前屋后洁净清爽，农具牲畜整齐有序，培养节能低碳习惯，生活垃圾分类处置，科学防控疫情疾病。

2. 紧密契合新时代，精准赋能乡村文化

要坚决贯彻落实习近平总书记的指示，坚定文化自信、把握时代脉搏、聆听时代心声，坚持与时代同步伐、以人民为中心、以精品奉献人民、用明德引领风尚。结合乡情乡韵让村民出门见绿、推窗看景、留乡致富，以北京门头沟区马栏村为例，其始建于元代，因明代为圈放马匹之地，故而得名。马栏村多年来坚持生态涵养区功能定位，在市、区、镇三级党建引领、精准扶持的基础上，深度挖掘红色资源和历史底蕴。马栏村以龙王庙为中心，依山而建、临水而居，村内古树石桥星罗棋布，现有冀热察挺进军司令部旧址陈列馆、龙王观音禅林大殿、古戏台、原生态水湖岗景区和马栏林场等文旅资源，已入选中国传统村落，并成为"京西第一红村"。2020 年中国传统村落数字博物馆官网显示，马栏村村集体年收入为 3316 万元，村民人均年收入 13 142 元[①]，村民成功走上了致富路。成功经验表明，乡村文化建设要根据城镇化发展趋势、乡风民俗和乡民期盼，科学统筹城乡公共文化设施布局、服务理念、队伍建设、资金保障，促进城乡基本公共文化资源均衡配置、精准供给和长效联动。以市县级文化馆、图书馆、院校为中心推进总分馆模式建设，提升阅读体验。通过网络技术促进城乡共建共享，利用元宇宙、大数据和区块链等技术，融合线上线下，打造虚拟展演、云享书香、网上授课、云游古迹名胜等沉浸式体验活动，拓展公共文化服务的范围，提升精度、广度、深度、趣味性和个性化，实现城乡文化服务互联互通，同频共振。

---

① 北航仪器光电人. 仪光赤心 2022 线下调研 | 马栏村[EB/OL]. https://mp.weixin.qq.com/s？__biz=MjM5MDIwOTEyOA==&mid=2650890585&idx=2&sn=e6772df3e38eba9f836-bfae37ae38341&chksm=bdbd845e8aca0d4867ac794b66805e90765d98eeca951caedbfc33d99ac871fcc72a3a8e74c4&scene=27，2022-10-08.

3. 政策法规保驾护航，移风易俗树立新风

优化乡村公共文化服务体系的职能设置，在党建引领下，促进文旅、教育、执法、新闻出版等部门与经营商户之间的沟通协作、信息共享。加大"扫黄打非"和扫黑除恶力度，严惩村霸及其保护伞，畅通举报投诉渠道。聚焦农村陈规陋习，推进移风易俗，消除高额彩礼、酗酒赌博、攀比浪费、封建迷信等现象，制定百姓认同、行之有效、依法有据的村规民约，因村因户因人施策，倡导勤俭节约、文明健康的生活方式。完善乡村文化产品的审核推优、出版发行、经营维权等机制，打击盗版侵权，持续跟踪问效，让书香润泽每个角落，助力乡村文化振兴。推选一批明礼崇德、锐意创新、诚待乡里、孝善齐家的"新乡贤"，探索新时代"宗祠文化"，共商本地党建行政事务，凝心聚力共建农村公序良俗，传承乡土文化精髓，弘扬社会主义核心价值观。构建新型乡村共同体，将大数据、云计算、区块链技术运用到乡村建设规划中，分析文化、生活和经济发展趋势，捕捉乡村振兴的症结点和着力点，凸显地域特色优势，让数字化更好地赋能乡村治理，促进农村产业链健康发展。提高公共文化服务的参与度和趣味性，加大文创产业补贴，培育农耕文化体验园和精品民宿，拓宽务农和农闲收益模式，线上线下紧密结合，促进文化交流，倡导文明旅游，陶冶生活情操。不断缩小城乡就业创业待遇和机遇差距，开展政策性农业保险和金融支农项目改革，让农民看得懂、用得起、得实惠，实现人才返乡、人才驻乡，激发本土智慧，共建共享振兴乡村。

4. 县级媒体展新姿，欣欣向"融"奏强音

县级媒体在地缘上、心理上距离农民和农村最近，是我国四级媒体融合发展布局中的"最后一公里"，是乡村公共文化的重要创造者。县级融媒发展要重视平台建设、用户沉淀、政商资源聚合、内容创新，加快媒体融合从"相加"迈向"相融"，促进全媒体矩阵提质增效。在 2021 年首届中国网络媒体论坛新技术新应用新业态展示会上，各家县级融媒共襄盛举，深入挖掘、传承、创新传统民俗民风的当代价值和现实意义，展示区内沙河鸟笼、蒲坑茶、社火脸谱等非遗技艺和农产品异彩纷呈，充分展现了村集体经济的强大活力。县级融媒体要强化使命担当，提升"四力"本领，优化舆情应对机制，紧扣时代脉搏，关注民生需求，树立国民健康观念，守护乡愁家国情，营造良好的舆论环境。县域宣传不能生硬教化，文艺作品要采用大众喜闻乐见的形式，鼓励新人、新技术、新作品，助力"三农"出版物的发行和地方风物志的编纂，加大影视节目与农村元素的结合力度；开设并维护好微信、"今日头条"、"学习强国"和短视频等公众账号；生产新颖优质的

沉浸式体验产品，积极尝试制作 VR/AR[①]、H5、短视频、条漫等形式的内容，如湖南长沙雨花区融媒体中心的《一支新冠疫苗的开箱 Vlog，雨花医务人员争分夺"苗"》利用温馨的 Vlog[②]形式，展现了新冠疫苗运输入库保存背后医务人员的工作流程。选树各领域返乡榜样模范，宣扬社会良好风尚，推动诚信建设制度化常态化，并深入开展思想道德建设，让优良美德成为民众、家庭和社会共同成长的纽带，逐步形成耕读乡间、山清水秀、家庭和睦、邻里相助的现代田园画卷。

参 考 文 献

陈前恒, 方航. 2017. 打破"文化贫困陷阱"的路径——基于贫困地区农村公共文化建设的调研[J]. 图书馆论坛, 37（6）：45-54.

陈胜利. 2015. 公共数字文化资源建设的宏大实践——全国文化信息资源共享工程资源建设的现状与发展[J]. 图书馆杂志, 34（11）：4-12.

陈旭佳. 2016. 效果均等标准下基本公共文化服务均等化研究[J]. 当代经济管理, 38（11）：55-63.

丛志杰. 2014. 流动服务：内蒙古牧区公共文化服务的重要途径[J]. 内蒙古社会科学（汉文版）, 35（4）：172-176.

戴旭锋. 2015. 新媒体技术下的公共文化服务供需信息对接策略[J]. 文化月刊, （33）：120-121.

戴艳清, 戴蒋灿, 完颜邓邓. 2020. 基于云技术的公共数字文化服务协调机制研究[J]. 情报资料工作, 41（2）：93-98.

耿达, 田欣. 2021. 公共文化服务规划的理论建构与实践逻辑[J]. 图书馆, （11）：1-8.

谷敏. 2019. 四川省非物质文化遗产融入城市公共文化服务建设的现状及对策研究——以成都市青羊区为例[J]. 四川戏剧, （12）：55-59.

胡昌平. 2007. 面向用户的信息资源整合与服务[M]. 武汉：武汉大学出版社.

胡昌平, 王翠萍. 2004. 基于个性化服务的信息资源组织目标、原则与规范[J]. 图书馆论坛, （6）：137-141.

胡惠林. 2006. 关于区域文化产业战略与空间布局[J]. 山东社会科学, （2）：5-14.

胡税根, 陶铸钧. 2018. 中国公共文化服务的发展逻辑研究[J]. 华中师范大学学报（人文社会科学版）, 57（5）：80-87.

花建. 2021. 长三角数字文化产业：一体化与新动能[J]. 江苏社会科学, （2）：49-57, 242.

嵇婷, 耿健. 2020. 融合发展与创新驱动：公共数字文化服务平台转型升级建设探索[J]. 新世纪图书馆, （3）：70-75.

纪东东, 文立杰. 2017. 公共文化服务供给侧结构性改革研究[J]. 江汉论坛, （11）：24-29.

季忠洋, 李北伟, 朱婧祎. 2018. 大数据生态系统形成机理与模型构建研究[J]. 图书馆学研究, （5）：8-13.

金园春. 2014. 完善上海市社区体育公共服务供给机制的研究[D]. 上海：东华大学.

金中仁, 成建权, 陈振宇, 等. 2009. 图书馆信息共享与信息集群服务[M]. 北京：人民邮电出版社.

蒯大申, 饶先来. 2010. 新中国文化管理体制研究[M]. 上海：上海人民出版社.

赖雄麟, 陈连军. 2018. 文化治理现代化的四重维度研究[J]. 行政论坛, （6）：130-135.

李国新. 2015. 现代公共文化服务体系建设与公共图书馆发展——《关于加快构建现代公共文化服务体系的意见》解析[J]. 中国图书馆学报, 41（3）：4-12.

梁昊光, 兰晓. 2014. 文化资源数字化[M]. 北京：人民出版社.

廖嘉琦. 2020. 公共数字文化服务平台信息组织与构建模式调研与分析[J]. 图书馆理论与实践, （1）：130-136.

刘吉发, 吴绒, 金栋昌. 2013. 公共文化服务供给的企业路径：治理的视域[J]. 技术与创新管理, 34（5）：465-469.

① AR 是指增强现实（augmented reality）技术，它是一种将虚拟信息与真实世界巧妙融合的技术。

② Vlog 是博客的一种类型，全称是 video blog 或 video log，意思是视频记录、视频博客、视频网络日志。

刘炜，张奇，张喆昱. 2016. 大数据创新公共文化服务研究[J]. 图书馆建设，（3）：4-8，12.

刘小琴. 2017. 公共文化服务均等化的路径[J]. 图书馆杂志，36（12）：4-8.

刘银喜，朱国伟，王翔. 2018. 流动公共服务：基本范畴、供给类型与运行实态[J]. 中国行政管理，（12）：96-101.

陆路，秦升. 2020. 文旅融合背景下的公共数字文化服务创新发展——以陕西省图书馆"智能文化云地标"的建设实践为例[J]. 国家图书馆学刊，29（2）：32-40.

罗云川，阮平南. 2016. 公共文化服务网络治理：主体、关系与模式[J]. 图书馆建设，（1）：28-32，38.

倪菁，郑建明，孙红蕾. 2020. 公共数字文化治理能力的现代化[J]. 图书馆论坛，40（1）：1-5，12.

祁述裕，曹伟. 2015. 构建现代公共文化服务体系应处理好的若干关系[J]. 国家行政学院学报，（2）：119-123.

祁志伟，张婷. 2021. 公共数字文化服务供给的实践模式——基于沿海与内陆地区的案例[J]. 图书馆，（9）：7-12.

邱铁鑫，方纲. 2017. "书香乡村"建设困境与对策研究——以成都市 PD 区农村为例[J]. 新世纪图书馆，（12）：39-44.

汝萌，李岱. 2017. 我国公共数字文化服务使用情况调查研究[J]. 图书馆建设，（2）：84-89.

汤金羽，朱学芳. 2019. 我国公共文化云微信公众平台服务效率评估[J]. 图书馆论坛，39（9）：127-134.

涂志芳，刘兹恒. 2015. 美国数字公共图书馆的创新特点及对我国的启示[J]. 图书与情报，（6）：47-53.

完颜邓邓，宋婷. 2020. 融合创新发展背景下公共数字文化服务品牌建设研究[J]. 图书馆，（10）：15-19，46.

王铎. 2022. 基于公共文化服务的群众文化建设思路探讨——评《群众文化的现代化》[J]. 领导科学，（3）：154-155.

王鹤云. 2014. 我国公共文化服务政策研究[D]. 北京：中国艺术研究院.

王淼，郑建明，2018. 公共数字文化治理能力现代化基本构成及特征分析[J]. 图书馆，（10）：19-23，28.

王平. 2009. 论知识资源：概念辨析及其操作化[J]. 图书情报知识，（4）：105-108.

王毅，柯平，孙慧云，等. 2017. 国家级贫困县基本公共文化服务均等化发展策略研究——基于图书馆和文化馆评估结果的分析[J]. 国家图书馆学刊，26（5）：19-31.

维斯，霍布森. 2009. 国家与经济发展：一个比较及历史性的分析[M]. 黄兆辉，廖志强译. 长春：吉林出版集团有限责任公司.

魏大威. 2019. 浅析公共数字文化工程融合创新发展[J]. 图书馆理论与实践，（8）：26-31.

魏大威，董晓莉. 2018. 利用区块链技术驱动国家数字图书馆创新升级[J]. 图书馆理论与实践，（5）：98-103.

文琴. 2019. 图书馆参与非物质文化遗产数字化的政策研究[J]. 图书馆建设，（S1）：156-160.

吴焜，李林. 2020. 新时代中国乡村公共文化空间的发展趋势[J]. 上海城市管理，29（3）：81-87.

吴增基，吴鹏森，苏振芳. 2014. 现代社会学[M]. 5 版. 上海：上海人民出版社.

习近平. 2017. 决胜全面建成小康社会夺取新时代中国特色社会主义伟大胜利：在中国共产党第十九次全国代表大会上的报告[M]. 北京：人民出版社.

肖希明，李琪. 2016. 公共数字文化服务合作机制研究[J]. 图书与情报，（4）：31-37.

肖希明，完颜邓邓. 2015. 以公共数字文化资源整合促进基本公共文化服务均等化[J]. 图书馆，（11）：22-25，31.

肖希明，完颜邓邓. 2016. 以数字化促进基本公共文化服务均等化的实践研究[J]. 图书馆工作与研究，（8）：5-10.

肖希明，郑燃. 2012. 国外图书馆、档案馆和博物馆数字资源整合研究进展[J]. 中国图书馆学报，38（3）：26-39.

休谟. 1983. 人性论[M]. 关文运译. 北京：商务印书馆.

徐倩. 2009. 面向用户的国家农业图书馆信息服务模式研究[D]. 北京：中国农业科学院.

亚当·斯密. 1974. 国民财富的性质和原因的研究（下卷）[M]. 郭大力，王亚南译. 北京：商务印书馆.

杨培川，吴永芳. 2019. 内蒙古基本公共服务入户工程助力打造覆盖全区的"科普 e 站"[J]. 数字传媒研究，36（8）：20-23.

杨正洪. 2014. 智慧城市：大数据、物联网和云计算之应用[M]. 北京：清华大学出版社.

叶宏伟，金中仁，陈振宇. 2008. 图书馆信息集群研究[J]. 中国图书馆学报，（1）：99-101.

叶响裙. 2014. 公共服务多元主体供给：理论与实践[M]. 北京：社会科学文献出版社.

于萍. 2016. 公共文化服务语境下传统文化转化发展的吴江实践[J]. 艺术百家，32（S1）：368-371.

俞可平. 2000. 治理与善治[M]. 北京：社会科学文献出版社.

约瑟夫·熊彼特. 2008. 经济发展理论[M]. 孔伟艳，朱攀峰，娄季芳编译. 北京：北京出版社.

曾忠禄. 2017. 大数据分析：方向、方法与工具[J]. 情报理论与实践，40（1）：1-5.

詹姆斯·N. 罗西瑙. 2001. 没有政府的治理：世界政治中的秩序与变革[M]. 张胜军，刘小林，等译. 南昌：江西人民出版社.

张海涛. 2006. 企业信息能力的培育与评价研究[D]. 长春：吉林大学.

张浩如. 2016. 大数据时代的图书馆品牌建设与营销[J]. 图书与情报，（5）：70-75.

张皓珏. 2017. 公共文化服务联盟法人治理结构研究——以 LYRASIS 理事会为例[J]. 图书馆杂志，36（12）：80-84，102.

珍妮特·V. 登哈特，罗伯特·B. 登哈特. 2004. 新公共服务：服务，而不是掌舵[M]. 丁煌译. 北京：中国人民大学出版社.

珍妮特·V. 登哈特，罗伯特·B. 登哈特. 2016. 新公共服务：服务，而不是掌舵[M]. 3 版. 丁煌译. 北京：中国人民大学出版社.

郑永流. 1999. 法哲学与法社会学论丛（二）[M]. 北京：中国政法大学出版社.

钟晟，欧阳婷. 2022. 文化共同体视域下推进长江中游文化交流合作研究[J]. 学习与实践，（3）：93-103.

卓泽林. 2021. 高等教育赋能区域发展战略的现状、挑战与对策——以京津冀、长三角、粤港澳大湾区为例[J]. 教育发展研究，41（21）：14-25.

Kumar K，van Dissel H G. 1996. Sustainable collaboration：Managing conflict and cooperation in interorganizational systems[J]. MIS Quarterly，20（3）：279-300.

Porter M E. 1998. Clusters and the new economics of competition[J]. Harvard Business Review，76（6）：77-90.

Samuelson P A. 1954. The pure theory of public expenditure[J]. The Review of Economics and Statistics，36（4）：387-389.

第五章　公共文化资源整合机制分析

第一节　引　　言

公共文化资源整合是建设公共文化服务体系的重要环节，只有合理有效地将公共文化资源进行整合利用，才能更好地建立公共文化服务体系。关于"公共文化资源"，我国 2019 年开始实施的国家标准文件《公共文化资源分类》中指出，公共文化资源是以满足公民基本文化需求为主要目的所提供的公共文化设施、产品、活动、服务以及与上述对象相关的公共文化主体等各类要素。该标准将公共文化资源分为 5 个门类，分别是公共文化设施、公共文化产品、公共文化活动、公共文化服务、公共文化主体。谭乔西[1]从"公共文化资源"的"公共"二字出发，强调其特有的非垄断性和非排他性。他指出，公共文化资源是指所有权由全体社会成员共同享有的，人类社会历史和发展过程中所创造的文化资源。具体来说，公共文化资源是公共文化服务体系建设所必需的硬件资源和软件资源的综合。其中，硬件资源是指图书馆、文化馆、博物馆等基础设施机构，软件则是能够推动服务体系建设的资金、人力、制度等一系列要素。罗云川和李彤[2]也强调了公共文化资源的公共属性，认为共享的公共文化资源主要用于普惠和保障公民基本文化权益，经营性很强的文化资源暂不列入公共文化资源范围内。

从上述定义中可以看出，《公共文化资源分类》对公共文化资源的定位非常宽泛，不仅涵盖了设施、产品等有形资源，还将服务也纳入其中，将公共文化服务也视作公共文化资源的一种类型。这里的公共文化资源服务包括公益性文化产品的创作和传播、公益性文化服务和活动的组织与承办，以及中华优秀传统文化的保护、传承和展示及公共文化工作人员培训服务等。其他相关定义则是将公共文化资源和公共文化服务两者分别作为独立内容进行探讨，在这些定义中，公共文化资源是公共文化服务的前提和基础。但结合《公共文化资源分类》和其他定义，两者的共同点在于都强调了公共文化资源的公共性，即该资源无经营属性，目的是保障公民的基本文化权益。

本书聚焦于"公共文化资源整合"这一主题，通过对公共文化资源的整合原则、整合对象、整合中依托的技术等内容进行梳理，分析当前我国公共文化资源

---

① 谭乔西. 公共文化资源整合的集群与辐射效应[J]. 重庆社会科学，2016（5）：87-93.
② 罗云川，李彤. 公共文化资源共享治理策略探析[J]. 图书馆工作与研究，2016（4）：28-32

整合存在的问题，提出进一步提升整合效率的治理策略，并归纳出现存的公共文化资源整合方式，以期加快构建我国公共文化服务体系，满足人民日益增长的文化生活需求。

第二节　公共文化资源整合元素分析

我国现有的公共文化资源分布是不平衡的，资源与资源之间无法做到相互衔接。公共文化资源利用率的低下不仅影响了公共文化服务体系的构建，还影响了公众对公共文化服务的满意度和获得感。只有通过整合公共文化资源，才能实现资源的最优配置和利用，保障人民的基本文化权益。公共文化资源整合，即通过组织和协调，对公共文化资源进行重新配置，其需要在公共文化服务体系建设中将区域内的公共文化资源作为一个整体和系统，从顶层设计的高度对系统内各种不同层次、不同结构、不同内容的资源进行识别与选择、汲取与配置，使这些资源通过某种方式互相衔接和有机融合。要想实现上述的资源整合，需要明确整合原则、整合对象、整合中依托的技术，通过梳理资源整合中所涉及的各个要素，才能最终形成公共文化资源共享和协同发展，从而实现公共文化资源效益的最大化和利用率的最优化。

一、整合原则

公共文化资源的配置供给，是通过最大限度地利用各类文化资源，使其能辐射到基层，切实使公共文化服务惠及全民。整合公共文化资源，需要在考虑现实情况的基础上，遵循一定的原则，具体包括以下内容。

（一）统筹兼顾原则

政府是整合公共文化资源的核心主体。在整合公共文化资源整合过程中，面对复杂的形势和繁重的任务，政府要做到有全局观，充分发挥宏观调控作用，理清工作思路，解决关键难题。政府要在顶层设计环节，通过建立有效的沟通协商机制，在兼顾各方利益的基础上，对分属于不同系统的文化资源进行统筹安排，解决多头管理、条块分割的问题，从而以最小的投入获得最大的社会效益。

（二）因势利导原则

中国特色社会主义进入新时代，我国社会的主要矛盾转化为人民日益增长的美好生活需要和不平衡不充分的发展之间的矛盾，人们不仅对物质生活有更高的追求，也对政治、文化、社会、生态等方面有了更高的追求。在文化方面，国家一直高度重视，陆续出台了多项政策和指导意见，并且出台了相关法律。2014 年以来，公共文化服务体系浮出水面，社会高速信息化和网络化使人们对公共文化服务的需求增加，对服务内容的深度要求更高。在这种情况下，公共文化资源整合需要因时制宜、因势利导，积极配合各项政策的实施，推进总分馆制建设、图档博集群发展、文旅融合等，积极引导各公共文化机构合作共享，创建优秀的公共文化，满足人民群众的精神生活。

（三）互动互惠原则

图书馆、档案馆、博物馆、文化馆等专门机构作为公共文化服务体系的重要组成部分，承担着向社会公众免费开放、提供相关服务的重要职责。机构间要互相合作不断提升综合实力，拓宽服务半径，充分发挥其专业优势，同时要设立专门机构加强与镇（街道）、村（社区）等基层单位以及农业、科技、文化、教育等相关部门与行业的联系，建立和完善合作互动机制，提高合作共享的规模和水平。除此之外，要建立有效的信息服务与信息需求反馈机制，实现基层公共文化信息资源供给与利用的良性循环。

（四）逐步推进原则

公共文化资源整合不是一蹴而就的事情，我国当前公共文化资源整合还存在一些弊端，需要政府机构、社会力量和专门机构等通过渐进的方式，有弹性、有差别地逐步推进。在实际运作过程中应该从点上切入，通过对重点区域资源整合实践经验的归纳总结，探索出适合不同地区的做法，从而以点带面、逐步铺开、层层深入，最后形成完整的公共文化服务体系。

二、整合对象

公共文化资源的整合对象就是公共文化资源本身，这也是整个过程中的核心内容，正如程焕文和赵冬梅[①]针对图书馆资源建设提出的"资源为王、服务为本、技术为用"理念，资源才是公共文化服务体系构建的中心。从硬件来看，公共文

---

① 程焕文, 赵冬梅. 资源为王 服务为本 技术为用——程焕文谈高校图书馆管理的理念[J]. 晋图学刊, 2020（1）：1-10.

化资源包括图书馆、档案馆等基础设施，也包括提供数字文化服务的基础设施，从软件来看，包括制度资源、人力资源、资金资源等。

（一）整合公共文化机构

公共文化机构是公共文化资源的基础部分，它是用户享受公共文化服务的基本平台，因此对这些机构的有效整合将会大大提升公共文化服务的质量和效益。在公共文化机构建造过程中，国家支持以扩建为主，2015年发布的《关于推进基层综合性文化服务中心建设的指导意见》就指出，"基层综合性文化服务中心主要采取盘活存量、调整置换、集中利用等方式进行建设，不搞大拆大建"。在扩建的过程中，我国也非常注意和其他文化机构所形成的整体效应。

比如，安徽六安市南湾村农民文化乐园是由原村中心小学校舍改造的，并与幼儿园、乡村少年宫合建而成；南溪村是与乡镇综合文化站、乡镇影剧院、便民服务中心、村部等联建而成的。来安县建立以县图书馆为总馆，12个乡镇综合文化站图书室为分馆，130个行政村农家书屋为基层图书服务点，有关学校、单位及图书流动服务车为补充的城乡图书服务一体化网络。安徽省宿州市砀山县葛集镇白蜡园村农民文化乐园与村里原有的文化设施，如农村远程教育网络、广播电视"村村通"工程、村留守儿童之家工程实现整合和共享。四川成都邛崃郭坝小区综合文化服务中心集中了辖区所涉及的公共服务职能和便民服务项目，在服务中心建设了综合服务大厅和集中受理窗口。综合文化服务中心除了多功能厅、文化广场、电子阅览室、图书阅览室等基础配套设施，同时提供劳动就业、养老保险、人口计生、社区教育、治安安全、救助帮扶等30余项便民利民服务，综合文化服务中心成为一个便民文化服务的"一站式终端"。浙江省嘉兴市响应政府号召，积极建设"15分钟品质文化生活圈"。所谓"15分钟品质文化生活圈"是指城乡居民走出家门，步行约15分钟，即可到达1个必备公共文化场馆和1个以上公益性公共文化空间（1＋N），享受高品质的基本公共文化服务。

（二）整合公共文化内容

对分布在不同机构中的资源内容进行整合。大量以文本、静态图像、音频、视频、三维虚拟影像等形式存在的图书、期刊、报纸、文物、档案、美术作品、非物质文化遗产、口述历史作品等资源分布在图书馆、档案馆、博物馆、文化馆等不同的机构中，这种条块分割的状况造成资源重复建设、资源冗余、浪费资金，同时各个机构之间的壁垒也阻碍了公共文化资源的流通和共享。针对这个情况，肖希明和李硕①建议引入信息集群理论。根据该理论，各个公共文化服务机构把分散的资源集中整合，并进行灵活的专业化分工，这样一来就能够在整个公共文化体系中实现公共文化资源的外部规模经济，从而降低每个公共文化服务机构的信息生成成本。信息集群的统一规划还避免了单个公共文化服务机构研究开发的盲目性和全社会范围的重复建设与资源浪费，减少了资源获取和转换的障碍，加快了信息资源传递和获取的速度，降低了集群内部各个公共文化服务机构间的信息成本。

通过内容整合，相关部门或行业可以将公共文化产品集中起来，并利用菜单或订单等形式将之提供给人民群众。比如，浙江省建立的"大菜单制度"，把政府各部门提供的文化服务列出清单，推出文化服务供需对接平台，举办定期配送电影、戏剧、书画、图书、非遗表演等文化活动，既提供政府部门公益性免费产品，也提供市场化付费产品，让农民群众在文化礼堂里自主选择所需要的服务。上海通过"东方公共文化资源配送服务平台"整合了全市优秀文化艺术资源，百姓在平台上"点菜"，政府购买服务，并统一配送到各个服务网点（社区和乡镇文化中心）。其文化资源库分为三大块：一是物化资源，如书籍、报刊、音像制品、展板及演出观摩票等；二是综合文艺类资源，如小型文艺演出、文化讲座、艺术示范等；三是健身培训类资源，如健身舞蹈、拳操等。成都的"文化连锁店"则采取由市级整合文化产品和服务、与社会力量联动的发展模式，将全市优秀文化资源统筹配置到基层，通过对公共文化服务内容的整合，将各级各类分散的文化资源方便、快捷地配送给基层群众。

（三）整合公共文化制度

完善的制度能够为整合公共文化资源指引方向，有利于统筹全局，摆脱不同管理体制的束缚，形成跨部门的协调机制，科学规划与布局公共文化，避免重复建设，使资金发挥更大效益，实现资源共享，提升公共文化服务水平，保障广大民众的基本文化权益。

整个公共文化资源整合过程都有赖于制度的保障。首先，在公共文化资源的生成阶段，既要制定规章制度，以保护和传承我国丰厚的历史文化资源，也要保护文化创作者的权益，让他们源源不断地创造人民群众喜闻乐见的文化产品。在公共文化资源整合的初始阶段，需要通过政府的政策来推进文化项目的实施。鉴于公共文化资源的公益性和非营利性，这就要求必须由政府推进和实施。自2012年以来，我国非常重视公共文化服务体系建设，陆续出台了多项指导意见和

---

① 肖希明，李硕. 信息集群理论和公共数字文化资源整合[J]. 图书馆，2015（1）：1-4，11.

政策，正是在这些政策的指引下，我国公共文化服务体系建设已见成效。在公共文化资源整合的过程中，需要政府的制度积极引导社会力量的参与。《公共文化服务保障法》中明确指出，"公共文化服务，是指由政府主导、社会力量参与，以满足公民基本文化需求为主要目的而提供的公共文化设施、文化产品、文化活动以及其他相关服务"。但是如何正确处理好政府与市场、社会三者之间的关系，如何改变过去政府独揽公共文化服务的局面，如何充分发挥市场和社会力量在公共文化服务供给中的积极作用，以及如何对社会力量进行监督，这些都是需要考虑的问题。以上种种，就需要明确清晰的制度来确保公共文化资源整合的顺利实施。完成公共文化资源整合之后，需要对整合的效果进行评估。从哪些方面进行评估，如所构建的公共文化服务体系的服务效能、群众的反馈和评价等，这些都需要通过制度来明晰。

（四）整合人才资源

任何事业的发展都离不开人才建设，公共文化资源的整合亦是如此。人才本就是非常重要的一种资源，因此在公共文化整合中需要重点关注人才资源的整合。对于公共文化事业而言，人才的来源主要有三种：一是专业人才；二是民间人才；三是院校人才。

首先，专业人才。专业人才指的是各类公共文化机构的人员，正如陈信等[①]所指出的，他们发挥了重要的引领作用：第一，艺术品位的引领；第二，组织形式的引领；第三，表演方式的引领。群众文化活动，特别是群众文艺活动，形式往往粗糙，必须经过专业人士的指导才能达到"表演"的层级。专业人才的整合，就是为公共文化馆的各类人才搭建一个公共平台。整合其他部门人才，可以形成更高层级的人才整合平台，专业人才是公共文化事业的基础人才。

其次，民间人才。我国民间存在大量的文艺知识分子，如对于戏剧而言，我国大部分地区都有独特的戏剧文化，相应的地区也保留着大量的戏剧社团，又如对于我国的非物质文化遗产，很多传人都是普通民众之一员。对于这样的民间人才，需要破除体制障碍，创新人才管理和使用模式，在全社会形成尊重文化、尊重文化人才的良好局面，鼓励他们为公共文化服务建设奉献自己的力量，实现人生的另一重价值。比如，安徽一些地区建立由村民代表、老干部、老教师和乡土文化能人等组成的文化乐园建设理事会，参与农民文化乐园的规划、建设和管理。又如浙江绍兴市柯桥区整合社会人才资源（文艺专家、文体团队、农村新乡贤等），构建区、镇、村"四团三级"纵向礼堂服务队伍体系，参与和指导各区域在文化礼堂开展活动。

---

① 陈信，刘盈曦，陈昊琳．基层公共文化资源整合路径研究[J]．山东图书馆学刊，2020（1）：22-26．

　　最后，院校人才。院校是人才引进的主渠道，其实高校本身就是人才的智库，应从高校吸纳有志于推动公共文化事业发展的人才，为人才资源储备做好工作。此外，年轻的学生更加了解互联网时代的产品、设备和人们关注的热点，通过他们有利于吸引年轻群体的关注，扩大项目的影响力，提升公共文化机构的利用率。

　　除了引进人才之外，也需要制订人才培养计划。各机构要对机构内部分专业能力不过关的人群进行培养和培训，开办人才研修班，定期进行专业知识和技术的培训，加强对公共文化资源的组织整合方法、现代信息技术和操作技能以及服务创新意识和服务技能的培训。各文化机构是最接近人民群众需求的地方，因此更了解实际工作中需要的技能，人才培养计划及培训内容要与资源整合和服务工作的实际需求相结合，根据实际需要修改和调整。

（五）整合资金资源

　　持续性的经费投入是我国公共文化资源建设的根本保障。中华人民共和国成立以来，我国曾多次尝试建设农村图书馆，但均以失败告终，究其根本是缺乏持续性的经费投入。为此，要想实现公共文化资源整合就必须保障资金资源的整合。

　　1）完善资金投入保障机制，增加文化财政投入预算

　　"十三五"时期，中央财政落实和完善文化财税政策，把基本公共文化服务作为财政支出的保障重点，切实保障人民的文化权益。相关数据显示，2016～2020 年，我国一般公共预算文化旅游体育与传媒支出累计 1.83 万亿元，年均增长 6.75%[①]。财政部自 2013 年起设立农村文化建设专项资金，按照每年每村 1 万元的标准拨付，同时鼓励地方根据实际情况提高补助标准。比如，2013 年浙江农村文化建设专项补贴每村每年提高到 2 万元。

　　2）构建资金投入均衡机制，盘活闲置公共文化资产

　　我国基层公共文化资源建设往往由于资源分散、利用率低、管理不足等问题停滞不前。已经建设完成的文化设施，如农村书屋、文化走廊等因被闲置而无法发挥其公共服务效能。针对这一情况，应通过财政转移支付等手段，补偿和扶持欠发达地区及弱势群体，实现公共文化资源的合理配置，保证广大人民群众参与公共文化服务的机会均等、过程均等、结果均等，通过兜住底线、补齐短板、缩小城乡差距、地区差距等方式，促进公共文化服务标准化均等化的实现。比如，

---

　　① "十三五"财政 1.83 万亿元投入公共文化[EB/OL]. https://www.gov.cn/xinwen/2020-11/11/content_5560445. htm，2020-11-11.

安徽以县为单位，曾把扶贫开发、乡村建设、文化体育、科技教育等资金集中起来投入农民文化乐园建设。自 2014 年以来，安徽将每年每村 4400 元看戏经费集中起来（农村文化建设专项补贴为每村每年 1.2 万元），该举措确保了安徽多个行政村每年至少能有一台质量较高的文艺演出①。广西来宾市则统筹文、体、卫、农等 46 个部门和单位的项目与资金，在全市所有行政村建成"五个一"村级公共服务中心，即一栋文化综合楼、一个文艺舞台、一个灯光篮球场、一支农民文艺队、一支农民篮球队，此后又将"五个一"建设标准发展为"十个一"。

3）鼓励社会力量参与投入，健全资金多元投入机制

社会力量是参与公共文化资源整合的重要主体。社会力量的参与投入拓展了公共文化资源的展示平台和传输渠道，一方面提升了公共文化服务效能，另一方面提高了群众对文化资源获取的信任度和满意度。2019 年制定的《公共数字文化工程融合创新发展实施方案》建议系统外市场主体共同参与资源建设，通过采购成品资源、委托市场定制、合作共建等方式，加大资源建设的社会化合作力度。社会力量的参与从技术和资金两方面为公共文化资源整合提供助力。

4）优化资金运行管理制度，规范资金使用评价制度

上文已经论述过完善财政保障机制与运行保障机制的重要性，除此之外，各地方财政要切实保证配套资金的具体落实，确保资金能真正投入到公共文化资源的建设中。同时，还应规范资金的使用评价制度，绩效的评价应是多元化、多方面的，评价制度的确立更有利于持续的资金投入和运行，反哺资金资源的整合。

三、依托技术

在互联网环境下，公共文化资源通过向网络化和数字化的延伸和拓展，与数字文化产品相结合，产生了公共数字文化服务这一形式，其优势在于可以通过互联网平台，突破时空限制，将公共文化服务无限延伸，有效促进文化资源的交流与共享。

（一）数字化资源

利用数字技术提供公共文化服务的前提，是将公共文化资源数字化。数字化资源建设就是充分利用信息技术和数字挖掘技术，深入挖掘、组织和开发文献信息资源的文本内容，将各类型、各种格式的资源转化为数字资源，呈现在网络平

---

① 安徽加大"送戏进万村"投入[EB/OL]. https://www.mct.gov.cn/whzx/qgwhxxlb/ah/201403/t20140317_786473.htm，2014-03-17.

台上，便于读者阅读与传播。传统的公共文化服务被空间所局限，只能服务区域内的民众，但对于幅员辽阔的我国来说，每个地区都有自己的特色文化，碍于物理隔离无法享受其他地方的资源。再者由于经济发展的差异，东部和中西部地区，甚至省内都存在公共文化资源使用方面的差异。这些都阻碍了民众平等地享受公共文化，数字技术的发展正好可以拉近空间距离，让人们任何时候、任何地点都可以获得数字化资源。

（二）数字化设施

为了方便数字资源传播，必须建设相应的基础设施，这也是公共文化资源的一部分。根据国家提出的公共文化服务的均等化目标，我国要配备区域均等、城乡均等、人群均等的公共数字文化服务设施设备。针对部分农村、中西部地区、沿边口岸与边防哨所等地区数字文化服务基础设施相对薄弱的状况，加快宽带网络覆盖与设备终端硬件设施的建设与更新速度，进一步拓展公共文化服务范围，应加强各类数字化服务设备的开发和应用，实现数字文化资源的无障碍流通及全媒体、多终端覆盖。特别要加快推进偏远地区的公共文化服务数字化建设，统筹实施数字图书馆博物馆建设、广播电视公共服务、农村数字电影放映、数字农家书屋、城乡电子阅报屏建设等项目，构建标准统一、互联互通的公共数字文化服务网络，在基层农村实现共建共享。

（三）数字化平台

公共文化资源整合的最终目的是为人民群众提供普惠的、便捷的精神文化服务。在数字化和网络化的浪潮下，各个公共文化机构也都与时俱进，将各自的业务内容转换为数字资源，如美术馆主打各类数字展览，博物馆将丰富的藏品转化为数字资源，图书馆主打数字文献的构建，等等，但这反而造成了用户的负担，这个网站要关注，那个平台要收藏，这个活动通过 APP 报名，那个活动要公众号签到，实际上变相给用户享受公共文化服务增加了阻碍。这就完全违背了公共文化资源数字化的初衷。因此在互联网+的环境下，我们要整合各方资源，建立标准统一、互联互通的公共文化数字服务网络，实现跨机构信息发布与检索、多部门资源共建共享、跨终端设备互联互通，为人民群众提供集成化、一站式的公共数字文化服务。

在公共文化资源整合中，一站式服务平台是公共文化机构合作开展资源整合与服务的基地，各机构利用信息技术共同建设集成多个机构馆藏数字资源的系统，通过系统向用户提供整合的资源与服务。一站式平台的建造也是用户的实际需求，完颜邓邓和胡佳豪在关于湖南公共文化服务的研究中进行了问卷调查,结果显示,较多的调查对象对一站式资源获取平台存在需求①。

当下已有多个一站式服务平台投入使用。比如,2017 年正式开通的公共数字文化服务总平台"国家公共文化云",整合了三大公共数字文化工程,实行预约式、超市化、菜单式等一站服务方式。"文化上海云"是全国第一朵省级公共文化云(互联网+公共文化平台),整合了图书馆、博物馆、美术馆以及社区文化活动中心、社会化主体文化数据资源。"文化上海云"平台提供的大数据,可显示不同区县、不同街镇、不同场馆的公共文化需求,让公共文化资源配送更加精准地满足市民需求。"湖南公共文旅云"则是整合了湖南文化资源,结合文旅融合政策提供的服务。广东省的"文化驿站"项目也是一个优秀的实践案例。在资源方面,该系统整合了广东全省地市级以上各大公共文化机构咨询、各大报纸、1000 种以上大众全文期刊、文化讲座视频、地方特色文化专题视频等各类信息资源;在服务形态上,系统提供网站、手机 APP、平板 APP、下线触屏终端应用四种应用形式,集公共文化信息推广、移动数字阅读、特色文化资源展示与传播于一体,实现了公共文化数字资源的集中式整合、统一发布、广泛共享利用。

公共文化资源的整合离不开数字化和网络化。首先,由各个公共文化机构将各自的资源数字化,利用国家搭建好的基础网络设施将服务铺向全国各地,让用户能够通过网络跨越时间、空间界限享受公共文化服务。其次,为了方便用户,需要将各机构的文化服务整合为一站式平台,在这个过程中,涉及数据的交换标准等问题,也需要各个机构进行协商和处理。

第三节　公共文化资源整合现状及对策

一、公共文化资源整合现状

(一)政策法规方面

我国非常重视公共文化建设,出台了多个指导意见,并制定了保障公共文化的法律。地方也根据中央的意见制定了各自详细的计划和任务。但是国家、省、市现行的涉及公共文化资源体系建设的法律法规和规范性文件,大部分都是从宏观的角度,提出了公共文化资源体系建设的主要目标和主要任务。但在微观的执行层面上,缺乏政策支撑,特别是在经费保障、经济政策、捐赠制度、人才保障、

---

① 完颜邓邓,胡佳豪. 公共数字文化服务有效供给问题与对策——以湖南为例[J]. 图书馆学研究,2019(17):32-39.

管理体制等方面只是作了原则性的要求而缺乏具体的政策规定，相关政策法规还不健全。王世京①也指出，在政治体制上政出多门、多头管理、边界不清、推诿扯皮、效率低下的混乱局面，致使部分基层文化建设处于放任自流状态。在评价体制上，过度重视基础设施建设考评的显性指标、轻视文化设施建设的利用程度这个隐性问题。林怡②也对此问题有所研究，认为公共文化服务资源管理的部门分割、行政壁垒，以及各级政府的责任落实不明确也都阻碍了公共文化服务体系的完善与发展。

公共文化资源具有非垄断性和公益性，这就要求必须由政府主导。正如对公共文化制度的整合，在资源生成、体系建设、事后评估等方面都需要制定较为详细的政策和文件，有序推进公共文化资源整合，健全公共文化服务体系。

（二）资源供给方面

首先，我国公共资源供给是不平衡的，这种不平衡是由多种原因所造成的，包括政治、经济、文化、历史、地理、人口等多个方面的综合作用。其中，城乡经济差距是主要原因。受城乡二元结构的影响，公共财政仍然较多地投向经济状况较好的发达地区，部分农村文化产品供应不足。农村宣传文化阵地、党员教育中心、农技推广中心等场所无法与农民群众文化需求有效对接，导致供需错位、农民参与积极性不高，存在农村公共文化产品结构性过剩与有效供给不足的矛盾。

其次，公共文化机构宣传得还不够到位。比如，图书馆和文化馆并没有真正进入到人民群众的生活，通过观察一些文化机构的APP或官方访问通道可以看出，机构花费大量时间和精力组织安排的活动，很多民众都不知道，也就无从谈起参与了，造成了资源浪费。比如，南京图书馆2022年举办的"七彩的夏日"活动，其公众号阅读量连一万都不到，评论也只有一句。陕西历史博物馆邀请台北故宫博物院的邓淑苹研究员开办讲座"玉器与早期中国"活动，其公众号阅读量只有1500左右。此外，公共文化资源供给端还存在政府过度包办公共文化产品的供给、基层文化市场发育不足、内容陈旧、形式单调、更新缓慢的问题。

（三）多部门管理参与和整合协同之间的矛盾

公共文化资源主要分布于不同的机构之中，我国的文化事业结构以行政关系

① 王世京. 推进基层公共文化资源共享的对策[J]. 决策探索（下），2019（12）：12-13.
② 林怡. 整合文化资源 构建公共文化服务体系[J]. 经济与社会发展，2008（6）：129-131.

为基础，不同的公共文化机构隶属于不同的行政主管部门，难免出现各自为政、相互分割、多头领导等情况。某些机构的资源建设缺乏统一指导和规划，造成资源分散、重复建设等问题。但是公共文化资源的多样性和整体性，要求不同利益机制协同合作才能达到建设公共文化服务体系的目标。同时，政府推进和社会参与分工不明。政府在推动文化繁荣和发展中所扮演的角色，扶持和干预力度，必须要有正确的定位，政府的积极参与和引导，必须与社会各机构的成熟度和参与度保持平衡。

（四）技术应用障碍

公共文化资源整合的技术方面主要针对整合过程中的技术硬件配置、软件应用等，这是保证公共文化资源能在网络环境中被用户使用的基础。在资源整合过程中，各机构都有自己的元数据标准，且存在较大差异，图书馆中，MARC、MODS、FRBR 等较为常用，博物馆里常使用 CDWA 等，EDA、ISAD 则是档案馆经常使用的元数据方法。因此，数字资源元数据标准不统一是公共文化资源整合中面临的一个重要问题。硬件配置标准涉及移动终端配置标准、带宽要求、虚拟网络存储与硬盘存储容量要求等，这些都应是包含在公共文化机构建设之中的，但依然受城乡二元结构和经济发展差异的影响，最需要这些设施的经济欠发达地区的硬件配置却较为落后、稀少。

二、公共文化资源整合策略

通过对公共文化服务现状进行分析可以看出，我国公共文化资源整合主要存在制度、配置、协同和技术等方面的问题。为了解决上述问题，遂提出以下四种对策。

（一）均衡化配置策略

为解决公共文化资源配置不均的问题，提出均衡化配置策略。均衡化的内涵包括空间分布和目标人群两方面的均衡化。空间上，在政府的调控下将公共文化资源有意识地倾向于文化发展欠发达地区，配备能切实服务到人民群众的公共文化设施。目标人群方面，关注特殊人群的文化需求，做到人文关怀和技术支持齐头并进，最大限度地保障民众基本文化权益的普遍满足。均衡化配置也是国家对公共文化服务体系建设的要求，应向基层推进、关注偏远地区、关注特殊人群的公共文化权益，尽早实现公共文化资源的分配均衡。

（二）职能联动策略

政府的执政能力一定程度上反映在政府间各部门的联动水平上，在执行过程中，部门间的合作情况更是反映了政府的价值观。要想解决公共文化资源整合效率低下的问题，就需要整合各部门职能，建立一体联动机制。公共文化资源涉及多方机构、多个主体，政府相关部门从审批流程方面来看，应精简审批事项，规范优化审批流程；从沟通过程来看，应实现消息同步准确送达，建立完善的回应机制；从操作流程来看，应全力配合多方主体，有条不紊地完成文化资源整合工作。

（三）品牌策略

公共文化资源整合要贴近群众，使群众自发认可并参与到整合过程中来，为此我们提出品牌策略，以提高群众对公共文化资源建设的认可度。品牌建设与地方经济、历史文化等诸多领域存在密切的关系，政府部门和文化监管机构以及当地文化行业应合理运用社会化驱动策略，使文化资源转化为文化资本，打造特色文化品牌，在品牌效应的促动之下，扩大热点文化活动的规模性、提高群众性文化活动的普及性。

在实施品牌策略的过程中，要充分利用自媒体的传播力和影响力。随着自媒体行业的兴起，我们要利用好微博、抖音、微信公众号、哔哩哔哩等新媒体，发布一些有意思的文章，配上插图或者小视频，发起热门话题的讨论，引起大家的关注，让全民都参与其中。在发布之前，还可以借助新媒体对文化产品进行包装和推广，应利用新媒体去着重描画文化产品的特性、主题、差异等，让群众参与进来，实现实时互动。只有真正了解人民群众的所思所想，我们政府的建设才能更加符合民心。

（四）技术策略

公共文化资源整合中的技术硬件设施需要通过资源合理配置来解决，这里主要讨论资源整合过程中的技术策略，即各机构的数字资源所采用的元数据标准不统一的问题。针对于此，肖希明和李硕[①]提出了两种解决方案：一是通过元数据仓储对公共数字文化资源进行整合，即在用户和数据库之间增加一个数据层以存储来自数据库的信息，并对用户的检索请求做出回应，将检索结果体现在用户界面；

---

① 肖希明，李硕. 信息集群理论和公共数字文化资源整合[J]. 图书馆，2015（1）：1-4，11.

二是通过 XML 中间插件来整合异构分散的公共数字文化资源，在数据层和应用层之间插入 XML 中间层，该中间层由包装器和中间件两部分组成。包装器对各机构数据库中的数据进行封装，将数据模型转换为资源整合系统能够识别的模型。中间件则将用户的请求处理成各数据库可以处理的子检索请求，将这些请求发送给包装器，包装器在事先包装好的数据库中执行这些子检索请求，再将检索结果返回给中间件，中间件返回给用户。

第四节　公共文化资源整合机制分析

我国公共数字文化资源整合的主体主要包括文化和旅游部及地方厅局、中华人民共和国财政部及地方厅局，以及文化和旅游部直属的国家文物局及地方文物局、国家档案局及地方档案局等政府部门，图书馆、博物馆、档案馆、美术馆、文化馆、非物质文化遗产保护中心等公共文化机构以及信息技术公司等。不同的主体在整合活动中的主要职能存在较大差异，它们共同促成了整合活动的顺利开展和整合目标的实现。本书从不同的主体出发，尝试分别构建以政府机构为主导、以社会力量为主导和以专门性文化机构为主导的公共文化资源整合机制。

一、以政府为主导的机制

以政府为主导是整合文化资源的原则和根本。《公共文化服务保障法》规定，"本法所称公共文化服务，是指由政府主导、社会力量参与，以满足公民基本文化需求为主要目的而提供的公共文化设施、文化产品、文化活动以及其他相关服务"。政府在公共文化资源整合服务中的职责有三：其一，政府应提出公共文化资源整合的思路并积极组织人员完成调研、规划等一系列工作；其二，政府需制定相应的法律和政策框架，并适时作出调整，加强宏观调控；其三，政府要充分运用财政、金融、融资等多种手段和形式整合资金资源。同时各级政府要严格审批程序、严格执行规章制度。

如果政府未能发挥上述主导作用，一方面基础设施建设、产品和服务提供以及专业队伍建设等得不到公共财力的支持，人民群众的基本权益就难以得到稳定而有效的保障；另一方面，缺乏政府主导、政策指引和行业监管的公共文化，有可能偏离正确轨道。在以政府为主导的机制中，中央政府和各级地方政府相互合作，在不同的区域范围内发挥领导职能。以中央政府为例，自 2002 年开始，国家就开展了公共数字文化资源整合的项目——全国文化信息资源共享工程。该项目由文化部（现已改名为文化和旅游部）、财政部共同组织实施，旨在应用现代科学技术，将中华优秀文化信息资源进行数字化加工整合，实现文化资源在全国范围内的共建共享。以地区政府为例，上海市政府通过采取法治先行、发布采购目录、优选专业主体、实施签约服务、建立事后评估等措施，大力发展上海市的公共文化事业，目前上海已在全国率先确立了公共文化服务社会化、专业化发展的成熟样板，为其他地区提供了可资借鉴的经验。苏州则选择树立"文化+"发展理念，积极推进文化产业和事业聚合工作，确定了全市文化设施总体空间布局"三核、两轴、两带、多点"基本原则，在可行范围内推动有条件的县级市、区规划建设集图、文、博等文化设施于一体的区域性文化艺术中心。

此外，地方政府主导的公共文化资源整合工作更能体现地方文化特色，推广地方文明，带动地区的文化经济发展。例如，黑龙江省因其特殊的地理位置和历史背景，拥有丰富的历史文化资源和独特的民族文化资源，省政府深度挖掘冰雪文化、湿地资源等特色资源的内涵，开启了文化"一号工程"，发布了一系列推进文化产业发展的政策，采取了一系列促进文化产业发展的措施，推动了公共文化资源的进一步挖掘，加快了文化资源整合进程。

二、以社会力量为主导的机制

社会力量是实行公共文化资源整合的重要主体。《公共文化服务保障法》指出需要社会力量参与提供公共文化服务。十八届三中全会中也指出，要鼓励社会力量、社会资本参与公共文化服务体系建设，培育文化非营利性组织。党的十九届四中全会决议再次强调了社会力量的参与。我们可以看出，社会力量将会是整合公共文化资源、构建公共文化服务体系的基点之一。在以社会力量为主导的机制中，郑燃等[①]提出社会力量从以下六点发挥作用。

（一）政府向社会力量购买服务

《社会力量购买意见》指出，加强对政府向社会力量购买公共文化服务工作的组织领导、政策支持、财政投入和监督管理，对购买主体、承接主体、购买内容、购买机制、资金保障、监管机制、绩效评价等内容做出具体规定。

（二）社会力量参与资源建设

2020年发布的《文化和旅游部关于推动数字文化产业高质量发展的意见》提

---

① 郑燃，石庆功，唐义. 社会力量参与公共数字文化资源整合制度研究[J]. 图书馆论坛，2021，41（8）：34-42.

出，"支持文化文物单位与融媒体平台、数字文化企业合作，运用 5G、VR/AR、人工智能、多媒体等数字技术开发馆藏资源"。《公共数字文化工程融合创新发展实施方案》建议"系统内公共文化机构和系统外市场主体发挥各自优势，共同参与资源建设。通过采购成品资源、委托市场定制、合作共建等方式，加大资源建设的社会化合作力度"。该方案为社会力量参与公共数字文化资源整合提供技术、合作途径和资源建设模式等方面的政策支持。

（三）社会力量参与服务供给

2021 年，文化和旅游部公布《"十四五"公共文化服务体系建设规划》，要求通过线上线下相结合的方式，打造集推荐、展示、交流、交易为一体的"互联网+展会"服务模式，为社会力量参与公共文化服务供给搭建平台，开辟渠道，促进社会力量全链条参与公共文化服务，为公共文化机构搭建供需精准对接的桥梁纽带，不断推动公共文化服务资源从体制内循环转变为面向全社会的大循环，促进公共文化资源优化配置。

（四）社会力量参与运营管理

运营管理包括参与公共文化设施的运营管理、建立以理事会为主要形式的法人机构等内容。《公共文化服务保障法》以法律条文的形式规定社会力量可以依法参与公共文化设施的运营和管理。《公共数字文化工程融合创新发展实施方案》提出，可以"按照政府采购程序，通过招投标、委托等方式，引入市场力量或社会力量参与公共数字文化设施的管理和运营"。《关于深入推进公共文化机构法人治理结构改革的实施方案》指导公共图书馆、博物馆、文化馆、科技馆、美术馆等公共文化机构，建立以理事会为主要形式的法人治理结构，吸纳社会力量参与对公共文化机构的管理，赋予社会力量法人自主权。

（五）社会力量参与投资捐助

《国家"十三五"时期文化发展改革规划纲要》等制度文件提出社会力量可以通过投资、捐赠设施设备、提供产品和服务、赞助活动、资助项目等方式，参与公共文化服务体系建设。《全国文化信息资源共享工程"十二五"规划纲要》明确提出，通过"组织开展资源捐赠活动，鼓励机关事业团体、企业、个人向文化共享工程捐赠资源"。以上制度的制定正在逐步推动建立健全公开透明的社会捐赠管理制度，为社会力量通过投资和捐赠资源、设施、设备等多种方式参与公共数字文化资源整合提供了制度保障。

（六）社会力量参与社会监督

《全国文化信息资源共享工程"十二五"规划纲要》提出"探索建立资源使用效果的调查与反馈机制"。为了保障社会公众对公共数字文化资源供给的决策及运营的知情权、参与权和监督权，需要建立公共数字文化资源整合需求动态反馈机制和社会力量参与公共数字文化资源整合的绩效评价监督机制。

有效执行以上六点并通过完善整合制度、细化激励制度、保障社会人才福利等措施，将进一步推动社会力量参与公共文化资源整合的建设和完善。

三、以专门性文化机构为主导的机制

我国参与公共文化资源整合的专门机构包括图书馆、博物馆、美术馆、档案馆、文化馆、群众艺术馆、非物质文化遗产管理机构等。这些专门机构作为公共文化服务体系中的中流砥柱，是公共文化服务体系中的骨干力量。专门机构中的馆藏资源作为公共文化资源整合的重要来源，为公共文化服务提供可靠支持，专门机构中长期从事公共文化服务的专业人员更是公共文化资源整合中必不可缺的人才资源。

专门机构之间基于服务用户这一共同宗旨，在公共资源整合的工作程序、工作内容方面多有合作。"天下湖南网"是由湖南图书馆主办的湖湘文化网站。网站以"荟萃人文经典，传承湖湘文化"为宗旨，依托于湖南图书馆丰富的馆藏文献资源，汇集了大量的湖南地方特色资源，聚集了大批研究湖湘文化的用户，是湖南特色数字资源的集中展示平台，也是湖南省公共文化资源整合的重要成果。2016 年，正式上线的"文化上海云"是全国第一个实现省级区域全覆盖的"互联网+"公共文化平台。"文化上海云"平台是集成上海公共文化服务资源的一站式数字平台，是"互联网＋文化"的集中体现，截至 2020 年底，实现了市、区、街镇三级文化馆全覆盖，图书馆、美术馆、博物馆的场馆信息也被全部纳入云平台。其整合了全市的公共文化服务资源，并与市、区、街道（乡镇）三级公共文化服务点建立实时信息渠道。自上海试点成功之后，全国各地的大数据与公共文化服务的融合尝试如雨后春笋般涌现出来。

参 考 文 献

宾阳. 2013-07-17. 广西来宾：乡村奏出文化新曲[N]. 中国文化报，（7）.

陈信，刘盈曦，陈昊琳. 2020. 基层公共文化资源整合路径研究[J]. 山东图书馆学刊，（1）：22-26.

郜磊. 2017-08-09. 村口的大树 村庄的标识 村民的纽带[N]. 中国文化报，（6）.

国务院办公厅. 2015. 关于做好政府向社会力量购买公共文化服务工作的意见[EB/OL]. http://www.gov.cn/zhengce/content/2015-05/11/content_9723.htm,2015-05-11.

胡税根,莫锦江,李军良. 2018. 公共文化资源整合绩效评估指标体系构建与实证研究[J]. 理论探讨,(2):143-149.

蒋梦恬. 2021. 浅析苏州市公共文化资源聚合管理[J]. 大众文艺,(11):3-4.

李陈续. 2016-01-06. 安徽:因地制宜建设农民文化乐园[N]. 光明日报,(9).

李桂霞,解海,祁爱武. 2019. 新时代公共文化服务高质量发展的路径[J]. 图书馆建设,(S1):187-194.

林怡. 2008. 整合文化资源 构建公共文化服务体系[J]. 经济与社会发展,(6):129-131.

刘巧园,肖希明. 2015. 基于 XML 中间件的公共数字文化资源整合研究[J]. 图书情报知识,(5):82-88.

刘艳丽. 2017. 整合公共文化资源,提高文化馆服务效能[J]. 艺术科技,30(1):349.

罗云川,李彤. 2016. 公共文化资源共享治理策略探析[J]. 图书馆工作与研究,(4):28-32.

孟卫东. 2021. 构建公共文化服务体系 推进文化惠民工程建设[J]. 中国集体经济,(8):131-132.

欧勤. 2021. 大数据驱动下的公共文化服务供给优化路径——以"文化上海云"为例[J]. 国际公关,(5):138-140.

石庆功,郑燃,唐义. 2021. 公共数字文化资源整合的标准体系:内容框架及构建路径[J]. 图书馆论坛,41(8):20-25.

谭俊超. 2019. "互联网+"环境下公共数字文化一站式服务建设探究[J]. 四川戏剧,(3):170-173.

谭乔西. 2016. 公共文化资源整合的集群与辐射效应[J]. 重庆社会科学,(5):87-93.

唐义,肖希明,周力虹. 2016. 我国公共数字文化资源整合模式构建研究[J]. 图书馆杂志,35(7):12-25.

完颜邓邓,胡佳豪. 2019. 公共数字文化服务有效供给问题与对策——以湖南为例[J]. 图书馆学研究,(17):32-39.

王宁. 2018. 乡村振兴战略下乡村文化建设的现状及发展进路——基于浙江农村文化礼堂的实践探索[J]. 湖北社会科学,(9):46-52.

王世京. 2019. 推进基层公共文化资源共享的对策[J]. 决策探索(下),(12):12-13.

王雪娟,孙佳. 2015-05-26. "小中心"整合"大文化"——四川成都探索建立基层综合性文化服务中心[N]. 中国文化报,(2).

文化和旅游部. 2020. 文化和旅游部关于推动数字文化产业高质量发展的意见[EB/OL]. https://www.gov.cn/zhengce/zhengceku/2020-11/27/content_5565316.htm,2020-11-18.

吴昊. 2019. 一站式公共数字文化服务云平台的实践与反思——以"广东省文化E(驿)站"建设为例[J]. 图书馆学刊,41(6):114-118.

吴慰慈,董焱. 2008. 图书馆学概论[M]. 2 版. 北京:国家图书馆出版社.

肖希明,李硕. 2015. 信息集群理论和公共数字文化资源整合[J]. 图书馆,(1):1-4,11.

肖希明,刘巧园. 2015. 基于元数据仓储的公共数字文化资源整合研究[J]. 图书馆,(9):17-21,26.

肖希明,完颜邓邓. 2015. 以公共数字文化资源整合促进基本公共文化服务均等化[J]. 图书馆,(11):22-25,31.

郑燃,石庆功,唐义. 2021. 社会力量参与公共数字文化资源整合制度研究[J]. 图书馆论坛,41(8):34-42.

卓连营,冯佳. 2012. 相邻系统公共文化信息资源的整合策略——以嘉兴地区为例[J]. 国家图书馆学刊,21(3):41-47.

第六章 公共文化服务共建共享保障机制与政策研究

第一节 公共文化服务共建共享相关概念界定

公共文化服务作为公共服务的重要组成部分，是政府服务职能的重要体现。近年来，我国相继实施了"全国文化信息资源共享工程""数字图书馆推广工程""公共电子阅览室建设计划"三大公共数字文化惠民工程，以数字化推动资源共建共享，初步建成覆盖城乡的公共文化设施网络，有效提升了公共文化服务的覆盖率与服务效能。为了能够更好地对我国公共文化服务共建共享的保障机制与相关政策进行研究，本书先对"公共文化服务"和"公共文化服务共建共享"这两个概念进行界定。

一、公共文化服务

公共文化服务是政府公共服务中的一项重要内容。根据《公共文化服务保障法》第二条，公共文化服务是"由政府主导、社会力量参与，以满足公民基本文化需求为主要目的而提供的公共文化设施、文化产品、文化活动以及其他相关服务"。公共文化服务不同于市场化的经营性文化产品，也不仅仅是具有均等性、公益性的"文化福利"，它还具有精神性、政治性等特征。

从概念内涵和内容上讲，公共文化服务是政府公共服务的一项重要内容，是以政府部门为主体的公共部门提供的、以保障公民的基本文化生活权利为目的、向公民提供文化产品与服务的总称。根据参与主体的不同，公共文化服务可分为基本公共文化服务与非基本公共文化服务，基本公共文化服务是以政府部门为主的公共部门提供的，满足社会公众基本文化需求；非基本公共文化服务是由政府或非政府部门，包括非营利组织、民营机构或者个人提供的，利用社会资源，以丰富公民的文化生活，向公民提供公共文化产品和服务。公共文化服务的具体内容包括公共文化服务设施、服务产品、服务人才、服务技术、服务政策、服务制度、服务理念等，这些密切关联的内容构成了公共文化服务体系。

二、公共文化服务共建共享

公共文化服务是涉及多个领域、需要调动多种资源的公共服务，其服务效益也因文化边界的模糊性而难以清晰划界。而受我国现行文化管理体制所限，不仅部分地方政府的文化事权划分不够清晰，多个政府职能部门也都拥有公共文化资源，在公共文化服务上不同程度地存在各自为政、部门利益冲突乃至行政壁垒森严的问题，因此需要政府主导，以资源共享和协作共建的方式，使广大群众能够获取和使用公共文化服务。

党的十九大报告对新时代社会治理做了富有深刻内涵的表述，提出要"打造共建共治共享的社会治理格局"，即共同参与社会建设、共同参与社会治理和共同享有治理成果。共建共享作为构建社会主义和谐社会的基本原则和基本特征，是促进公共文化服务标准化、均等化和持续化建设的内在要求和必要手段。《"十四五"公共文化服务体系建设规划》也强调，要进一步"提升治理能力"，"努力提供更高质量、更有效率、更加公平、更可持续的公共文化服务"，为公共文化服务共享提供了指导依据。

目前学界对于"公共文化服务共建共享"尚无统一定义，诸多学者从公共管理学、经济学、社会学等多个学科的研究视角对公共文化服务共建共享展开分析，得出了不同的定义和理解。本书认为，概而言之，公共文化服务共建共享是通过有效的制度安排，利用数字化等技术，提升公共文化服务效能，以城乡、区域、居民之间对公共文化服务享有均等机会为目标的公共文化服务建设方式，"共建"是"共享"的前提，"共享"是"共建"的目的，即坚持制度共建、资源共享。从实践上来看，我国多地都展开了区域一体化建设和国家公共文化服务体系示范区创建，切实提高了公共服务共建共享的服务效能。

第二节　我国公共文化服务共建共享的保障机制建设研究

公共文化服务共建共享的实现有赖于保障机制的建设与完善。公共文化服务保障机制是公共文化服务体系的组成部分，是为解决公共文化服务体系构建过程中的问题，保障公共文化服务体系构建与发展的机制的总和。本书以我国《公共文化服务保障法》为依据，结合相关研究分析，认为我国公共文化服务保障机制由法律、经费、人才、产品、评价、监督等方面构成。下面将对这六个方面保障机制的内容和实践进行介绍与梳理。

一、公共文化服务法律保障机制

公共文化服务法律保障机制主要包括我国中央立法和各级政府制定的文化法律法规章、文化发展规划和规范性文件。《公共文化服务保障法》将党中央关于加强公共文化服务体系建设的战略思想和相关政策转化为法律制度，并规定"国务院制定和调整国家基本公共文化服务指导标准。省、自治区、直辖市人民政府制定并调整本行政区域的基本公共文化服务实施标准""设区的市级、县级地方人民政府应当根据国家基本公共文化服务指导标准和省、自治区、直辖市基本公共文化服务实施标准，结合当地实际，制定公布本行政区域公共文化服务目录并组织实施"，形成了法律化的上下衔接的基本公共文化服务标准制度，切实推进地方政府公共文化服务法律法规建设，为公共文化服务共建共享提供强力支撑。

检索国家法律法规数据库，截至 2022 年 6 月 27 日，我国仅有 14 个省（市）以各省人民代表大会常务委员会为制定机关，出台了公共文化服务保障省级地方性法规，总数未达到我国全部省份的一半，统计如表 6-1 所示。这与《关于加快构建现代公共文化服务体系的意见》中"加快制定地方性公共文化服务法律规范"的建设意见存在差距，加快地方立法进程，将各地公共文化服务体系建设纳入规范化、法治化轨道是各省当前亟待解决的问题。

表 6-1　公共文化服务保障省级地方性法规概览

标题	公布日期
《江西省公共文化服务保障条例》	2021 年 7 月 28 日
《上海市公共文化服务保障与促进条例》	2020 年 10 月 27 日
《甘南藏族自治州公共文化服务促进条例》	2020 年 10 月 23 日
《四川省公共文化服务保障条例》	2021 年 9 月 29 日
《湖南省实施〈中华人民共和国公共文化服务保障法〉办法》	2020 年 7 月 30 日
《安徽省公共文化服务保障条例》	2020 年 7 月 1 日
《重庆市实施〈中华人民共和国公共文化服务保障法〉办法》	2020 年 6 月 5 日
《贵州省公共文化服务保障条例》	2020 年 6 月 5 日
《陕西省公共文化服务保障条例》	2019 年 3 月 29 日
《湖北省公共文化服务保障条例》	2018 年 11 月 19 日
《天津市公共文化服务保障与促进条例》	2018 年 9 月 29 日
《浙江省公共文化服务保障条例》	2017 年 11 月 30 日
《江苏省公共文化服务促进条例》	2015 年 12 月 4 日
《上海市社区公共文化服务规定》	2012 年 11 月 21 日
《广东省公共文化服务促进条例》	2011 年 9 月 29 日

王雅薇[①]从法规名称、法规数量、发布日期和法规结构等方面分析了我国公共文化服务保障地方性法规的特点，认为地方立法总体呈加速制定的态势，部分省

---

① 王雅薇. 公共文化服务保障省级地方性法规立法比较研究[D]. 太原：山西大学，2021.

级地方性法规出台时间早于《公共文化服务保障法》。比如，江苏省、上海市、广东省，其在内容上难免存在不健全与老旧的问题。此外，地方政府应因地制宜，考虑各地的实际情况，体现地方文化特色。完颜邓邓和曲元直[①]对已颁布的地方公共文化服务法规进行统计和比较分析，认为我国地方公共文化服务立法在保障措施方面，都对服务经费、服务人员、公开与监督及法律责任进行了规定，虽然表达有所不同，但都是简单重复《公共文化服务保障法》和之前其他地方的法规。张广钦和宗何婵瑞[②]则指出地方性立法细化了县级以上有关政府部门的保障职责，使之更具操作性，并且体现出明显的地域文化特色。王婧贤[③]对我国现有地方性法规、地方政府规章和地方规范性文件的现状进行了分析，认为对地区经济、文化等方面发展状况迥异的省份来说，仅有省级地方立法尚不能符合省内各地区的实际情况，需要设区的市一级立法机关依据省级地方立法再做出细化规定，用以调整本地区较为特殊的公共文化服务关系。

此外，各地地方性立法将共建共享、融合发展理念作为主导思想之一，如《陕西省公共文化服务保障条例》规定"鼓励和支持文化单位与高等院校、科研机构、高科技企业合作，研究制定公共文化服务领域科技标准规范，开展文化专用装备、软件、系统的研发应用"。广东省因其特殊的地理位置和经济社会环境，还体现了对区域协同发展的鼓励和支持，《广东省公共文化服务促进条例》规定"各级人民政府及其文化主管部门应当加强区域合作，推动文化资源的整合共享，珠江三角洲地区各级人民政府及其文化主管部门应当建立合作机制，推动公共文化服务一体化"。《天津市公共文化服务保障与促进条例》规定"本市加强公共文化资源的共建共享，推动跨区域文化交流，创建区域公共文化品牌，促进公共文化服务一体化发展。本市积极推进京津冀公共文化服务协同发展"。

综合地方立法现状和诸位学者的研究，我国现有的公共文化服务保障地方性法规存在着可操作性不强、与上位法重复性条款过多、未体现地方特色、保障措施不完善等问题，因此，各地应抓住当前的历史机遇，结合本地特色，制定和修改公共文化服务保障地方性法规，推进公共文化服务立法进程，提升公共文化服务立法质量。此外，中西部与东部地区在地方立法方面存在明显发展差距，需尽快弥补公共文化服务保障地方性法规的空白。

二、公共文化服务经费保障机制

公共文化服务具有非营利性的特点，不以牟取社会成员的经济利益为目的，

① 完颜邓邓，曲元直. 地方公共文化服务立法进展与内容比较[J]. 图书馆理论与实践，2021（2）：13-18.
② 张广钦，宗何婵瑞. 地方性公共文化服务保障立法的进展与特色[J]. 图书馆建设，2021（2）：11-18.
③ 王婧贤. 我国公共文化服务地方立法实证研究[D]. 兰州：甘肃政法大学，2020.

是一项公益性社会事业，面向的是无差别的全体社会成员，需要保障全体社会成员在平等条件的基础上共享公共文化服务建设成果，这就决定了公共文化服务的发展需要公共财政为其提供经费支持。公共文化服务经费保障机制为各级政府的经费合理化规划和支出提供了重要保障，主要体现为政府财政预算和社会经费支出。其中，政府财政预算是基本公共文化设施和基本公共文化服务的直接保障，而社会经费支出则是文化艺术创作扶持、物质文化遗产保护、非物质文化遗产保护以及对外文化交流等的重要支撑。

我国公共文化服务体系建设自开始以来，就得到了财政政策的支持，2015年，国家下拨专项资金补助地方公共文化服务体系建设，公共文化服务专项资金管理机制也由此确立。十八大以来，我国财政体制不断优化，稳步推进以公共服务为取向的公共财政改革，中央和地方政府在公共服务方面的财权与事权分配趋于合理，在中央和地方的权限划分上，考虑地方对公共资源的实际需要，逐渐倾向于地方的发展，助力各级政府贯彻落实中央关于完善公共文化服务体系的决策部署，提高财政资源配置效率和使用效益，从而提高公共文化服务质量。《公共文化服务保障法》规定"国务院和地方各级人民政府应当根据公共文化服务的事权和支出责任，将公共文化服务经费纳入本级预算，安排公共文化服务所需资金"。"国务院和省、自治区、直辖市人民政府应当增加投入，通过转移支付等方式，重点扶助革命老区、民族地区、边疆地区、贫困地区开展公共文化服务。""免费或者优惠开放的公共文化设施，按照国家规定享受补助"。

目前，我国已出台的公共文化服务保障地方性法规均在保障措施中对公共文化服务资金进行了相关规定，将其使用经费纳入政府财政预算，如《上海市公共文化服务保障与促进条例》规定"各级人民政府应当根据经济社会发展需要和财力状况，将公共文化服务经费纳入本级财政预算，安排公共文化服务所需资金。各级人民政府应当根据公共文化服务领域财政事权和支出责任划分，优先保障基本公共文化服务经费"。《湖北省公共文化服务保障条例》还设有公共文化服务专项资金，"主要用于公共文化设施设备配置维护更新、实施公共文化民生工程、人才队伍培养、群众性文化体育活动开展、引导社会力量参与公共文化服务等"。《江苏省公共文化服务促进条例》也提及"县级以上地方人民政府应当整合规范已有的各类公共文化服务专项资金，加大对经济薄弱地区转移支付力度，重点支持经济薄弱乡镇、村开展公共文化服务"。李国新[①]通过比较世界主要国家的文化事业财政支出数据，认为我国公共文化财政保障仍然处于一个较低的水平，而公共文化服务是多层次、多样化的服务，社会力量参与的广度和深度不完全一样，公共财政的支持力度也有所不同。因此，完善财政保障机制需要分类指导、优化结构，

---

① 李国新. 对我国现代公共文化服务体系建设的思考[J]. 克拉玛依学刊，2016，6（4）：2-15.

进一步提高投入方向的针对性和精准度。顾杨[1]利用 20 省 199 县的实证调查数据，研究了公共文化服务体系建设的财政保障区域性差距，认为我国中西部地区与东部地区差距明显，需进一步加大中西部地区公共文化体系建设的财政保障力度，西部地区要重点加强公共文化服务体系的运营和维护等软件方面的财政保障，中部地区要重点关注公共文化服务体系的硬件建设方面的财政保障。

三、公共文化服务人才保障机制

公共文化服务人才主要是指为社会公众提供公共文化服务的从业人员，他们是推进公共文化服务共建共享的重要力量。公共文化服务体系建设，必须要有一定数量和质量的公共文化服务人才队伍作为保障。林凡军[2]综合多种政策文件和学术成果，认为公共文化服务人才基本包括四大专业类型，分别为党政管理人才、经营管理人才、文化专业人才和业余文化人才。每一类人才各有不同的专业要求，并在公共文化服务中承担着不同的责任。陆晓曦[3]则认为，公共文化人才一般是指为社会发展、群众娱乐提供公共文化产品和服务的专业创作者、成果推介者，以及文化事业的服务人员、志愿者等。《公共文化服务保障法》提出，"地方各级人民政府应当按照公共文化设施的功能、任务和服务人口规模，合理设置公共文化服务岗位，配备相应专业人员。国家鼓励和支持文化专业人员、高校毕业生和志愿者到基层从事公共文化服务工作"。"国家支持公共文化服务理论研究，加强多层次专业人才教育和培训。"

基于上述研究和法律文本，本书认为公共文化服务人才保障机制应包括公共文化服务专业人才队伍建设、文化服务志愿者权益保障和公共文化服务理论研究人员科研支持这三方面的内容。

（一）公共文化服务专业人才队伍建设

近年来，我国各级政府坚持将人才培养作为加快文化事业发展的重要手段，以"人才强国"战略为中心，纷纷出台人才培养规划，通过一系列的人才保障措施，大力培育高层文化人才，不断充实基层文化人才，积极引进紧缺文化人才，从而使我国公共文化服务人才队伍状况得到了明显改善。在地方立法文本中，各省关于公共文化服务的人才保障措施主要包括以下几个方面：合理设置专业人员

①　顾杨. 公共文化服务体系建设财政保障的区域性差异——基于 257 个样本调查数据的分析[J]. 中南民族大学学报（人文社会科学版），2019，39（6）：162-165.

②　林凡军. 山东省公共文化服务人才结构优化研究[J]. 山东社会科学，2014（11）：153-158.

③　陆晓曦. "公共文化服务保障法"立法支撑研究[M]. 北京：国家图书馆出版社，2016.

工作岗位、侧重引进专业程度高的公共文化服务人才、完善公共文化服务从业人员的岗位培训制度。例如，《江西省公共文化服务保障条例》规定"县级以上人民政府和有关部门应当通过专业培训、委托培养、招聘选拔、定期服务、项目合作等方式，加强公共文化服务人才队伍建设"。

虽然各地政府均结合各省（市）的实际情况，有针对性地提出了公共文化服务专业人才培养的具体思路，为人才队伍建设制定了保障措施，但总体而言，原则性的规定较多，具体细化可操作的规定较少，截止到 2022 年，仅有广东省对加强公共文化服务人才队伍建设的方式做出了三项具体规定：职业教育、专业培训或者委托培养；挂职、选拔、交流等；聘用聘任、兼职客座、定期服务、项目合作等。此外，崔娜和梁向明[1]指出，我国基层公共文化服务人才队伍建设仍存在短板，一定程度上存在人手紧张、身兼数职且流动性较大的情况，农村公共文化服务人才更是稀缺，其中又以文化艺术创作人才和信息化人才最为突出，越是基层越缺乏。如何细化保障措施，建立有效的人才培养和保障激励机制，加强基层和农村公共文化服务人才建设，是需要重视和思考的问题。

（二）文化服务志愿者权益保障

2019 年 7 月，习近平在致中国志愿服务联合会第二届会员代表大会的贺信中指出，"志愿服务是社会文明进步的重要标志"[2]。各级党委和政府要为志愿服务搭建更多平台，给予更多支持，推进志愿服务制度化、常态化。文化服务志愿者是公共文化人才的重要组成部分，有着自愿性、无偿性、公益性的特征，是我国公共文化服务体系建设的重要力量。在公共文化服务专业人才总量不足的现实情况下，文化服务志愿者可以丰富公共文化人才结构，通过开展公共文化志愿活动为公共文化服务建设提供助力，因此，公共文化服务地方立法对文化服务志愿者权益的保障显得尤为必要。例如，《安徽省公共文化服务保障条例》规定，"县级以上人民政府和有关部门应当加强对文化志愿服务活动的指导和支持，建立管理评价、教育培训和激励保障机制"，《贵州省公共文化服务保障条例》规定"公共文化设施管理单位应当建立公共文化服务志愿者队伍，组织开展公共文化志愿服务活动。"《浙江省公共文化服务保障条例》规定，"文化主管部门和其他有关部门应当加强对文化志愿服务的指导，建立志愿者招募、管理评价、教育培训和激励机制，规范和促进文化志愿服务活动，保障文化志愿服务组织和志愿者的合法权益。各级人民政府可以在公共文化服务经费中安排必要的资金用于文化志愿服务"。

---

① 崔娜，梁向明. 基于治理视角的公共文化服务可及性研究[J]. 浙江社会科学，2021（10）：81-86，158.

② 习近平致中国志愿服务联合会第二届会员代表大会的贺信[EB/OL]. https://www.gov.cn/xinwen/2019-07-24/content_5414384.htm，2019-07-24.

（三）公共文化服务理论研究人员科研支持

截止到 2023 年，出台的公共文化服务保障地方性法规中，只有上海市、陕西省和安徽省明确提出县级以上政府应鼓励和支持公共文化服务理论研究，其余各省虽有涉及鼓励和支持公共文化机构、高等院校、科研机构、科技企业合作开展研究，但落脚点在于促进现代科技成果在公共文化服务领域的应用，存在重视科技成果转化而忽略了基础理论的指导作用的倾向。

四、公共文化服务产品保障机制

公共文化产品具有很强的正外部效应，是增强人民群众文化幸福感的有效载体。2019 年在上海召开了由文化和旅游部主办的公共文化产品供给侧结构性改革现场经验交流会，文化和旅游部副部长张旭出席会议并讲话，他认为"公共文化产品供给侧结构性改革是提升服务效能、更好满足新时代人民群众精神文化生活需求的迫切需要，是促进政府职能转变、推进文化治理能力现代化的内在要求，是贯彻新发展理念、促进公共文化服务高质量发展的重要举措"[1]。依托公共数字文化工程，我国现已建成国家公共文化云，统筹整合全国文化信息资源，通过网站、微信号、移动客户端等多种途径提供一站式访问，极大地提高了数字文化产品的供给能力。与此同时，各级地方政府也借助公共数字文化服务平台建设，整合当地特色文化资源，实现资源共享，提高公共文化服务效能，并不断创新公共文化产品的供给方式，促进公共文化服务与文化、旅游等产业的融合发展。比如，上海市在此基础上提出将公共数字文化服务平台与政务新媒体和"一网通办"平台对接。安徽省则提出利用宽带互联网等提供公共文化服务。各级政府还通过创建具有本地特色的文化产品和活动品牌，在多个文化空间开展文化活动，促进优秀传统文化的传承和传播，完善公共文化服务产品的多元供给保障机制。比如，《四川省公共文化服务保障条例》规定，"地方各级人民政府应当结合本地特点，推进民间文化艺术之乡建设，支持具有地域、民族、革命文化特色的公共文化产品创作生产和群众性文化体育活动开展，打造有影响力的公共文化品牌"并支持公共文化设施管理单位"挖掘整理利用古蜀文明、巴蜀文化、红色文化、民族文化等资源，开发文化创意产品"。窦芳芳[2]对我国地方政府公共文化服务供给现状

---

①　公共文化产品供给侧改革现场经验交流会召开[EB/OL]. https://www.mct.gov.cn/whzx/whyw/201903/t20190320_837855.htm，2019-03-20.

②　窦芳芳. 地方政府公共文化服务供给困境与对策探析[D]. 哈尔滨：黑龙江大学，2021.

进行分析后指出，我国当前地方政府供给的主要问题是供给的社会化程度低、供给效率有待提高、供需结构失衡等。她认为其原因在于一核多元的供给主体模式尚未形成、文化服务供给运行机制不健全、地方政府相关政策措施匹配不到位等，地方政府需从建立健全公众需求导向和回应机制、供给整合协调机制和绩效评估机制入手，完善文化服务多元供给机制。

五、公共文化服务监督保障机制

监督保障机制对各地政府公共文化服务的实施和发展起到了监管与督促的作用，其保障内容主要包括对内监督政府部门职责落实和对外完善信息公开与公共意见征询反馈机制。《公共文化服务保障法》强调，"县级以上人民政府应当建立健全公共文化服务资金使用的监督和统计公告制度"，"各级人民政府及有关部门应及时公开公共文化服务信息，主动接受社会监督"。

（一）政府部门职责监督

在我国，政府是公共文化服务的主要提供者，由政府职能部门主导公共文化服务建设，公共文化服务经费也主要来自公共财政。因此各省份的地方性法规都有规定，即县级以上人民政府需定期对公共文化服务资金进行审计监督和统计公告，同时，县级以上人民代表大会常务委员会应当加强公共文化服务保障的监督，定期听取和审议同级人民政府有关公共文化服务保障的报告，检查督促公共文化服务保障情况。为了强化监督效能，各级地方政府的文化相关部门应通过日常审核及时发现并纠正问题，并且强化事前、事中和事后监督功能，定期做好监督工作，形成长效机制。

（二）公共文化服务信息公开与公众意见征询反馈

公共文化服务信息公开是政府接受外部监督的主要方式，鼓励社会力量加入，加强社会公众尤其是社会舆论的监督，可以提高监督的有效性，降低监督成本。从具体措施来看，包括主动向公众披露公共文化设施资产统计报告和公共文化服务开展情况，以及加强公共文化服务的媒体宣传这两个方面。比如，《江西省公共文化服务保障条例》规定，"公共文化设施管理单位应当建立公共文化设施资产统计报告制度和公共文化服务开展情况的年报制度，并在每年的第一季度，向社会公布上一年度的活动项目、服务效能、经费使用等公共文化服务开展情况"。

现有地方性法规对征询反馈机制进行细化规定的省份较少，仅有《上海市公共文化服务保障与促进条例》规定"各级人民政府及其文化等有关主管部门应当依托公共文化服务数字平台等途径，建立公众文化需求征询反馈制度"，其余省份虽有提及定期组织开展公众文化需求征询活动，但未明确公众意见反馈或监督举报的途径，且规定得较为宽泛。目前，多数县级以上政府都开展了公众意见征询反馈机制建设实践活动。比如，天津市河西区在创建国家公共文化服务体系示范区时，配合"智慧河西"建设项目，探索构建河西区公共文化"云平台"，拓宽群众需求平台和反馈渠道，建立了群众反映需求、群众参与、群众评价等机制。浙江省乐清市也推出了《乐清市公共文化服务群众需求征集和评价反馈机制建设实施方案》，提出构建多种形式的需求征集机制，通过召开座谈会、组织专题调研、开设服务专线、设置意见箱和开辟信息化互动平台的方式，做到专人负责、定时梳理、信息互通共享，并根据群众的反馈意见来衡量评价公共文化服务效果。但正如彭雷霆等[1]所认为的，当前我国公众文化需求征询反馈机制的建设状况主要有三个特点，分别是当前征询反馈渠道以传统型为主，信息收集成本较高、效率较低；以文化部门或机构主动征询型，即公众被动型为主，信息收集范围较小、质量较低和公众文化需求征询信息利用和挖掘程度有限，未能设立专业的信息处理职能部门并使用先进数据分析技术将从公众文化需求信息所挖掘到的相关结论运用于公共文化产品的供给实践中。他们指出，我国公众文化需求征询反馈机制的重点是技术创新，各级政府应推动移动互联网、大数据、云计算等互联网技术与公共文化供给工作的深入融合，以技术创新带动实践突破。

六、公共文化服务绩效评估保障机制

2015 年发布的《关于加快构建现代公共文化服务体系的意见》对加强和完善公共文化服务绩效评价工作提出了明确要求，即以效能为导向，制定政府公共文化服务考核指标，建立公共文化机构绩效考评制度，加强对重大文化项目资金使用、实施效果、服务效能等方面的监督和评估，同时研究制定公众满意度指标，建立群众评价和反馈机制。《公共文化服务保障法》也强调要建立反映公众文化需求的征询反馈制度和有公众参与的公共文化服务考核评价制度等，这些政策法规为各级政府建立公共文化服务绩效评价制度提供了明确的思路。

各级政府据此积极展开探索，各省份的地方性法规也都对绩效评估机制做出了规定，均将公共文化服务工作纳入政府目标责任考核内容，作为评价地区发展水平、发展质量的重要内容。比如，浙江省杭州市下城区，收集群众反馈意见，

---

① 彭雷霆，欧阳样，张灵均. 公共文化服务发展水平探析——基于全国 31 个省（区、市）2015—2018 年的实证分析[J]. 决策与信息，2021（12）：38-49.

从动态角度构建社区公共文化的评估体系，并根据群众需求和意见及时进行动态调整，大幅提升公共文化服务效能，完善了公共文化服务绩效评估保障机制。学界对于公共文化服务绩效评估机制的研究，主要集中于机制建设现状的分析和优化策略，如刘大伟和于树贵[①]分析了我国公共文化服务绩效评价体系，认为新时代的公共文化服务绩效评价存在多维的结构转向，具体体现在评估主体的"政府本位"向"公民本位"转变，评估指标的"结果导向"向"过程导向"转变和评估重心的"供给导向"向"获得导向"转变，在此基础上他们认为有必要对公共文化服务绩效评价中的评价主体、评价内容、评价体系以及评价后奖惩等环节做出详尽规定，使公共文化服务绩效评价走向制度化、法治化。苗美娟[②]则从提升服务效能的角度，提出要建立起与基本公共文化服务标准相衔接，体现全覆盖、实效性、社会效益的可比可测的绩效评价指标体系，并将考核结果作为确定补贴或奖励的依据，增强绩效评价的激励约束效应。基于上述实践及研究，各级政府应以用户的需求满足率及满意度研究为基点，完善公共文化服务绩效评估保障机制，以公众需求来推动公共文化服务共建共享的发展。

第三节　公共文化服务共建共享政策分析

随着社会经济的发展和人民物质生活水平的提高，大众对公共文化服务在数量和质量方面的要求也与时俱进。公共文化服务是政府公共服务的基本内容，是服务型政府职能转变的重要体现。人民基本文化权益的实现、国家和地区文化的发展繁荣及文化软实力的不断提升皆系于其身。距 2005 年公共文化服务体系建设在党的十六届五中全会上被首度提上工作议程至今约有 20 年，面对已经取得的成就和尚未解决的顽疾，如何构建更为合理完善的公共文化服务体系仍然是各级政府近期理论研究和实践应用的重点之一。

对于区域范围的界定，本章节根据我国行政区划，以 34 个省级行政区域为单位进行分类，可分为东部、中部、西部、东北部四大块。其中，东部地区有 10 个省（直辖市），包括北京、天津、河北、上海、江苏、浙江、福建、山东、广东和海南。中部地区有 6 个省，包括山西、安徽、江西、河南、湖北和湖南。西部地区有 12 个省（自治区、直辖市），包括内蒙古、广西、重庆、四川、贵州、云南、西藏、陕西、甘肃、青海、宁夏和新疆。东北地区，有 3 个省，包括辽宁、吉林和黑

---

① 刘大伟，于树贵. 新时代公共文化服务绩效评价的结构转向[J]. 江西师范大学学报（哲学社会科学版），2019，52（6）：11-18.

② 苗美娟. 公共文化设施免费开放补助与服务效能提升研究——基于《公共文化服务保障法》的相关规定[J]. 图书馆建设，2021（2）：27-34.

龙江。①。不可否认的是，我国东、中、西部在发展水平上依旧表现出较为明显的不平衡、不均等现象，这种差距普遍存在于社会生活的方方面面，包括文化产业发展水平、医疗卫生水平、居民人均收入等维度，自然也会反映在公共文化服务共建共享政策上。政策文本集中体现了地方政府决策者根据国家政策针对本省（区、市）发展所做出的配置和规划，是后续建设的风向标。2015 年中办、国办印发的《关于加快构建现代公共文化服务体系的意见》可作为各地政府积极出台专项规划、实施意见和有关政策的时间节点，以公共文化服务政策基础数据库、北大法宝和地方政府官方门户网站为主要信息检索平台，本书通过梳理、回顾并分析东中西部地方政府在公共文化政策内容和执行情况方面的表现，旨在得出其中的共性和差异，以期为下一阶段的工作提出参考意见。

一、省域视角下东部地区公共文化政策研究

中国东部地区是我国经济发展速度最快、质量最高的地区之一。据既往经验，当地所能获得的财政资源往往与公共文化服务建设呈现正相关的关系。除此之外，互联网的蓬勃发展促成的工业 4.0 和数字经济的繁荣，加之鼓励包容的周边环境和积极的数字化战略构想，有利于公共数字文化的共建共享。20 世纪 90 年代浦东新区的开发和开放，促进了长江三角洲和长江流域地带的改革发展。长三角位于江南地区的中心，通常由上海、江苏南部和浙江北部的吴语区组成。该地区的城市建设呈现了世界上相邻大都市地区的较为集中的状态，是东亚增长最快、最富有的地区之一。2018 年，长三角地区经济总量再上新台阶，已经达到 20 万亿元以上②，与意大利的规模相当。2019 年，中共中央、国务院印发实施《长江三角洲区域一体化发展规划纲要》，指出在未来需进一步加强长三角内部的互联互通，"推动形成区域协调发展的新格局"，为长三角地区日后在公共文化服务举措方面的交流借鉴、服务政策的互利互惠和服务水平的整体提升奠定了纲领性基调。

为响应国家战略号召，上海市政府于 2015 年出台了《上海市贯彻〈关于加快构建现代公共文化服务体系的意见〉的实施意见》，该文件从推进均衡发展、增强发展动力、完善服务供给、推进与科技融合、深化体制机制创新五个方面提出 20 项具体的工作任务③。对共建共享的强调则主要体现在公共文化服务体系的跨部门、跨领域上，属于组织机制创新的维度。截止到 2023 年，上海共发表有效相关

---

① 我国的台湾、香港、澳门暂不参与上述划分。

② 2018 年长三角地区经济发展分析[EB/OL]. https://cyrdebr.sass.org.cn/_s20/2020/1120/c5683a99224/page.psp，2020-11-20.

③ 上海提出率先建成现代公共文化服务体系[EB/OL]. https://www.gov.cn/xinwen/2015-09/22/content_2936462.htm，2015-09-22.

政策文本近百篇，上海市文化和旅游局、上海公共文化信息中心是主要责任者，足见其在公共文化服务体系建设方面的进步决心。2021年上海市第十五届人民代表大会常务委员会通过了《上海市公共文化服务保障与促进条例》，"共建共享"的议题在总则中被提及，又在后续的"上海文化"品牌建设章节得到了进一步阐释。落脚点一方面在于地理区划，即市、区两级的资源统筹和综合协调，另一方面在于建设主体，即社会、市场和政府的良性互动。

浙江省2021年出台的《关于高质量建设公共文化服务现代化先行省的实施意见》对因地制宜的服务体系建设定位和具体目标做了陈述，其特征可被简要概括为城乡一体、区域均衡和人群均等。对于均衡均等的探讨此后广泛存在于政府的多个文件中，如在发展民族文化事业中，浙江省民族宗教事务委员会在《浙江省民族团结进步事业发展"十四五"规划》中提出应把完善民族地区的公共文化服务体系作为抓手，根据实际情况争取基础设施和文化资源向民族地区倾斜，以推进基本公共文化服务的均等化进程。作为各级机关、社区组织建设的文化服务场所，公共图书馆为资源的共建共享搭建起了桥梁，为用户参与拓宽了空间，因此在公共文化服务建设体系中占据的权重和话语地位日益提升。对于这一场域，浙江省加强全省文献资源的共建共享，通过信用杠杆来促进公共文化服务的标准化、均等化建设，并于2020年发布《浙江省文化和旅游厅 中国人民银行杭州中心支行关于做好全省文旅企业金融支持工作的通知》，在随后的实际操作中，在调研了省辖区域内各地建设水平后，对于农村文化重点关注市和建设整体重点关注县实施结对帮扶，并提供财政支持，以尽量缩小地区间的建设鸿沟。后又出台了《浙江省基本公共文化服务标准完成情况指标说明》等政策文件对工作成果实施验收，并在2020年由省政府宣布实现了公共文化服务建设的标准化。在浙江省文化和旅游厅2022年发布的政府工作报告中，回顾了近期在公共文化服务顶层设计方面向中央靠近、以政策促改革的努力，以及在实施城乡一体现代化公共文化服务试点路径、搭建公共文化服务大数据中心方面的尝试，指出需进一步在公共文化服务的理论研究、培育（教育）机制和评价指标体系层面深入钻研[①]。

遵循公益性、基本性、均等性、便利性、可持续性原则是江苏省在2015年通过的省级规章法规《江苏省公共文化服务促进条例》中提出的内容。这一时期围绕共建共享的政策立足点大致有三：其一是组织机制维度上，各级单位跨部门、跨行业、跨区域的服务资源整合，在机构内建立互联互通、共建共享的有效渠道；其二是信息技术维度上，经由移动通信、云计算等技术的加持实现数字文化资源的快速、便捷传递和实时共享；其三是保障措施维度上，通过部门协作制定统一

---

① 浙江省文化和旅游厅. 浙江省文化和旅游厅 2021 年工作总结和 2022 年工作思路[EB/OL]. http://ct.zj. gov.cn/art/2022/4/1/art_1229678764_4984205.html, 2022-04-01.

的考核管理办法，以此来统筹基层公共文化资源的共建共享，促进地区间服务的均等化发展。2022 年，江苏省内已经建成了"省有四馆、市有三馆、县有两馆、乡有一站、村有一室"的五级公共文化网络，并在城市和乡村因势利导，建成了社区文化圈。在《江苏省"十四五"文化和旅游发展规划》中，江苏省从质量和效率两个视角切入，工作重心落在城乡公共文化服务体系一体化建设、基层公共文化服务查漏补缺以及公共服务机构功能融合延伸等方面。

以上以国家方针为导向，笔者简要介绍了江浙沪三地 2015 年以来在公共文化服务政策方面的表现，并对涉及共建共享的部分做了特别说明。事实上，共建共享并非长三角地区大大小小各类有关政策文本中的主要讨论对象，这一点可在简要浏览政务公开网站后从政策标题的构成中略知一二。标题"居文之首，勾文之要"，是政策文本的有机组成部分，是对文本内容准确而恰当的概括，对方针政策的表述、传达、推广和应用，能起到窥一斑而见全豹的作用。根据既往学者的研究，长三角城市群近年来公共文化服务政策的主题主要包含文化、教育、管理、旅游等方面，重点指导对象蕴藏于公共文化服务供给过程和公共文化服务供给结果两条线路。以习近平在党的十八届五中全会提出的"新发展理念"，即创新、协调、绿色、开放、共享作为政策的基本价值导向。在共享维度上，又以解释性强、强制性低、可操作性空间大的弹性政策为主，均等化、一致性、公益性是被较多强调的话题，共建涉及较多的是组织机制、参与力量、技术配置上的配合协作和互通有无，观察较多的是区与县、农村与城市间存在的建设差距及其体现出的不公平性。然而即便如此，对农村地区的探讨在数量和内容上也依旧少于对城市地区的，这可能是长三角乃至整个东部地区在公共文化政策的下一步安排上需要注意的问题。

二、省域视角下中部地区公共文化政策研究

"中部地区"作为一种不同于传统地理概念的"华中""华中地区"的经济地理区划表达始于 2004 年。从地理位置上看，中部地区整体处于内陆腹地，是连接东西、南北地带的过渡区域和承接轨道交通、产业转移的枢纽，在国家战略布局中占据重要地位。中部地区的高质量稳健发展是加快中部地区崛起之势、促进区域协调发展的重要举措。湖南是中部地区面积第一大省，本书以湖南省作为研究中部地区公共文化服务政策主要建设目标、建设举措和总体特征的切入点，同时以东部的河北省与中部的湖南省进行对比研究。

湖南省发布的《关于加快构建现代公共文化服务体系的实施意见》在行文结构和具体内容方面与中央两办下发的指导性文件大致相同，而其附件则比《国家基本公共文化服务指导标准》多了 8 条，增加部分体现的是湖南省地方特色和实

际操作中需要额外关注之处。文本开篇即强调了坚持正确导向、坚持政府主导、坚持社会参与、坚持共建共享、坚持革创新基本原则，在加强公共文化产品和服务供给方面提出了四条建议：提升公共文化服务效能、丰富优秀公共文化产品供给、推进湖湘文化传承与发展、丰富群众文化生活的。2015—2023 年，湖南省的惠民文化活动在举办形式、数量和质量上都较以往取得了长足的进步，公共文化服务的深度、广度和总体覆盖面得到有效扩展，文旅驿站成功激活了乡村的公共文旅资源。2021 年，湖南省文化和旅游厅、发展和改革委员会与省财政厅联合印发了《湖南省公共文化服务体系高质量发展五年行动计划（2021 年—2025 年）》。文中提出了加快推进城乡公共文化设施标准化建设、创新推动公共文化服务供给精准化建设、有序推动公共文化服务融合发展一体化建设等有关共建共享原则的任务。加快推进文化服务设施的共建共享，并通过产学研等合作形式推动包含公共图书馆、博物馆、非遗馆在内的文化机构与旅游等其他类型公共服务机构的联动与互补。

《河北省人民政府办公厅关于推动公共文化服务高质量发展的实施意见》出台较湖南省晚了两个月，二者的共性目标是到 2020 年基本建成贯通城乡、高效便捷，公平且现代化的公共文化服务体系。其中自然也包括基础设施网络的均等化、标准化建设和参与力量的政府主导、多元参与构成。纵观全文，宏观目标多、具体目标少；定性目标多、定量目标少。河北省的一大特殊之处在于它是我国"首都经济圈"京津冀协同发展战略的有机组成部分之一。类比前文所述的长三角地区，在 2021 年文化和旅游部、国家发展改革委、财政部三部委联合印发的《关于推动公共文化服务高质量发展的意见》中便有说明，"支持京津冀、长三角、粤港澳大湾区、成渝地区双城经济圈等区域发挥创新引擎作用，推动公共文化服务实现高质量协同发展。持续探索革命老区、民族地区、边疆地区和脱贫地区推进公共文化服务体系建设的新路径，努力实现与经济社会的同步发展。加强对地方试点的总结评估，对实践证明行之有效的经验做法，及时总结提炼，完善规范，普及推广"。就目前来看，以地方性法律法规、纲要和政府间协议为主要组成部分的区域公共文化服务政策体系已具雏形，对于服务协同的探讨也呈现不断求索之趋势。河北省制定了专门的考核方案，以督查京津冀地方政府有关部门在合作建设中的工作进展状况，并组织成立京津冀文化产业协同发展基金，以推动地方的产业合作，促进区域内文化资源的共建共享。在河北省发布的《公共文化服务体系建设"十四五"规划》中，要求实现城乡公共文化服务更加优质均衡，城乡公共文化设施建设普遍达标提质，基层文化惠民服务工程实现共建共享、融合发展，公共文化服务城乡差距、与京津差距进一步缩小。到 2025 年，河北省市县各级公共图书馆、文化馆（站）全面达到国家建设标准，村（社区）综合性文化服务中心建设全面达到"五个一"标准，城乡公共文化服务体系一体建设迈上新台阶。湖南省和河北省在公共文化服务政策数据库中能够检索出的内容较东部省份要少，观察地方政府门户网站的信息公开模块也不难得出公共文化服务相关政策具有碎片化、分散化的特征。这可能与我国公共文化服务地区间发展不均衡、整体而言呈现"东高中低"的分布特征有关。与长三角地区表现较为一致的是河北省出台的政策文本中一大部分，如《关于加快构建现代公共文化服务体系的实施意见》《关于推进基层综合性文化服务中心建设的实施意见》等皆不具有强制的约束性，留给下级政府的自由发挥空间较大。不同之处在于在省（区、市）的梯度建设上缺乏完善的系统性、精细化政策理论指导，这也是中部地区建设过程中普遍存在的一个问题。总体而言，在内容方面，中部省份在政策文本中对于现代公共文化服务体系建设措施的解读有着许多共同点，如公共文化服务的均衡发展，促进地区间（革命老区、民族地区等）建设的均等化，保障包括残障人士在内的特殊群体的文化权益；构建政府主导、市场协调、社会参与的全面治理体系，培育并规范各类文化机构的运营管理；公共文化服务与新兴数字科技的交融创新，提升区域内公共文化服务的信息化协同水平，完善数字化服务网络体系和数字文化服务平台建设，促进文化服务的传播辐射和文化信息资源的交流共享。在形式方面，公共文化政策一方面需要顾及人民群众的基本文化需求，另一方面还需要考虑到可供用户自由选择的多元的个性化的公共文化，由此产生了保障导向和激励导向的不同类型政策文本。中部省份以政府为主体的供给型和以市场、企业参与宣传奖励的激励型政策文本为多见，符合其经济发展仍处上升期的区域特征。

三、省域视角下西部地区公共文化政策研究

西部地区疆域辽阔、地广人稀，与周边多国直接接壤。经济区位上的西部所指与自然区划概念下的西南地区存在交集，除四川盆地和关中平原以外，西部绝大部分省（区、市）经济相对落后、需要加大开发力度。20世纪90年代末，党中央、国务院提出西部大开发战略，此后对于西部地区经济社会可持续健康发展的关注度日益提高。2013年，"一带一路"倡议问世。2020年，中共中央、国务院发布《关于新时代推进西部大开发形成新格局的指导意见》，指出到2035年实现东西双向开放协同并进、民族边疆地区安定繁荣的建设局面。西部地区的建设对于重塑地理经济布局、加快我国区域间协调发展和提高整体社会化水平具有重要意义。

作为唯一一个位于西部内陆地带的直辖市，重庆市是国家中心城市之一，也是四川盆地和长江上游的金融中心和制造运输枢纽。重庆市坚持完善公共文化服务设施网络，不断推动基层文化服务中心建设。在红色文旅和革命老区乡村振兴的要求下，公共图书馆、非遗馆、文化馆、博物馆等基础公共文化服务设施及其服务效能的提升是重庆公共文化服务政策文本重点讨论的对象，因此其中也必然

涉及组织机制的共建共享。典型案例见于重庆市香炉山街道公共文化服务中的儿童阅读推广联盟项目，把服务对象纳入价值、能力、支持构成的三圈理论模型，推动了公共文化服务多部门合作机制问题的解决，^①实现了资源的高度整合与供需平衡。完善数字网络设施，打通文化传递多元、便捷渠道建设的"最后一公里"；通过规范化政策文本体系激励各类公益性文化机构充分发掘自身优势资源，打造独具特色、丰富的文化产品；将文化惠民与精准扶贫政策相结合，施行《深化文化脱贫攻坚行动方案》，推动部分乡村地区的公共文化服务体系建设。为保障上述工作的平稳开展，重庆市建立了一套完整的囊括信息报送、检查考核、经验交流等环节的工作制度，并把该项工作纳入对各级党委、政府的年度绩效考核之中。2021年末，中共重庆市委、中共四川省委、重庆市人民政府、四川省人民政府联合印发了《重庆四川两省市贯彻落实〈成渝地区双城经济圈建设规划纲要〉联合实施方案》，指明"把成渝地区双城经济圈建成具有全国影响力的重要经济中心、科技创新中心、改革开放新高地、高品质生活宜居地，合力打造区域协作的高水平样板，打造带动全国高质量发展的重要增长极和新的动力源"。鉴于此，四川省也理应被纳入重点考察的范畴。

2017年以来，四川省相继出台《四川省非物质文化遗产条例》《四川省关于推动文化文物单位文化创意产品开发的实施意见》等政策文件，非物质文化遗产保护和文化事业产业的延伸与交织是这一系列政策的主要目标，文旅融合是公共文化服务的主要表现形式之一。2018年，四川省全境旅游总收入迈入"万亿级"，跻身全国"第一方阵"，标志着四川文旅融合发展迈上新台阶。2019年，四川省委宣传部、文化和旅游厅、省财政厅联合制定的《四川省非物质文化遗产传承发展工程实施方案》延续了这一策略，明确了构建巴蜀文化鲜明、民族文化浓郁的文化创意产品体系在省域公共文化服务工作中的重要地位。2021年，省第十三届人民代表大会常务委员会通过《四川省公共文化服务保障条例》，该文件对共建共享的阐述侧重共建机制和共建内容两大方向，注重行政区域内跨部门、跨行业、跨领域的机构合作和依托政务资源交换体系与公共数字文化服务平台的公共数字文化资源整合共享。

西部地区的多数公共文化服务政策保持与中央一脉相承外，还表现出相对明显的地方特色。这一地带地形地貌复杂多变，山川纵横，高原、盆地夹杂其中。宗教文化氛围浓厚，民族众多。以青海省为例，少数民族人口占全省总人口的比重已超过49.47%^②。这些特色使得在地方公共文化政策制定中需要特别关注。无

① 贺芒，邹芳，范晓洁."三圈理论"模型下公共文化服务跨部门合作机制研究[J]. 重庆社会科学，2020，（12）：88-98.

② 中国民族报：围绕主线，书写青海篇章[EB/OL]. https://www.qhmu.edu.cn/info/1051/6903.htm，2024-06-28.

论是云南省人民政府办公厅下发的《云南省人民政府办公厅关于支持戏曲传承发展的实施意见》还是贵州省出台的《多彩贵州文化艺术节总体方案》都是围绕着弘扬民族特色和保存文化遗产的中心思想展开的。在这些政策文本的指导下，西部省域的公共文化活动逐渐丰富，公共文化服务网络向纵深发展，"互联网＋"带来的技术与思维革新和文化行业结合得日益紧密，文化扶贫的效果逐步凸显。

四、东中西部省级公共文化政策的比较分析

由上文所叙可知，我国东、中、西部地区省份在公共文化服务政策内容上表现出较高的相似性，在涉及共建共享的部分也不例外。共建共享在目前的政策话语中主要附着于两个维度，即共建机制和共建内容。前者包括组织机制、地理区划、建设主体范畴，希望解决的是城乡二元结构差异、行政区划错综复杂、文化资源要素错配和管理体制机制割据给协同发展造成的障碍。后者包括资源形式、整合、传递和质量范畴，希望克服的是在以"供给—共享—服务"为路径的公共数字文化共享服务平台搭建过程中涉及资源供给、技术支持和数据应用环节可能存在的难点，以求将数量巨大、来源多样、类型繁杂的数字资源更好地呈现给、服务于社会大众。

这种内容上的趋同，一方面来源于我国中央授权的纵向权力管理体系，体现为地方政府接受中央政府的统一领导，遵从中央政府的顶层设计方案。所有地方性政策文本均脱胎于国家层面的实施意见与建设要求，再在自由发挥空间内补进地方特色；另一方面则来源于省级政府之间的互相学习和借鉴。地方政府内部通过经验交流、相互学习并模仿其他地方政府的成功应用案例以减少附加的创新成本、降低创新风险系数，这是长期以来在各个工作领域内都普遍存在的现象。此类沟通学习有其优胜之处，如2015年浙江省杭州市"智慧医疗"相关举措作为唯一示范样本被国家发改委下发给超过80个试点城市督促学习借鉴，以成熟的案例为参照对象规避了前人曾走过的弯路，在短时间内便有效提升了相关城市的建设水平。但也有其弊端，比如盲目复制照搬导致实际应用中出现不匹配之处，实践效果不佳；过度依赖范本导致思维定式的形成和懒政风气的蔓延，并在此基础上进一步造成决策群体独立思考能力和创新改革活力的缺失。地方政府应在后续的政策制定工作中将趋同视为一个需要认真思考、谨慎权衡的因素。

我国东、中、西部地区省级政府在公共文化服务的政策制定上自然也存在不同之处。这种不同主要体现在政策类型和政策效能两大方面。政策类型维度上，东部经济发达、技术先进地区以服务供给和文化保障（包含环境、人才、财政、基础设施等多角度全方位建设支持）类政策最为多见，与当地资金、人才等发展要素储备充足有关。西部地区则以服务需求和文化保障以及四类均分型政策为主，

与当地人口密度稀疏、经济文化建设相对落后、民族宗教特色鲜明的特征有关。政策效能维度上，我国公共文化服务整体建设水平与该区域的经济文化发展形势总体呈正相关态势，即东部地区政策效能高，中西部地区效能低。另据学者对公共文化服务全要素生产率的研究，西部地区得分高于中部地区，这可能与技术迭代和进步的速率相关，提示我国在公共文化服务的省域发展衡量标准上存在"中部洼地"现象[①]。此外，省域内部也依旧存在发展不协调、不均衡的问题。产业、环境、创新、资源等外部作用条件的影响是形成这一不平衡局面的重要原因。

参 考 文 献

安徽省人民代表大会常务委员会. 2020. 安徽省公共文化服务保障条例[EB/OL]. https://ct.ah.gov.cn/public/6595841/8453094.html，2020-07-21.

崔娜，梁向明. 2021. 基于治理视角的公共文化服务可及性研究[J]. 浙江社会科学，（10）：81-86，158.

董晓芳，邢琳培. 2021. 我国省际公共文化服务全要素生产率评价及区域差异分析[J]. 河北经贸大学学报，43（6）：99-108.

窦芳芳. 2021. 地方政府公共文化服务供给困境与对策探析[D]. 哈尔滨：黑龙江大学.

傅才武，冯天瑜. 2019. 文化创新蓝皮书：中国文化创新报告（2018）No.9[M]. 北京：社会科学文献出版社.

贺芒，邹芳，范晓洁. 2020. "三圈理论"模型下公共文化服务跨部门合作机制研究[J]. 重庆社会科学，（12）：88-98.

湖北省第十三届人民代表大会常务委员会. 2018. 湖北省公共文化服务保障条例[EB/OL]. http://wlt.hubei.gov.cn/bmdt/mtjj/ 201911/t20191121_1363318.shtml，2018-12-03.

江苏省第十二届人民代表大会常务委员会. 2015. 江苏省公共文化服务促进条例[EB/OL].http://zrzy.jiangsu.gov.cn/gtapp/nrglIndex.action？type=2&messageID=8a908254588f9d8901589900be2f0040，2015-12-24.

江苏省文化和旅游厅. 2016. 江苏省公共文化服务促进条例[EB/OL]. https://www.jssxwcbj.gov.cn/art/2016/3/16/art_5_28411.html，2016-03-16.

江苏省人民政府办公厅. 2021. 省政府办公厅关于印发江苏省"十四五"文化和旅游发展规划的通知[EB/OL]. http://www.jiangsu.gov.cn/art/2021/10/29/art_46144_10090747.html，2021-10-29.

李国新. 2016. 对我国现代公共文化服务体系建设的思考[J]. 克拉玛依学刊，6（4）：2-15.

李国新. 2016. 强化公共文化服务政府责任的思考[J]. 图书馆杂志，35（4）：4-8.

李国新. 2021. 公共文化服务保障法律制度的完善与细化[J]. 中国图书馆学报，47（2）：29-39.

李少惠，崔吉磊. 2017. 中国地方政府现代公共文化服务体系建设的文本分析——政策创新扩散机制视角[J]. 中国文化产业评论，24（1）：170-181.

李旭冉. 2021. 河北省基层公共文化服务满意度个案调研[D]. 保定：河北大学.

林凡军. 2014. 山东省公共文化服务人才结构优化研究[J]. 山东社会科学，（11）：153-158.

刘大伟，于树贵. 2019. 新时代公共文化服务绩效评价的结构转向[J]. 江西师范大学学报（哲学社会科学版），52（6）：11-18.

刘莉. 2021. 浙江省公共文化服务高质量发展的现实基础与行动路径[J]. 图书馆研究与工作，（11）：35-39，45.

刘敏. 2019. 公共文化服务：从均等化到品质共享[M]. 北京：中国经济出版社.

陆晓曦. 2016. "公共文化服务保障法"立法支撑研究[M]. 北京：国家图书馆出版社.

---

① 孙久文，程芸倩. 中部地区高质量发展的成效、特征及对策建议[J]. 治理现代化研究，2022，38（2）：27-33.

罗冠男. 2021. 论京津冀公共文化服务区域发展协同立法保障[J]. 河南牧业经济学院学报, 34（5）: 48-54.

罗云川, 张桂刚. 2018. 公共数字文化共享: 模式、框架与技术[M]. 北京: 社会科学文献出版社.

毛少莹等. 2014. 公共文化服务概论[M]. 北京: 北京师范大学出版社.

苗美娟. 2021. 公共文化设施免费开放补助与服务效能提升研究——基于《公共文化服务保障法》的相关规定[J]. 图书馆建设, （2）: 27-34.

彭雷霆, 欧阳样, 张灵均. 2021. 公共文化服务发展水平探析——基于全国 31 个省（区、市）2015—2018 年的实证分析[J]. 决策与信息, （12）: 38-49.

祁红. 2022. 谈图书馆公共文化服务体系建设创新[J]. 大庆社会科学, （3）: 124-127.

清水. 2000. 我国东、中、西部三大地区如何划分[J]. 中国渔业经济研究, （3）: 21.

全国人大常委会办公厅. 2016. 中华人民共和国公共文化服务保障法[M]. 北京: 中国民主法制出版社.

上海市第十五届人民代表大会常务委员会. 2021. 上海市公共文化服务保障与促进条例[EB/OL]. https://law.sfj.sh.gov.cn/ #/detail? id=6003cbe93096735fa4852a2b, 2021-01-01.

尚子娟, 郑梧桐, 任禹崑. 2022. 公共文化建设 70 年: 从政策工具视角看我国省级公共文化发展[J]. 文化学刊, （1）: 111-114.

宋颖. 2020. 西南地区公共文化服务绩效评估及优化对策研究[D]. 重庆: 西南大学.

孙久文, 程芸倩. 2022. 中部地区高质量发展的成效、特征及对策建议[J]. 治理现代化研究, 38（2）: 27-33.

完颜邓邓, 曲元直. 2021. 地方公共文化服务立法进展与内容比较[J]. 图书馆理论与实践, （2）: 13-18.

王婧贤. 2020. 我国公共文化服务地方立法实证研究[D]. 兰州: 甘肃政法大学.

王雅薇. 2021. 公共文化服务保障省级地方性法规立法比较研究[D]. 太原: 山西大学.

我国初步建成覆盖城乡公共文化设施网络[EB/OL]. https://culture.gmw.cn/2020-12/25/content_34492460.htm, 2020-12-25.

吴理财, 等. 2016. 文化治理视域中的公共文化服务体系建设[M]. 北京: 高等教育出版社.

习近平与"十三五"五大发展理念·创新[EB/OL]. http://www.xinhuanet.com/politics/2015-11/01/c_128380546.htm, 2015-11-01.

邢琳培. 2021. 我国省际基本公共文化服务支出效率评价及其区域差异分析[D]. 石家庄: 河北经贸大学.

严贝妮, 李泽欣. 2023. 长三角城市群公共文化服务政策研究[J/OL]. 图书馆论坛: 66-75.

颜佳华, 等. 2017. 地方政府文化治理能力研究[M]. 湘潭: 湘潭大学出版社.

张广钦, 宗何婵瑞. 2021. 地方性公共文化服务保障立法的进展与特色[J]. 图书馆建设, （2）: 11-18.

张玲. 2022-01-24. 湖南长沙县: 公共文化服务解锁群众幸福密码[N]. 中国文化报, （002）.

张振鹏. 2022. 公共文化产品服务供给数字化运营机制[J]. 山东社会科学, （2）: 84-92.

第十二届全国人民代表大会常务委员会. 2016. 中华人民共和国公共文化服务保障法[EB/OL]. http://www.gov.cn/xinwen/2016-12/26/content_5152772.htm, 2016-12-26.

中华人民共和国国财政部. 2015. 关于印发《中央补助地方公共文化服务体系 建设专项资金管理暂行办法》的通知[EB/OL]. http://www.mof.gov.cn/zcsjtsgb/gfxwj/201512/t20151224_3583407.htm, 2015-12-24.

中华人民共和国中央人民政府. 2020. 中共中央 国务院关于新时代推进西部大开发形成新格局的指导意见[EB/OL]. http://www.gov.cn/zhengce/2020-05/17/content_5512456.htm, 2020-05-17.